ラテンアメリカの連帯経済

Solidarity Economy in Latin America: Experiences in Search of the Common Good

コモン・グッドの再生をめざして

幡谷則子／編

上智大学出版
Sophia University Press

まえがき

　グローバル化が進む21世紀社会において，市場中心的な経済開発が，失業，雇用の非正規化，貧困など多様な社会的排除をもたらしている。貧困，格差や失業の拡大，環境破壊などの現象は，かつて開発途上国と呼ばれた南の国々だけでなく，広く世界各地で起こっている。「連帯経済」は新自由主義的思想に立脚した経済発展モデルに対抗し，ローカルな実践を通じてオルタナティブな経済を模索するものである。

　本書は，社会問題の究極の原因である市場経済に対抗し，尊厳ある生活基盤の回復のため，ラテンアメリカの人々がローカルなレベルで実践してきた連帯経済について，それを育んできた民衆の運動や背景，個別事例の特徴を比較分析するとともに，連帯経済が公正で持続的な社会の担い手になり得るか，その可能性を探ることをめざしている。

　「連帯経済」の概念は，オルタナティブな経済をめざす中，20世紀末から南欧諸国やカナダを中心に社会的経済や社会的連帯経済の議論を通じて用いられるようになった。南欧諸国を中心に連帯経済の理論や実践を紹介する書籍が数多く出版されるようになり，徐々に関心が高まっている。それでも「連帯経済」という用語はまだ日本ではなじみがあるとは言い難い。そして日本においても，さらに欧米においてさえも，ラテンアメリカの連帯経済の理論や実践を俯瞰する研究は数少ない。本書は，ラテンアメリカにおける連帯経済の代表的な理論や実践の考察を通じて，こうした研究の空白を埋めるとともに，南欧やカナダにおける既存の先行研究にも新たな知見を提供するものである。

　私たちがラテンアメリカの連帯経済の研究に取り組もうとしたのは，経済の市場化・グローバル化の中で，貧困や失業が増大し，社会的格差が広がるなど，社会的排除の悪化に危機感を覚えるとともに，それに対抗して

様々な分野や地域で叢生された市民主体の経済活動に，既存の市場経済へのオルタナティブな社会の構築の可能性を見出したからである。

　ラテンアメリカ諸国では21世紀に入ってから，市場を絶対視する新自由主義とその経済政策に対抗して，国家による社会政策を重視する左派政権が次々に出現した。左派政権が支配した国々では連帯経済が制度化され，支援する仕組みが整備された。それらの国々だけでなく新自由主義路線が継続する国々でも，労働者や住民，あるいは社会的弱者と呼ばれながら実質的にこれまで政府からその存在さえ認められてこなかったグループ，共同体，コミュニティ組織に属する人々が，尊厳ある暮らしを求めて，様々な抵抗あるいは生存戦略のための運動を展開した。

　もともとラテンアメリカでは社会格差，不正義などに対する人々の抵抗運動や生存戦略が20世紀後半から，あるいは先住民の復権運動は植民地時代に遡って，脈々と展開されてきた。社会運動に由来した，オルタナティブな社会をめざす民衆による経済実践は，今日では連帯経済の枠組みで捉えられるようになっている。すなわち連帯経済の制度化や運動は，民衆が尊厳ある暮らしを取り戻そうとして行ってきたこれまでの運動を引き継ぐものであったと考えられる。

　このような背景の中で，本書の基盤となった共同研究「コモン・グッドを追求する連帯経済—ラテンアメリカからの提言」の構想は生まれた。

　本書はまた，ラテンアメリカの連帯経済の考察を通じて，日本社会の在り方を問い，オルタナティブな社会に向けての課題を探ることを意図している。私たちの社会は，ラテンアメリカと同じように，経済の市場化やグローバル化に伴い，多くの社会問題に直面している。雇用の安定性は失われ賃金は抑圧されている。貧困人口は先進国の中で高い水準に達し，国家の再分配機能の劣化もあって貧富の格差が拡大している。少子高齢化に対する適切な政策が欠如し，社会保障は破綻しつつある。社会的排除は地方においてより深刻である。東日本大震災や，人為的災害の性格が強い福島原発事故は，かつて豊かな自然と経済を有していた東北地方を危機に追い

やり，日本社会全体の多様性と安定性を損なった。

　こうした社会困難の一方で，被災地を含む日本各地で，数多くの住民や市民などによって，新たな経済活動や支援活動が展開されている。ワーカーズコープ，産消連携，地域ケア，クラウドファンディング，フェアトレードなどである。それらは連帯経済とは呼ばれていないが，まぎれもなく連帯経済と性格を共通にしている。しかし，ラテンアメリカ，さらに南欧諸国に比べれば，日本では連帯経済の存在が小さいのが現実である。連帯経済の制度化，支援もまた極めて限られたものである。その意味で先行するラテンアメリカの経験から多くを学び得る。

　本書では，ラテンアメリカ各国の歴史的な背景を踏まえ，連帯経済の概念や実践がどのように誕生し発展してきたのか，公正で持続可能な社会の実現に向けてどのような役割を担えるのかを，代表的な事例を紹介しながら考察している。

　執筆者はいずれもラテンアメリカの特定のフィールドに軸足を置き，長年地域研究に従事してきた者である。方法論や関心テーマは多様であるが，20世紀後半から今日に至るまで，ラテンアメリカ各地において市民・民衆社会が国家と市場との関係において時に収奪され，時に取り込まれ，しかし翻弄されつつもその権利と生活基盤を守るために日々活動してきた姿に注目してきた。それぞれの研究活動の中で，連帯経済の考え方と運動に出会い，それにオルタナティブな社会の構築の可能性を見出した。

　本書の結論は，ラテンアメリカにおいて，連帯経済が市場や国家と並んで多元的な社会を実現するための重要な制度であり，コモン・グッド（共通善）の達成にとって不可欠な制度であるとするものである。ラテンアメリカの連帯経済は，先住民社会に由来する社会観や自然観もその思想的基盤に取り込んでおり，それらは他の大陸との交流を通して，今日では欧米諸国の連帯経済の理論や運動にも影響を与えている。日本も例外ではない。ラテンアメリカの連帯経済の経験は，様々な領域において深刻な社会的排除が進む日本社会にも多くの教訓を与え得る。

iii

本書が読者の皆さんにとって，ラテンアメリカの連帯経済の理念と実践を知る端緒となり，また日本社会が直面する社会問題を理解し，その解決に取り組む際の何らかの手掛かりとなるのであれば幸いである。

2019年8月　編者

目　次

まえがき／ i

略語一覧／xiii

序　章　　ラテンアメリカの連帯経済
──コモン・グッドの再生をめざして

〈幡谷則子〉

はじめに……………………………………………………………… 2

1．「連帯経済」という用語 ……………………………………… 3

2．日本における「連帯経済」の紹介 ………………………… 5

3．社会的経済と連帯経済──ヨーロッパとラテンアメリカの潮流と交差 …… 7

4．なぜ今ラテンアメリカの連帯経済なのか ………………… 11

5．本書のねらいと構成 ………………………………………… 14

第 I 部　ラテンアメリカにおける連帯経済の概念と民衆社会運動

第 1 章　ラテンアメリカにおける連帯経済とは

〈幡谷則子〉

はじめに……………………………………………………………… 26

1．連帯とは何か──ラセットの「連帯の経済」論 ……………… 27

　(1)　「連帯」の語源とラテンアメリカの文脈での取り込み／28

　(2)　経済的概念としての連帯──ラセットの「C 要素」／31

　(3)　C 要素論と「連帯の経済」への道筋／32

2．コラッジオの「社会的連帯経済」概念 ………………………… 38

　(1)　「もうひとつの経済」（Otra Economía）の構築をめざす運動／39

　(2)　社会的経済とポランニーの思想／41

v

（3）「社会的経済」と「連帯経済」および「民衆経済」について／43

（4）社会的連帯経済（ESS）の実践を方向づける経済的諸原則／46

（5）混合経済の中で位置づけられる社会的連帯経済／46

3．ブエン・ビビールとアンデス先住民の世界観 ･･････････････････････ 51

（1）ブエン・ビビールの意味／51

（2）ブエン・ビビールの普及の背景──エクアドル新憲法とその意義／54

（3）連帯経済とブエン・ビビール概念との関連性／55

（4）脱開発論の支柱的概念としてのブエン・ビビール／56

おわりに ･･ 58

第2章　民衆社会運動が推進するラテンアメリカの連帯経済

〈幡谷則子〉

はじめに ･･ 66

1．近代化の推進と植民地性の温存

　　──20世紀ラテンアメリカにおける民衆運動 ･･･････････････････････ 67

2．カトリック教会の社会的教義と草の根のイニシアティブ

　　（1960年代～1980年代）･･ 70

（1）解放の神学と非暴力の改革への選択肢／70

（2）社会的教義の実践としての協同組合運動の推進／72

（3）経済危機と民主化過程における草の根民衆運動の高揚──「新しい社会運動」／73

3．グローバル化時代の草の根運動の行方

　　──もうひとつの社会を求める運動 ･･････････････････････････････ 76

（1）民衆教育の新展開──オルタナティブな経済・社会をめざすコミュニティ教育／77

（2）脱植民地主義を求める先住民の復権運動と政治の左傾化（1990年代～2000年代）／79

（3）21世紀の新しい社会的排除に対抗する社会運動／81

4．世界レベルでの連帯経済運動へ

　　──世界社会フォーラムと地域間ネットワーク形成 ･･････････････････ 83

（1）RIPESS／83

目　次

(2) WSF と「もうひとつの世界」を推進する運動／84

おわりに ・・ 86

資料　本書で扱われるラテンアメリカ 7 か国における連帯経済の制度化の進展状況　94

第Ⅱ部　**コモン・グッドを追求する連帯経済**──ラテンアメリカにおける実践

第3章　**メキシコの連帯経済**
　　　　──「共通善」としてのコーヒーのフェアトレードを中心にして

〈山本純一〉

はじめに ・・ 108

1．メキシコの連帯経済 ・・ 109

　(1) メキシコの連帯経済の概要／109

　(2) メキシコの連帯経済の主なアクター／112

2．コーヒーのフェアトレード ・・ 114

　(1) 世界におけるコーヒーのフェアトレード／114

　(2) メキシコにおけるコーヒーのフェアトレード／115

3．チアパス州の 3 事例紹介 ・・・ 118

　(1) Yomol A'tel（ツェルタル語で「協働」の意）／119

　(2) Maya Vinic（ツォツィル語で「マヤの人」の意）／121

　(3) CESMACH／122

4．事例分析 ・・ 123

　(1) 社会性分析／125

　(2) 事業性分析／126

　(3) 政治性分析／127

　(4) 総合分析／129

おわりに ・・ 130

vii

第4章 エクアドル・アンデス高地における連帯経済の実践
──サリナス・グループの事例を中心に

〈新木秀和〉

はじめに・・・140

1．連帯経済の制度化とサリナス教区・・・・・・・・・・・・・・・・・・・・・・・・・・・・・・・140

  (1) コレア政権と連帯経済の制度化／140

  (2) 連帯経済の成功例としてのサリナス教区／143

2．サリナス教区における連帯経済の形成
──小規模事業体の連携による内発的発展・・・・・・・・・・・・・・・・・・・・・・・・144

  (1) サリナス教区の概観／144

  (2) 共同体発展から連帯経済の形成へ／146

3．サリナス・グループの組織と活動・・・・・・・・・・・・・・・・・・・・・・・・・・・・・・・151

  (1) サリナス・グループの結成と組織構成／151

  (2) サリナス・グループの活動内容／153

4．サリナス・グループを支える連携支援組織・・・・・・・・・・・・・・・・・・・・・155

5．サリナス教区の経験をどう捉えるか──アンデス高地における位置づけ・・・・・156

  (1) アンデス高地における他の実践例／156

  (2) サリナス教区の経験と特徴を連帯経済に位置づける／158

おわりに──連帯経済の可能性・・・・・・・・・・・・・・・・・・・・・・・・・・・・・・・・・・・・161

第5章 家政の自立を支える連帯経済活動
──ペルーおよびボリビアの都市民衆による実践例から

〈重冨惠子〉

はじめに・・・170

1．都市民衆層の家政・・171

  (1) 家政と市場主義経済／171

  (2) 都市民衆居住区の誕生と相互扶助／173

  (3) 都市生活と家政／175

2．連帯経済運動の展開・・・176

（1）代替マーケットを求めて／176

（2）ペルーの連帯経済運動／177

（3）ボリビアの連帯経済運動／179

3．政治経済体制 ･･ 179

（1）ペルーの政治経済体制／180

（2）ボリビアの政治経済体制／180

4．連帯経済活動の事例 ･･････････････････････････････････ 181

（1）リマ首都圏のコミュニティ菜園／182

（2）ボリビアの連帯経済運動を牽引する民芸品フェアトレード企業／187

5．連帯経済活動における連帯の特質と家政 ･････････････ 193

（1）自立性の尊重と間接支援／193

（2）選択肢の拡充／195

（3）「場」の共同運営／196

おわりに ･･ 197

第6章　コロンビアにおける協同組合運動と産消提携のアソシエーション運動

〈幡谷則子〉

はじめに ･･ 204

1．「連帯経済」概念の発展と制度化の前史──互助の概念と労働運動 ････ 205

（1）工業化の開始と互助主義──19世紀末〜20世紀初頭／205

（2）1920年代の労働者の抵抗運動と制度化──協同組合運動へ／207

（3）冷戦期の農地改革運動──官製の組織化と教会の役割／208

（4）民衆経済の社会主義的な組織化と生存戦略活動／209

2．連帯経済の制度化と公共政策 ･････････････････････････ 211

（1）法制度の整備と所轄機関の形成／211

（2）「連帯経済法」／212

（3）公的な制度的枠組みで把握される「連帯部門」の規模の推移／215

3．農民の自立化と協同組合運動：
　　サンタンデール県南部の民衆教育の実験 ･･････････････ 217

（1）SEPAS 創立の背景／217

　　（2）農民指導者育成と信用貯蓄組合促進運動／218

　　（3）地域産業振興の生産者協同組合：エコフィブラス／219

　　（4）農民集会の組織化と抵抗と要求の集合行動／220

　　（5）連帯経済における産官学連携／221

　4．アグロソリダリア・アソシエーション：

　　　生産者と消費者を結ぶネットワーク ‥‥‥‥‥‥‥‥‥‥‥‥‥‥ 222

　　（1）創立の理念・沿革と背景／223

　　（2）組織構造／225

　　（3）活動分野と中心理念／225

　5．連帯経済の可能性と課題

　　　——コロンビアにおける連帯経済運動の潮流から ‥‥‥‥‥‥‥‥ 227

　おわりに ‥‥‥‥‥‥‥‥‥‥‥‥‥‥‥‥‥‥‥‥‥‥‥‥‥‥‥‥‥ 230

第7章　ブラジルの労働者協同組合
——市場経済のオルタナティブになり得るか

〈小池洋一〉

　はじめに ‥‥‥‥‥‥‥‥‥‥‥‥‥‥‥‥‥‥‥‥‥‥‥‥‥‥‥‥ 236

　1．ブラジルにおける連帯経済の発展 ‥‥‥‥‥‥‥‥‥‥‥‥‥‥‥ 237

　　（1）連帯経済の生成と制度化／237

　　（2）協同組合／240

　　（3）労働者協同組合法／242

　2．協同組合運動と労働者協同組合 ‥‥‥‥‥‥‥‥‥‥‥‥‥‥‥‥ 244

　　（1）協同組合主義の普及／244

　　（2）1988年憲法とアソシエーション主義／245

　　（3）回復企業運動／248

　3．労働組合と労働者協同組合の関係 ‥‥‥‥‥‥‥‥‥‥‥‥‥‥‥ 250

　　（1）労働組合の労働者協同組合支援／250

　　（2）労働組合と労働者協同組合の離反／254

　4．労働者協同組合の制約と変革 ‥‥‥‥‥‥‥‥‥‥‥‥‥‥‥‥‥ 255

（1）労働者協同組合の制約／255

（2）協同組合運動の変革／256

（3）労働組合と協同組合の連帯／259

おわりに ・・ 260

第8章　アルゼンチンの社会保障部門における連帯経済

〈宇佐見耕一〉

はじめに ・・ 268

1．アルゼンチンにおける連帯経済の議論──コラッジオの思想を中心に ・・・・・・・ 269

（1）混合経済（economía mixta）と社会的・連帯経済（economía social y solidaria）
／269

（2）分析の視角：連帯経済とウエルフェアー・ミックス／273

2．アルゼンチンの連帯経済とウエルフェアー・ミックス ・・・・・・・・・・・・・・ 274

（1）アルゼンチンにおける連帯経済の広まり／274

（2）アルゼンチンにおけるウエルフェアー・ミックス／278

3．社会保障関連連帯経済組織の事例研究 ・・・・・・・・・・・・・・・・・・・・・・・・・・・・・・ 280

（1）連帯ネットワーク（red solidaria）／281

（2）アルゼンチン・カリタス／282

（3）回復企業労働者協同組合／284

（4）社会扶助プログラム「働こうアルゼンチン」における労働協同組合／285

（5）ブエノスアイレス・イタリア病院（Hospital Italiano de Buenos Aires）／286

（6）ニッカイ共済会（Mutual NIKKAI）／288

おわりに ・・ 290

終　章　連帯経済が構築する新しい社会に向けて

〈幡谷則子〉

はじめに ･･･ 296

1. 民衆社会運動に由来するラテンアメリカの連帯経済の特性 ･･･････ 297

 (1) 連帯経済の起源としての特定地域に根づいた社会運動／297

 (2) カトリック教会の社会活動の影響／298

 (3) 民衆の主体性の強調／299

2. 連帯経済はどこまでコモン・グッドの実現に応えているか ･･････ 299

 (1) 労働と人間性の回復／300

 (2) 開放的な共同体主義／301

 (3) 人間と自然との関係性の回復／302

 (4) 市場との関係／303

3. オルタナティブとしての連帯経済が抱える問題 ･･･････････････ 304

 (1) 個人の自覚性の確立／304

 (2) 制度化の持つ矛盾／306

 (3) 政治に対する脆弱性／307

 (4) 規模拡大に伴う連帯理念からの乖離／308

4. 連帯経済は市場経済のオルタナティブになり得るか ･･････････ 309

5. 日本社会における連帯経済の必要性 ･･･････････････････････ 311

 (1) 連帯経済の前史としての社会運動／311

 (2) 日本社会の連帯経済へのニーズとラテンアメリカからの学び／313

あとがき　317

索　引　321

執筆者プロフィール　326

■略語一覧

・以下は本書で記載されている略語とその正式名称の対応を示したものである。
・読者の助けとなるように，国名の表示が必要と考えられるものについては，＜　＞書きで国名を付している。

ADS: Agência de Desenvolvimento Solidário ＜Brasil＞

AMSA: Agroindustrias Unidas de México, S.A. de C.V.

ANTEAG: Associação Nacional dos Trabalhadores e Empresas de Autogestão e Participação Acionária ＜Brasil＞

ANUC: Asociación Nacional de Usuarios Campesinos ＜Colombia＞

APROCUYC: Asociación de Mujeres de Cuyes de Cayambe ＜Ecuador＞

ASARBOLSEM: Asociación Artesanal de Bolivia, Señor de Mayo

ATTAC: Association pour la Taxation des Transactions pour l'Aide aux Citoyens

BANESPA: Banco do Estado de São Paulo S/A

CAC: Cooperativa de Ahorro y Crédito

Camari: Sistema Solidario de Comercialización del FEPP ＜Ecuador＞

CCA: Cooperativas Centrais dos Assentados ＜Brasil＞

CCJT: Cooperativa Central Justa Trama ＜Brasil＞

CEB: Comunidades Eclesiales de Base

CELAM: Consejo Episcopal Latinoamericano

CENOC: Centro Nacional de Organizaciones de la Comunidad ＜Argentina＞

CES: Circuitos Económicos Solidarios

CESI: Circuitos Económicos Solidarios Interculturales

CESMACH: Campesinos Ecológicos de la Sierra Madre de Chiapas S.C. ＜México＞

CIDES: El Postgrado en Ciencias del Desarrollo ＜Bolivia＞

CJM: Comercio Justo México

CLAC: La Coordinadora Latinoamericana y del Caribe de Pequeños Productores de Comercio Justo

CLT: Consolidação das Leis do Trabalho ＜Brasil＞

CNES: Conselho Nacional de Economia Solidária ＜Brasil＞

CNFPS: Corporación Nacional de Finanzas Populares y Solidarias ＜Ecuador＞

CNOC: Coordinación Nacional de Organizaciones Cafetaleras ＜México＞

COACSAL: Cooperativa de Ahorro y Crédito Salinas Ltda. ＜Ecuador＞

CONA: Comercialización Nacional ＜Ecuador＞

xiii

CONAIE: Confederación de Nacionalidades Indígenas del Ecuador

CONCRAB: Confederação Nacional das Cooperativas de Reforma Agrária do Brasil

CONES: Consejo Nacional de Economía Solidaria <Colombia>

CoopCentral: Cooperativa Central de la Promoción Social <Colombia>

COPROCA: La Compañía de Productos de Camélidos S.A. <Bolivia>

COTECSU: Cooperación Técnica Suiza

CSR: corporate social responsibility

CUT: Central Única dos Trabalhadores <Brasil>

Dancoop: Departamento Administrativo Nacional de Cooperativas <Colombia>

DanSocial: Departamento Administrativo Nacional de Economía Solidaria <Colombia>

EES: Empreendimentos Econômicos Solidários <Brasil>

ENFF: Escola Nacional Florestan Fernandes <Brasil>

ESOPs: Employee Stock Ownership Plans <USA>

Face do Brasil: Face do Brasil – Plataforma Nacional de Comércio Justo, Ético e Solidário

FAO: Food and Agriculture Organization

FARC: Fuerzas Armadas Revolucionarias de Colombia

FAT: Fundo de Amparo ao Trabalhador <Brasil>

FBES: Fórum Brasileiro de Economia Solidária

FEPP: Fondo Ecuatoriano Populorum Progressio <Ecuador>

FEPTCE: Federación Plurinacional de Turismo Comunitario del Ecuador

FES: Fundación para la Educación y el Desarrollo Social <Colombia>

FFSS: Fundación Familia Salesiana Salinas <Ecuador>

FLACSO: Facultad Latinoamericana de Ciencias Sociales

FI: Fairtrade International

FLO: Fairtrade Labelling Organizations International

FSM: Fórum Social Mundial (→WSF)

FTP: Fair Trade Project

FUGJS: Fundación Grupo Juvenil Salinas <Ecuador>

FUNCONQUERUCOM: Fundación Consorcio de Queserías Rurales Comunitarias <Ecuador>

FUNDAEC: Fundación para la Aplicación y Enseñanza de las Ciencias <Colombia>

FUNORSAL: Fundación de Organizaciones Campesinas de Salinas <Ecuador>

GIES: Grupos de Inciativa de Economía Solidaria <Perú>

GRESP: El Grupo Red de Economía Solidaria del Perú

GT: Grupo de Trabalho Brasileiro de Economia Solidária <Brasil>

略語一覧

IAEN: Instituto de Altos Estudios Nacionales-La Universidad de Posgrado del Estado
　　　<Ecuador>
ICEA: International Community Education Association
IDB: Inter-American Development Bank
IEPS: Instituto Nacional de Economía Popular y Solidaria　<Ecuador>
INAES: Instituto Nacional de Asociativismo y Economía Social　<Argentina>
INAES: Instituto Nacional de la Economía Social　<México>
JICA: Japan International Cooperation Agency
Legacoop: Lega Nazionale delle Cooperative e Mutue
LOEPS: Ley Orgánica de la Economía Popular y Solidaria y del Sector Financiero Popular y
　　　Solidario　<Ecuador>
MCCH: Fundación Maquita Cushunchic Comercializando como Hermanos　<Ecuador>
MESSE: Movimiento de Economía Social y Solidaria del Ecuador
MINCETUR: Ministerio de Comercio Exterior y Turismo　<Perú>
MOVA: Movimento de Alfabetização de Jovens e Adultos　<Brasil>
MST: Movimento dos Trabalhadores Rurais Sem Terra　<Brasil>
MTE: Ministério do Trabalho e Emprego　<Brasil>
MTPS: Ministério do Trabalho e Previdência Social　<Brasil>
NAFTA: North American Free Trade Agreement
NSM: New Social Movement
OCB: Organização das Cooperativas Brasileiras　<Brasil>
OESP: Organizaciones de la Economía Popular y Solidaria　<Ecuador>
OSFPS: Organizaciones del Sector Financiero Popular y Solidario　<Ecuador>
PARC: Pacific Asia Resource Center
PNMPO: Programa Nacional do Microcrédito Produtivo Orientado　<Brasil>
PRI: Partido Revolucionario Institucional　<México>
PRODUCOOP: Cooperativa de Producción Agropecuaria El Salinerito　<Ecuador>
PRONAF: Programa Nacional de Fortalecimento da Agricultura Familiar　<Brasil>
PT: Partido dos Trabalhadores　<Brasil>
RACIT: Relação Anual de Informações das Cooperativas de Trabalho　<Brasil>
RCS: Redes de Colaboração Solidária　<Brasil>
REDECC: Red Ecuatoriana de Comercialización Comunitaria
Rede ITPS: Rede Universitária de Incubadoras de Tecnológicas de Cooperativas Populares
　　　<Brasil>

REDESS: Red de la Economía Social y Solidaria

RELACC: Red Latinoamericana de Comercialización Comunitaria

RENACC: Red Nacional de Comercialización Comuitaria de Bolivia

RENAFIPSE: Red Nacional de Finanzas Populares y Solidarias del Ecuador

RILESS: Red de Investigadores Latinoamericanos de Economía Social y Solidaria

RIPESS: Red Intercontinental para Promoción de la Economía Social y Solidaria

RTC: Rede de Tecnologia Social <Brasil>

SCJS: Sistema Nacional do Comércio Justo e Solidário <Brasil>

SENAES: Secretária Nacional de Economia Solidária <Brasil>

SEPAS: Secretariado Diocesano de Pastoral Social <Colombia>

SEPS: Superintendencia de Economía Popular y Solidaria <Ecuador>

SIES: Sistema de Informações de Economia Solidária <Brasil>

SMABC: Sindicato dos Metalúrgicos do ABC <Brasil>

STICF: Sindicato dos Trabalhadores da Indústria de Calçados de Franca

SuperSolidaria: Superintendencia de Economía Solidaria de Colombia

TEXSAL: Asociación de Desarrollo Social de Artesanas Texsal Salinas <Ecuador>

UAEOS: Unidad Administrativa Especial de Organizaciones Solidarias <Colombia>

UCIRI: Unión de Comunidades Indígenas de la Región del Istmo <México>

UNGS: Universidad Nacional de General Sarmiento

UNICAFE: União Nacional das Cooperativas de Agricultura Familiar e Economia Solidária
    <Brasil>

UNICOPAS: União Nacional das Organizações Cooperativistas Solidárias <Brasil>

UNIFORJA: Cooperativa Central de Produção Industrial de Trabalhadores em Metalurgia
    <Brasil>

UNISANGIL: Fundación Universitaria de San Gil <Colombia>

UNISOL: União e Solidaridade das Cooperativas; Central de Cooperativas e
    Empreendimentos Solidários <Brasil>

UNORSAL: Unión de Organizaciones de Salinas <Ecuador>

URGENCI: Urban-Rural Network, Generating New Forms of Exchange between Citizens

WSF: World Social Forum (→FSM)

WTO: World Trade Organization

序　章

ラテンアメリカの連帯経済
──コモン・グッドの再生をめざして

はじめに

　ラテンアメリカ社会には，ヨーロッパ諸国による植民地遺制を起源とする格差社会の構造が，独立後も継承された。20世紀を通じ，経済発展をめざす一方で，格差是正をめざす政治運動や社会運動が展開された。1959年のキューバ革命はこうした状況に決定的な影響を与え，社会主義的改革をめざす左翼運動が高揚したが，冷戦期にあって，それを封じ込めようとする権威主義体制が出現した。1980年代，ラテンアメリカ諸国政府の多くが国家主導の経済運営を行っていたが，様々な要因が重なり対外債務危機を生み，経済破綻の末，国際通貨基金（IMF）や世界銀行の指導による新自由主義的な構造調整政策を受け入れ，経済再建の道を選ぶことを余儀なくされた。社会福祉国家としての政府の役割は，財政緊縮政策のもとで縮小され，市場経済メカニズム重視の経済改革は甚大な社会的コストを伴った。グローバル化が進む中で，市場メカニズム重視の経済運営は，多国籍企業や大企業など，大資本にアクセスできるごく一部の社会階層には有利に働くが，それ以外の国際競争力を持たない中小企業や国内市場向けの伝統的作物栽培に従事する農民層の困窮化を招いた。

　こうした市場中心的な経済開発が多様な社会的排除の形態を生むという現象は，大資本と中小企業との差や，大都市と地方・農村部との格差，ごく一部の富裕層と大半の庶民の暮らしぶりの差という様相でラテンアメリカ社会に限らず，欧米諸国でも，日本でも，顕在化してきた。かつて政府が担ってきた社会福祉の問題の多くが，個人の自助努力や，家族，コミュニティ，地域社会における共助や相互扶助の形で背負わされている。

　ラテンアメリカでは，グローバル化時代における国家─市場関係の変容を待たずに，20世紀後半から，貧困者は，コミュニティ，地域社会を基盤として，生存戦略のための様々な相互扶助の実践を行ってきた。そうした実践の背景には，社会改革をめざす民衆の社会運動や，それを支援する社会組織が指導する運動や経済活動との連携もあった。いずれも，政府や

市場が主体的に関与するのではなく，地域が基盤となりコミュニティが主体性を持ち，助け合いの理念に基づくオルタナティブな経済活動を模索した。こうした民衆社会運動と生存戦略としての経済活動の潮流は，政治経済動向の変化に影響を受けて推移してきた。21世紀の今日，新しい社会的排除が生まれる中で，民衆運動を背景に持つオルタナティブな経済活動は，地域に定着し，共同体の経済的自立を支える活動として存続するものもあれば，外部からの支援が途絶えることで解散消滅するものもあった。また，より急進的な政治運動の道に進み，再び国家から弾圧を受ける事例も皆無ではない。

　このような現実を前に，どうしたら国家・市場が中心となる経済の枠組みからはずれた人々が営む新しい経済活動が共存できるか，あるいはそれらが国家や市場と親和的関係を形成することができるか，というのがわれわれの大きな問いであった。この問いへの1つの可能性を示すのが「連帯経済」の理念である。そして，「連帯経済」の実践が既存の市場経済の補完・修正の影響力を持つのか，さらにそれに代わる新しい経済システムとなり得るのか，または多元的経済の確立をめざすのかが本書を貫く命題である。

1.「連帯経済」という用語

　「連帯経済」という言葉は，最近日本でも少しずつ耳にするようになってきた。だがまだ一般的に知られた用語ではなく，その概念についても明確な定義は知られていない。字面で考えれば，社会連帯の概念に基づく経済，ということになるが，そもそも市場原理に基づく経済を既存の経済システムの一般的理解と考えると，この相容れない2つの概念をどのように結びつければよいのだろうか。

　「社会連帯」に基づくということは，資本主義における私企業の営利目的に基盤を置かないという意味であり，既存の経済体制において社会的疎

外に苦しむ弱者を社会に取り込もうとする運動である。日本では「社会連帯」ないし「連帯」という概念は，「助け合い」または助け合いの基盤となる社会的紐帯（近隣関係，村落共同体における伝統的社会関係など）に基づく営利を旨としない行動と捉えられがちである。

　「連帯」という言葉は，第二次大戦後からバブル経済期前までの日本における労働組合運動や，ポーランドの独立自主管理労働組合「連帯」の初代委員長として祖国を自由民主化に導いた活動家レフ・ワレサ（ヴァウェンサ）（Lech Wałęsa）とともに想起される場合もあるだろう。日本では「連帯」という言葉の響きには，昭和期の労働運動や，弱者救済のために連帯を組むといった，国家権力に対抗する過激な左翼思想が想起されるきらいもあり，国政が保守化し，新ナショナリズムへの右傾化が感じられる今日，その普及は遅れている。

　「連帯経済」の理論化が進んだフランスを中心に考えられてきた「連帯」（solidarity, solidaridad, solidarité）とは社会運動，中でも労働者の運動と密接に関係した概念であり，単なる「助け合い」を基盤とする社会連帯と同義ではない。「連帯経済」は，現在大半の人々が当然の経済システムと受け入れている，市場原理に立脚した資本主義経済の在り方とは異なる新しい経済パラダイムを意味し，またその構築をめざす理念や運動と理解されている。

　1980年代までは，高度経済成長期にあっても，公害や環境汚染への認識の高まりから，日本でも「オルタナティブな開発」を求める声が上がっていた。しかし，それは例えば「大きいことはいいことだ」（大量生産大量消費礼賛）を批判する「スモール・イズ・ビューティフル」（環境への配慮，物質至上主義と科学技術信仰への批判）の提唱や，1992年にリオデジャネイロで開催された地球サミットを契機として世界的に「持続可能な発展」，「地球に優しい開発」，などのキーワードによって表現された，資本主義経済の成熟期の軌道修正に過ぎなかった。20世紀を通して，「連帯経済」という用語が，オルタナティブな開発モデルとして日本社会で提案される

ことはほぼ皆無であった。それは，「助け合い」に基づく社会連帯は，非常時の救済行動であり美徳であるという意味では歓迎されるが，市場経済を超える新しいシステムとなり得るという発想はまだ受け入れられていなかったからである。

　では，21世紀に入った今，オルタナティブを求める人々によって「連帯経済」が謳われているのはなぜだろう。そして，そこに当てはめられる「連帯」の意味は，単なる「助け合い」の意味とどのような相違点があるのだろうか。

2．日本における「連帯経済」の紹介

　日本で「連帯経済」が使われた嚆矢は，NPO法人アジア太平洋資料センター（Pacific Asia Resource Center : PARC またはパルク）によるもので，オルタナティブな社会を構築するための国際的な民衆連帯運動として表現された。PARC は創立以来「南」（発展途上国）と「北」（先進国）の人々が平等に生きることができるオルタナティブな（もうひとつの）社会の構築を掲げてきた。そして，1989年に国境を越えた人々がアジア太平洋でオルタナティブな社会を実現するために立ち上げた「ピープルズ・プラン21世紀」（PP21）という運動を国際連帯運動と称した。その後，2007年にフィリピンのマニラでその第1回が開催されたときから「アジア連帯経済フォーラム」に積極的に関わっている。PARC はラテンアメリカの経験の発信も行っていて，機関誌『月刊オルタ』でも特集を組んだ[1]。

　他方，学術書に限ってみると，日本語による出版物で「連帯経済」がタイトルに上っているものはまだ数えるほどしかない。筆者の知る限り，西川 潤（編）『連帯経済―グローバリゼーションへの対案』（2007）が最初のもので，副題が示すように，グローバリゼーションへの対案，対抗軸としてオルタナティブを提起する概念として「連帯経済」を捉えている。その背景には，1990年代以降ますます顕著になった「利潤・効率追求型」の

市場経済がもたらした社会的矛盾から脱却するための社会変容を引き起こすための運動という意図があった。同書は日本で初めて欧州の連帯経済概念の潮流を紹介し，連帯経済の枠組みで捉えられる日本の実践事例に光を当てた論集である。

　ジャン＝ルイ・ラヴィル（Jean-Louis Laville）（編）『連帯経済―その国際的射程』（2012）（北島健一・鈴木　岳・中野佳裕　訳）の原著はフランス，ベルギー，カナダ（ケベック），チリに拠点を置く研究者による，異なる地域の理論と実践の考察から構成されている。大陸間の比較の視座を取り入れた論集である。ラヴィルは1990年代以降のフランスにおける社会的経済の実践と概念に対する連帯経済の議論の高揚を丁寧に辿り，その概念を解説している。2001年の世界社会フォーラム（World Social Forum：WSF）において，ヨーロッパ（特に南欧）と南米（特にブラジル）の連帯経済をめぐる運動家たちが遭遇し，協働が開始されるのだが，その経緯についても触れられている。なんといっても，フランスの連帯経済論をリードし，他地域にも影響力の大きいラヴィルの連帯経済の解釈が訳出されたことは意義深い。正統派経済学が説く，市場メカニズム至上主義的な経済以外の経済の在り方としての連帯経済の概念構築の可能性が論じられている。ラヴィルはカール・ポランニー（Karl Polanyi）による4つの原理：家政・互酬性・再分配・市場に基づく経済行動を再評価し，非市場経済原理も含むこれらの諸原理が，多元的な関係を結ぶことで，グローバル化時代の市場経済支配によって生まれた様々な危機からの脱却が図られると考察する。

　ラヴィルの「連帯経済」概念の解説は難解である。社会経済学やサード・セクター論を専攻してきた北島健一によれば，ラヴィルは「助け合い」の理念を重視しつつも，社会的紐帯や単なる伝統的助け合いとは異なり，le sociale（社会的なるもの）こそが「連帯経済」の「連帯」の本質であると主張するのである。すなわち，社会にある連帯性が経済の諸過程において発現されることによって，「社会に経済を埋め戻す」というポランニーの論点につながる。また，ラヴィルの議論において重要なのは，市場経済

において，例えば労働市場から疎外される人々が拡大することへの対応として高揚した「社会的経済」だけでは不十分であり，社会だけでなく，経済そのものが意思決定過程などで平等な参加を促すような民主性を高めること，すなわち「経済が政治に埋め込まれ」，民主主義の深化にも貢献するという意味でもオルタナティブな経済として連帯経済を主張している点である[2]。

なお，社会的経済という表現が広く使われ始めたのは1980年代のフランスで，これは主に協同組合，非営利団体（NPO，フランスではアソシアシオン），財団，共済組合によって構成されると解釈されている。社会的経済は，このような構成組織単位で制度的に把握されてきた（モロー 1996；ジャンテ 2009）[3]。1980年代は，先進国では高度経済成長が終焉を迎え，企業の成長に伴う税収増によって社会福祉を支えるという経済構造が続かなくなり始めた時期であり，米英では新自由主義的な改革が始まった。他方，欧州フランスは異なる道を歩んだ。フランスでは1981〜1995年まで社会党のミッテラン（François Maurice Adrien Marie Mitterrand）が大統領を務め，社会的経済を推進する道を選び，2001年には「共同利益協働組合」を定める法律ができ，社会的企業が制度化された。さらに，2014年7月に「社会的・連帯経済法」が制定された。

このほか，廣田裕之『社会的連帯経済入門—みんなが幸せに生活できる経済システムとは』(2016) のように，ヨーロッパとラテンアメリカの連帯経済概念と実践，ネットワーキングなど，連帯経済にまつわる活動，実践，論考を幅広く取り上げ，情報普及をめざした入門書がある。

3．社会的経済と連帯経済
——ヨーロッパとラテンアメリカの潮流と交差

では，社会的経済と連帯経済との相違はどこにあるのだろう。ラテンアメリカにおける連帯経済の実践は，新自由主義的経済改革によって生まれ

た貧困層だけでなく，それに先行する1960年代以降異なる政治体制と経済体制において取り残されてきた民衆が，生存戦略として，さらにまた既存の経済体制に対するオルタナティブとして，社会変革運動との連関の中で実践してきた経済活動に遡る。

　だが21世紀に入ってからは，上記の社会運動に起源を持つオルタナティブな経済活動を考察する研究者の中には，次に述べるヨーロッパで高揚した「社会的・連帯経済」の概念の影響を受け，これらを社会的連帯経済として捉えるようになった識者も多い。

　フランスを中心に，今日のヨーロッパでは，「社会的・連帯経済」と表現されることが多いが，もともと，1990年代を通じてフランスでは「社会的経済」と「連帯経済」とは厳しく対立する概念として捉えられてきた（北島 2016: 16）。この対立的な捉え方は，協同組合，共済組合およびアソシエーションの中から生産活動によっては協同組合・共済組合と同列に置かれる「社会的経済」としての法制度が定められ，これを国家が認知することで，トップダウン型の社会的経済推進の政策が展開されたためでもあった。しかし，こうした1980年代前半の政策推進の動きは，1990年代以後，国家が経済推進において後退した結果，停滞する。グローバル化の進展とともに，規制緩和が進み，混合経済も競争による生き残りを迫られるようになった。この結果，大量失業などの新しい社会的排除の現象が顕著になり，その解決をめざして，地域密着型でのちに連帯経済として取り扱われるアソシエーションによる取り組みが求められ，政府の関心もこの推進にシフトしていった。こうした事情から，フランスでも，社会的経済と連帯経済との対立関係が緩和され，公共政策においては，後者への重心を高めつつ，両者を照準に入れるようになった。

　北島（2016）では，社会的経済と連帯経済は，どちらも資本主義のオルタナティブであろうとする組織を網羅する概念であるが，前者は，組織単位の規定に基づき，「何者であるのか（つまりその存在そのもの）」によって，後者は，「何をするのか（その行為の内容）」によってオルタナティブであ

ろうとする，という点に両者の違いを見出している。社会的経済は，企業の多元性をめざすアプローチであり，連帯経済は経済の多元性（もうひとつの経済の在り方）を求めるアプローチである。

北島は，1980年代から1990年代にかけて，グローバル化の進展とともに，ヨーロッパにおける社会問題の顕在化が進み，公共政策の取り組みの変化と同時に，社会的経済と連帯経済に対する評価も変容してきたと指摘する。特に，連帯経済が互酬性を主導的な原理として実現されること，公共経済，市場経済と並ぶ経済調節の在り方として規定されていること，さらに，経済的な次元での特徴だけでなく，政治に埋め込まれ，民主主義の深化に貢献する経済であることが明示的になったことに注目している（北島 2016: 28）。

この間，社会的経済の限界を指摘したヨーロッパの論者や活動家たちは，ラテンアメリカにおける連帯経済の実践と議論との交流によって，さらに連帯経済にオルタナティブの可能性を求めた。これが2001年から始まった世界社会フォーラム（WSF）における，新自由主義に対抗して「もうひとつの世界は可能だ」とする運動を通じたネットワーキングであった。WSFは，市場競争を基本理念とした経済成長を推進する多国籍企業や新自由主義的経済政策理念を推進する首脳陣が中心となって毎年ダボスで開催されてきた世界経済フォーラムに対抗して開催されるようになった。大資本や国家が支配する主流メディアには報道されることは少なく，SNSを中心に草の根の市民社会への浸透を図るという，その発信力と形態にも特徴がある。社会運動家，ウイッタケル（Chico Whitaker）やアギトン（Christophe Aguiton）が証言しているように，ブラジルとフランスが中心となって立ち上げたWSFは反グローバリゼーション運動の中で，オルタナティブな経済をめざす欧州とラテンアメリカの運動家が遭遇し，交流する場となっていったのである（上智大学IGC編 2010）[4]。多元的な世界の構築による社会変革をめざす大陸を超えた社会運動と実践の交流の中で，欧州の社会的経済に関わってきた人々とラテンアメリカの連帯経済を実践

してきた人々との間での相互交流が生まれ，のちの社会的連帯経済という戦略的用語が出現する契機となった。

　社会的経済と連帯経済は，非資本主義的な経済活動をめざしているという点では共通するものの，法制度的枠組みにおける自己解釈と対国家，対市場戦略における方向性や戦略に違いがあり，当初は両者間での交流はほとんどなかった。社会経済は，協同組合や共済組合運動などのように，戦後の経済成長期に制度的に，労働者が主体となってその権利と福祉，生活を守ることをめざして確立されていった社会組織を形成単位として運営されてきた（廣田 2016）。その後，グローバル化を背景に新たに拡大した疎外や社会的排除の中から，主として貧困者や失業労働者がその社会的排除の状況を克服するために生み出した新しい組織形態ないしは運動体──アソシエーションや法制度的枠組みが未確立のものを含む──として活動する連帯経済とは，社会変革をめざす運動としての自己実現という点で，換言すれば，どこまで既存の市場経済システムを超越するかにおいて，立ち位置が異なっていたのである。すなわち，社会的経済として把握される伝統的な協同組合は，既存の市場経済システムの枠組みにおいて労働者の福祉の向上をめざすが，新しく失業者が中心となった労働者主体のアソシエーションにおける運動は，オルタナティブな経済システムをめざしている。協同組合運動とアソシエーション運動との牽制はラテンアメリカにも見られたが，最近では両者がめざす社会改革をともに推進するために，両者が手を携えたという戦略的意味合いから社会的連帯経済という表現が使われるようになってきた。その代表例が，「大陸間社会的連帯経済推進ネットワーク」（Red Intercontinental para Promoción de la Economía Social y Solidaria：RIPESS）である。1997年にリマ大会で結成され，その後，2011年のバルセロナ大会を契機に，RIPESS欧州ネットワークが発足した。2013年にはマニラで国際大会が開催され，アジア地域にもネットワークが拡大しつつある。

　実際のところ，特にラテンアメリカの実践例を見る限り，協同組合運動，

NGO，アソシエーション運動など，組織形態とその制度的枠組みだけで
は連帯経済か社会的経済かの線引きは難しく，またこの点に焦点を当てて
議論することは建設的ではない。個々の事例ごとにその目的や戦略，参加
者と組織の関係においてその活動内容を吟味し，そうした活動組織間の
ネットワーキングが既存の経済や政治（民主主義）の在り方にどのような
影響力を持ち得るのかを問う必要がある。

4．なぜ今ラテンアメリカの連帯経済なのか

　2010年代に入り，ラテンアメリカの複数の国において，「連帯経済」と
いう用語への認知度が高まった。しかし，1980年代の債務危機に苦しん
でいたラテンアメリカの各地で，特に民衆組織が担い手となり，生存戦略
として実践されてきた多くの経験の中に，連帯経済と冠されることはない
ものの，すでに連帯経済の本質が見受けられたのである。そうした事例を
草の根の経験として紹介したハーシュマン（Albert Hirschman）の著作に対
し，訳者の矢野修一は，2000年代以降の連帯経済運動や潮流に先行する
ラテンアメリカでの実践であるという解釈を与えた。これが『連帯経済の
可能性—ラテンアメリカにおける草の根の経験』（2008）である。
　本書を編む基盤となったのは，2013年に発足したラテンアメリカの連帯
経済に関する共同研究プロジェクトであるが，その動機は，当時展開され
ていた新しい社会的排除に対する新しい民衆社会運動への注目にあった[5]。
それらの多くはハーシュマンの指摘と同様，「連帯経済」と冠されてはい
なかったが，オルタナティブな社会を模索する，既存の市場メカニズムと
は異なる経済活動の試みを行った。2000年代当時のラテンアメリカ諸国
は，グローバリゼーションが進展する国際環境の中で，かつて「失われた
10年」と呼ばれた経済危機からの脱却を図り，新自由主義的な経済発展モ
デルの推進によってマクロ経済の回復を見ていた。また，民主化ののちの
民主主義の定着期に入っていた。しかしその一方で，新しい社会的排除の

拡大に対する危機感も生まれていた。経済的政治的安定化を背景に，国内では既存の経済開発モデルや民主体制への批判的検討や挑戦が始まりつつあった。実際，2000年代，ブラジルのリーダーシップのもとに，南米の一部の国々では新しい社会民主主義的な政策の試行が始まっていた。同様に，反米，反新自由主義をより鮮明に掲げたベネズエラを中心とする左派政権も台頭した。これには，ボリビアのモラレス（Evo Morales）政権やエクアドルのコレア（Rafael Correa）政権，そしてニカラグアのオルテガ（Daniel Ortega）政権などが連なるとともに，社会主義国キューバとの連携も強められた。

　左派政権が掲げた新しい社会民主主義とは，グローバリゼーションのもとで大企業中心の経済の拡大が著しい中で，大量解雇や未曾有の失業増に苦しむ中間層や労働者階級の生活をどのように回復させるか，という課題に対する取り組みであった。しかし，その一方で，2000年代は台頭する中国経済が国内のエネルギー需要を急増させ，海外における資源確保を対外的経済戦略に掲げた時期でもあった。その結果，アンデス諸国を含むラテンアメリカの資源保有国は，中国の需要拡大が押し上げた資源開発ブームに呼応し，地下資源開発とその輸出に重点を置く採掘主義経済に傾倒した。こうした資源開発と労働者への福祉の充足という一見相対する経済・社会政策をいかに両立するかが，これらの政権が取り組んだ新しい経済開発と社会政策の試行であった。

　他方で，失業者や困窮者は，回復企業や産消連携，地域通貨，フェアトレードなどの戦略によって新しいタイプの協同組合運動やアソシエーション運動を展開していった。回復企業運動は，伝統的な労働運動とは異なる，失業者の主体性に基づく新しい労働運動の有り様として捉えられた（杉村 2011）。同時期にアルゼンチンで発生した，大量の失業者の組織化によって生まれた，ピケテーロスという失業者による労働運動は，新しい労働運動の形態として注目された（廣田 2006）。地域通貨の実践としては，「パルマス銀行」の経験が代表的である（小林・橋本・西部 2012）。

こうした新しい社会運動とその経済活動の実践は，連帯経済の理念によって捉えられるようになった。小池は，2003年に誕生したブラジルのルーラ（Luiz Inácio Lula da Silva）労働者党政権のもとで，国家でも市場でもない第三セクターが中心となって，平等，互恵，協力，コミュニティによる自主管理などを原理とした連帯経済が推進されていることを指摘している（小池 2003）。山本は，2005年に「連帯経済の構築と共同体の構造転換—メキシコ最貧困州チアパスの経験から」（内橋・佐野 編『ラテン・アメリカは警告する』新評論）で，さらに，2006年に「連帯経済—人間中心の経済の再生をめざして」（『月刊オルタ』2006年2月号: 6-9）で，ラテンアメリカで当時展開されつつあった，オルタナティブな経済を求める抵抗運動として連帯経済を紹介している。メキシコ，チアパス州（Estado de Chiapas）の先住民共同体で始まったアソシエーション運動では，利益至上主義原理に反対する新しい社会経済発展を指向した，自律的な経済活動という意味で「連帯経済」という概念が使われていた。欧米諸国や日本と同様，国家が福祉部門における機能低下を見せ，他方で，大企業ばかりが拡大する経済成長指向の流れの中で，メキシコでは，公的部門でも，私的部門でも^{セクター}ない，アソシエーションを軸とし，地域社会に立脚し，営利目的ではなく社会的目的の実現を旨とした，人間関係と協働の概念を大切にした新しい経済セクターが出現してきたと理解し，これを山本は「共的セクター」と呼び，連帯経済の担い手として説明している（山本 2005: 293-295）。

　すなわち，ラテンアメリカにおける連帯経済は，その原初形態は様々であるが，グローバル化時代の人々の暮らしを支配する新自由主義に対する抵抗運動としてのオルタナティブな経済・社会様式の実践として出現していたのである。

5．本書のねらいと構成

　ラテンアメリカにおける経験をさらに掘り起こすと，「連帯経済」という概念こそ意識的に使われていなかったが，1980年代の経済危機に向かうころ，すなわち社会階層間格差が拡大し，農村や都市民衆部門で生きる人々の生活難が一層厳しくなる当時から，既存の経済システムから取りこぼされていった人々が，既存の経済システムとは異なった生業の在り方やコミュニティベースでの生存戦略の構築を通じて，新しい経済様式を創造していた事実が浮き上がってくるのである。まさに前述のハーシュマン（2008）が注目した草の根の経験がそうである。では今日どのような事例が典型的な連帯経済の体現とみなされるのだろうか。本書では協同組合，非営利団体，アソシエーションなど，組織形態とその制度的枠組みだけに頼らず，具体的な事例の持つ意味を分析することで連帯経済の実態に迫りたい。地域通貨，労働者協同組合，消費者協同組合，地産地消（提携）運動，フェアトレードなどの様々な組織形態や運動が，既存の市場経済に対するオルタナティブとなり得るか，そして既存の経済システムから排除され，とりこぼされてしまう人々が，どのような異なるカテゴリーの経済活動のもとに活路を見出すことができるか，どのように人間的に豊かで尊厳ある暮らしを実現することができるか，そして自然との望ましい共生的関係を築くことができるかを明らかにしたい。すなわち，家族，近隣，コミュニティの社会関係性と互助性と倫理性，さらに自然と人間との関係も含んだ価値観に基づいて，社会を構成するすべてのものの尊厳ある労働と生命の再生産の条件を充たすという意味での共通善（コモン・グッド）の充足を実現する連帯経済はあり得るか，という共通課題を軸に，各執筆者がこれまで取り組んできたテーマにおいて，連帯経済と関わる事象に向き合ったのである。

　本書は第Ⅰ部の理論編（2章）と第Ⅱ部の国別事例編（6章）によって構成される。理論編では，第1章で改めてラテンアメリカの文脈で使われる

連帯経済の意味を，その用語の語源に遡って考察する。ラテンアメリカの連帯経済概念に，まだ総括的で普遍的な解釈はない。本章では，ラテンアメリカの連帯経済に関する主要な論客の議論を紹介しつつ，現在ラテンアメリカの文脈で理解されている連帯経済概念とその実体経済における位置づけを明らかにする。なお，第1章では，「連帯」概念のほかに，連帯経済の潮流とともに既存の発展観や「豊かさ」を問う観点から注目を集めてきたブエン・ビビール（buen vivir: 善き生）の概念も合わせて概説する。人間と自然との関係性については，すでに環境破壊や気候変動の問題において議論されているが，ラテンアメリカの文脈において「もうひとつの経済」をめざす連帯経済の概念を深く理解するためにも，高地アンデス地域の先住民共同体の宇宙観に発するこの概念を知ることが，社会と経済，自然との関係性の理解を深める鍵となる。続く第2章では，ラテンアメリカで育まれてきた民衆社会運動の歴史的経緯に遡り，すでにハーシュマン（2008）の紹介において述べたように，今日の連帯経済の主体が民衆の草の根運動に起源を持つことに着目する。すなわち，連帯経済の実践は，民衆運動，生存戦略の運動の延長に育まれたのである。ラテンアメリカ特有の政治社会史的背景として，カトリック教会の社会活動とそれがめざした社会変容，弱者救済の運動との連携や，民衆教育による指導者養成の過程に光を当て，今日のラテンアメリカにおける連帯経済の担い手，アクターの特徴を理解する道筋を明らかにする。これらの新しい社会運動の担い手が生まれた背景には，前述したような2000年代のラテンアメリカ諸国の経済動向と，それによって生まれた社会的排除の拡大に対する政策面での対応があった。並行して顕在化した連帯経済の実践に対して，政府はどのような制度化を行い，連帯経済を担う組織やアクターを認識してきたのか，また支援をしようとしてきたのか。連帯経済は，法制度的枠組みを得ることでどのような力を得たのか。以上を整理するために，第Ⅰ部の最後に，第Ⅱ部で取り上げられる7か国における連帯経済の制度化過程を整理し，各国における事例分析の置かれた文脈を鳥瞰する資料一覧を配した。

第Ⅱ部は国別，分野別での事例分析であり，ラテンアメリカの経験から抽出される現在の連帯経済実践の意義を考察するものである。

　第3章では，山本がメキシコ，チアパス州での異なる実践例の比較考察によって，フェアトレードと連帯経済の範疇とを比較して整理を行う。山本は，フェアトレードの実践にも連帯経済に該当するものと該当しないもの，あるいはグレーゾーンがあることを認識している。論点は，交易における公正性とは何か，という点である。メキシコでは連帯経済が法制化されたものの，サパティスタ運動や解放の神学の影響を受けて農村部では国家との軋轢が強い。また資金力のない生産者はフェアトレードに参入するための組織化ができず，大手企業が有利であったりする。そのような状況で，交換的正義の成立が問われると指摘した。コーヒーのフェアトレードには6次産業化や地産地消をめざし，国内のフェアトレードをめざす例もあり，交換的正義が確立すればモラル資本主義経済とも呼ぶべきオルタナティブの提示が可能であると結論づける。フェアトレードはもともと資本主義にかわるオルタナティブとして始まったが，のちに市場に入ってこれを変革しようという形に変化し，最近ではビジネス志向が強い。そもそもフェアトレードは非市場的経済の代表的な例とされてきたが，交換的正義の実現が大切である。互助，共益だけでなく，公益，トレーサビリティや環境までの配慮があるかどうかにまで掘り下げて，連帯経済としてのフェアトレードの位置づけを批判的に分析する。結論として，市場にも限界がある中で，フェアトレードが連帯経済の理念を実現しつつ，市場経済に代替する経済システムとして成り立つ可能性があることを示唆する。

　第4章では，新木が，エクアドルでの連帯経済の圧倒的成功例とされてきたサリナスにおける先住民コミュニティの連帯企業と経済循環を取り上げ，その普及の可能性について考察する。連帯経済の概念はコレア政権のもとで強力に押し出され，制度化も進んできた。その一方で，エネルギー資源開発を経済政策の中心に据えるエクアドルにおいて，経済循環を中心とした連帯経済が拡大する可能性はあるのだろうか。新木はこれまでもラ

テンアメリカにおける地域通貨運動を紹介したり，エクアドルにおける「開発しない選択」をアピールしたヤスニ（Yasuni）プロジェクト[6]など，資源開発におけるオルタナティブな取り組みを取り上げたりする中で，脱市場経済にもつながる事例に注目してきた。サリナス事例の成功には，地域的文脈や長年の試行錯誤の歴史からの学びなど，固有の条件が決定要因ともなっている。かつては，地域開発の成功例，農村開発の事例としてみなされてきたサリナスが，2000年代に入って，連帯経済の成功例として理解されるに至った背景や，その持続性について議論する。

　重富による第5章では，都市における家政と自家生産における連帯経済の実践に着目する。これこそ現代の市場経済から排除されてきた部門である。ラテンアメリカの植民地起源都市は，スペインによる近代化において生産様式における搾取の構造を作った。ペルーの事例は，収奪の発想に抵抗する事例である。だが，労働の再生産を提供するという点で，家政は市場経済を支えていることにもなる。例えば貨幣を用いないような，市場経済ではできない経済活動を家政と自家生産はなし得るのか。そしてそこに連帯の理念がどのように発現されているか，という問いへの考察である。そして，そこには先住民による発想が働いていること，実際には，貨幣経済と非貨幣経済とが交差する部分があることを明らかにする。民衆経済と国家，市場との関係の成立を，連帯マーケット創出に向けた動きに見出している。ボリビアでは政府が「反新自由主義」，「反資本主義」を掲げ，多元経済を新経済モデルとし，国家のもとに民間，社会協同組合，コミュニティ経済が配置され，集団的ブエン・ビビールを実現するという考えを打ち出している。民衆経済活動から派生したオルタナティブ・マーケットの事例が顔の見える国内フェアトレードに結びつき，かつそれは生命系の持続可能性も踏まえた活動として注目すべき連帯経済の事例であると結んでいる。

　第6章はコロンビアにおける連帯経済運動の歴史的過程に立ち返り，協働組合運動とそれを支えたカトリック教会の社会的行動が推進した民衆教

育とのつながりを，特定地域の事例において考察する。そして，同じく社
会運動を出自としつつも，1990年代に発展した，生産者と消費者を結ぶ
アソシエーションの事例に，農村部と都市部の連携と経済循環の形成を基
盤としたオルタナティブな経済システムの可能性を見出した。これらの事
例を複数の異なる地域間で比較すると，必ずしも理念どおりの実践が展開
されているわけではなく，懸念材料もある。そうした地域別の相違は何に
求められるのか，また，共通の特徴は何か。さらに協働組合運動とアソシ
エーション運動との交流の可能性について，同国の国内紛争の行方とも関
連させて展望する。

　第7章では，小池がブラジルにおける労働者協同組合を取り上げる。小
池は，ブラジル政府が多元的民主主義を掲げ，参加型予算などの経済にお
ける民主化の試みを進めてきたことを高く評価し，近年，連帯経済部門の
法制度化や担当省庁の創設など，ラテンアメリカにおいて連帯経済運動を
牽引してきたブラジルの連帯組織と市場，国家との新しい関係に注視して
きた。労働者を資本の支配から解放し，その主体性を中心に経済活動を行
う労働者協同組合は，連帯経済の最も重要な組織の1つであり，また人間
の全体性を回復する。小池は労働者協同組合の実践，制度化，政策課題を，
同じく労働者の資本からの解放をめざす労働組合運動との対比によって論
じ，労働者協同組合がオルタナティブな経済になり得るための条件を提示
する。

　第8章では，アルゼンチンにおけるウエルフェアー・ミックスを切り口
に福祉の多元主義を論じてきた宇佐見が，福祉部門における連帯経済とい
う枠組みで考察する。福祉サービスが市民アソシエーションや互助会など
の社会組織によって提供されていても，完全に市民社会の領域にとどまら
ず，国家，市場との隣接領域において相互に影響していることを示す。事
例からは，大枠では連帯経済のカテゴリーに入るものの，政府の社会扶助
政策を補完しているものや，営利医療保険事業と同様の活動を行っている
ものなど，多様な実態があることが指摘される。ペストフ（Victor Alexis

Pestoff）の考えやコラッジオ（José Luis Coraggio）による公的部門，民間部門，民衆部門から構成される混合経済の枠組みも援用しながら，アルゼンチンにおける家政と国家と市場との多様な関係性を結びながら社会福祉の実現をめざす活動を比較分析し，福祉の分野における連帯経済運動の理念の発現について批判的考察を行う。

　終章では，本書で明らかになった諸点を顧みつつ，日本でもコミュニティ経済や地産地消の活動に見られるように，連帯経済概念に即したオルタナティブな経済モデルを追求する動きが起こっていることを指摘し，ラテンアメリカの経験から相互に学ぶ可能性について展望する。

【注】

[1]　2003年3月号には「特集　中南米発　人々がつくるオルタナティブ」，2005年3月号は「特集　ポルトアレグレ　参加型民主主義と連帯経済をつくる市民力」など。

[2]　ラヴィルの議論をより平易に解説したものに，日本，欧州の協同組合運動研究を専攻する北島（2016）がある。続く節では同論文に依拠しつつ，連帯経済と社会的経済との相違について説明する。サードセクター論については，リピエッツ（2011）が社会連帯経済としてのサードセクターの理念型について明快に整理している。

[3]　ヨーロッパの研究者が「社会的経済」という用語を用いる場合には，法人規定（協働組合，共済組合，アソシエーション，財団）と運営規則という2つの基準で規定される組織ないし企業を指す（北島 2016）。

[4]　2009年11月29日に上智大学グローバル・コンサーン研究所（Institute of Global Concern: IGC）にて国際基督教大学社会科学研究所（Social Science Research Institute: SSRI）との共催で開催された，国際シンポジウム「グローバル化に対抗する運動ともう一つの世界の可能性：いかに繋がり，いかに変えるか？」での両者の基調講演や議論を収めた講演録。ウイッタケルはブラジル正義と平和委員会代表，アギトンはATTAC（Association pour la Taxation des Transactions pour l'Aide aux Citoyens; トービン税の実現を目指す社会運動団体，通称アタック）などのフランスの失業問題に取り組む社会運動家で，ともにWSF開催の中心メンバー。

[5]　平成25年度～平成28年度科学研究費助成事業（基盤研究B）「コモン・グッドを追求する連帯経済―ラテンアメリカからの提言」。

6　ヤスニ国立公園内のイシュピンゴ・タンボコチャ・ティプティニ（Ishpingo-Tambococha-Tiputini: ITT）地区油田開発放棄によって，地球温暖化抑止の意味から国際支援を取り付けようとしたイニシアティブ。結局政府が目標とした支援額が集まらず，ヤスニITT信託基金は設立せず，この「開発しないことで持続可能な開発を推進する」というオルタナティブな発想によって注目されたヤスニプロジェクトは頓挫した。

■引用文献

北島健一（2016）「連帯経済と社会的経済―アプローチの差異に焦点をあてて―」『政策科学』23（3），15-32頁。

小池洋一（2003）「市場経済に対抗する連帯経済という選択」『月刊オルタ』No.316，2003年3月，13-17頁。

小林重人・橋本　敬・西部　忠（2012）「制度生態系としてのコミュニティバンクと住民組織―ブラジル・フォルタレザにおけるパルマス銀行を事例として―」『進化経済学論集』Vol.16，529-544頁。
　〈http://hdl.handle.net/10119/10935〉2018年11月30日最終閲覧。

ジャンテ, ティエリ（2009）『フランスの社会的経済』（石塚秀雄　訳）日本経済評論社。
　（Jeantet, Thierry, *Économie sociale : La solidarité au défi de l'efficacité,* Paris: Documentation française, c2006.）

上智大学グローバル・コンサーン研究所（IGC）編（2010）『グローバル化に対抗する運動ともうひとつの世界の可能性：いかに繋がり，いかに変えるか』現代企画室。

杉村めぐる（2011）「アルゼンチンにおける回復企業運動の発展条件に関する考察」『ラテン・アメリカ論集』第45号，47-67頁。

西川　潤（編）（2007）『連帯経済―グローバリゼーションへの対案』明石書店。

ハーシュマン, アルバート・O（2008）『連帯経済の可能性―ラテンアメリカにおける草の根の経験』（矢野修一・宮田剛志・武井　泉　訳）法政大学出版局。
　（Hirschman, Albert O., *Getting Ahead Collectively : Grassroots Experiences in Latin America,* Oxford: Pergamon Press, c1984.）

廣田　拓（2006）「グローバリゼーション下のアルゼンチンにおける市民社会の政治化―ピケテーロス運動に焦点を当てて」野村　享・山本純一　編著『グローバル・ナショナル・ローカルの現在』慶應義塾大学出版会，69-94頁。

廣田裕之（2016）『社会的連帯経済入門―みんなが幸せに生活できる経済システムとは』集広舎。

モロー，ジャック（1996）『社会的経済とはなにか―新自由主義を超えるもの』（石塚秀雄・中久保邦夫・北島健一 訳）日本経済評論社。

（Moreau, Jacques, *L'économie sociale face à l'ultra-libéralisme,* Paris: Syros, 1994.）

山本純一（2005）「連帯経済の構築と共同体の構造転換―メキシコ最貧困州チアパスの経験から」内橋克人・佐野 誠 編『ラテン・アメリカは警告する―「構造改革」日本の未来』新評論, 290-313頁。

山本純一（2006）「連帯経済―人間中心の経済の再生をめざして」『月刊オルタ』2月号, 6-9頁。

ラヴィル，ジャン＝ルイ（編）（2012）『連帯経済―その国際的射程』（北島健一・ 鈴木 岳・中野佳裕 訳）生活書院。

（Laville, Jean-Louis,（sous la direction de）, *L'économie solidaire; Une perspective internationale*, Paris: Hachette Littératures, 2007.）

リピエッツ，アラン（2011）『サードセクター――「新しい公共」と「新しい経済」』（井上泰夫 訳）藤原書店。

（Lipietz, Alain, *Pour le tiers secteur. L'économie sociale et solidaire : pourquoi et comment,* Paris: La Découverte, La Documentation, 2001.）

第Ⅰ部

ラテンアメリカにおける
連帯経済の概念と民衆社会運動

第1章

ラテンアメリカにおける
連帯経済とは

講演するコラッジオ（José Luis Coraggio）（撮影年不詳。コラッジオ氏本人より提供）

第 I 部 ラテンアメリカにおける連帯経済の概念と民衆社会運動

はじめに

　「連帯経済」（Economía Solidaria）という概念は，21世紀に入り，少しず
つラテンアメリカ諸国に浸透しつつある。今日連帯経済として理解される
実践は，古くは1960年代に遡る民衆経済やインフォーマル経済の実践の
中にも認められるが，連帯経済の概念規定や解釈は一様ではない。他方，
長年社会問題と開発の課題に向き合い，その後21世紀に入り，明示的に
連帯経済の概念構築に取り組んできた研究者は少なくない。本章は，ラテ
ンアメリカの連帯経済に関する主要な論客の議論を紹介しつつ，現在ラテ
ンアメリカの文脈で理解されている連帯経済概念とその実体経済における
位置づけを明らかにすることを目的とする。

　最初に，ラテンアメリカに導入された「連帯」概念と，その経済的概念
としての解釈をラセット（Luis Razeto Migliaro）の考察に基づいて紹介する。
次に，ラテンアメリカの連帯経済の議論をリードしてきたコラッジオ（José
Luis Coraggio）の論点を取り上げる。コラッジオの解釈は幅広い視野に立
ち，ミクロからマクロレベルまでの異なる段階を辿って連帯経済概念の発
展を展望するものであり，ラテンアメリカの異なる国々の独自の文脈にお
いて，受け入れられている。ラセットが主として連帯経済の理念の分析に
重きを置いてきたのに対し，コラッジオはラテンアメリカの現状に即して
これを捉えようとしている。続いて，高地アンデス先住民社会の宇宙観に
基づく「善き生」（ブエン・ビビール: buen vivir）の思想を紹介する。ブエン・
ビビールは，人間と自然との関係性に関するオルタナティブな思想として
注目を集めつつあり，連帯経済の議論に影響力を持つ概念である。最後に，
連帯経済がめざす究極の目的が「共通善」（コモン・グッド: el buen
común）にあることを示す。

26

第1章　ラテンアメリカにおける連帯経済とは

1．連帯とは何か──ラセットの「連帯の経済」論

　「連帯」とは，「助け合い」や，困窮する人々が共に支え合って社会問題を解決する行動や理念を意味する。ゆえに本来，競争や市場原理に基づく経済合理主義とは結びつきにくい概念である。今日でこそラテンアメリカにおいても「連帯経済」という用語が定着しつつあるが，当初は「連帯」と「経済」とを合成した用語は理解されにくかった。

　ラテンアメリカに導入された連帯概念の定義に遡り，「連帯の経済」（economía de solidaridad）として1980年代から議論を始めたのが，ラセットであった。ラセットはチリとイタリアとの二重国籍を持つ哲学者で，2011年まで，チリのボリバリアナ大学（Universidad Bolivariana）の連帯経済と持続可能な発展プログラムの修士課程の長を務め，同時に，アルベルト・ウルタード大学（Universidad Alberto Hurtado）の社会的倫理と開発の修士課程でも教えた。「連帯基金」（Fundación Solidaridad）と「人類のためのハビタット財団」（Fundación Habitat para la Humanidad）の長や，「友情において実践される労働」協同組合（Cooperativa "Trabajo en Amistad"）の理事長も務めた。

　1984年に『連帯の経済と民主的市場』という本を出版したが，「経済」という事実に基づいた科学的な言説に，「連帯」という価値に基づいた倫理的言説を合体させることは挑戦的な試みであったと回顧している。経済の言説で倫理に関わるのは，自由選択，個人の創造性，分配における公正，機会の平等，個人および集団的権利などの概念であるが，連帯や友愛，ましてや無償という概念とは縁がない（Razeto 1999）。「協力」という言葉も補完的に使われるのみで，自由意志による自由で無償のアソシエーションを意味するとは限らなかったからである。以下ではラセットの分析に基づいて，ラテンアメリカに取り込まれた「連帯」の語源を把握したのち，「C要素論」によって理解される経済的概念としての「連帯」を概説する。

27

(1) 「連帯」の語源とラテンアメリカの文脈での取り込み

「連帯」の語源

　スペイン語の「連帯」（solidaridad）という言葉は，ラテン語の*solidus*が語源で，①堅固な状態（固体），②構成分子が凝集され，形と容量が一定に保たれているもの，③根本的で真実性の高い状態，などを指す。ここから派生して法的用語で「連帯的」という場合は，権利や義務が連帯的に発生すること，すなわち，複数の者がそのうちの個人またはそのすべての責務に共に対応するという意味になる。このほか，「連帯」には，他人の企業に対して，独自のものとして賛同・支援を与えるという意味もある。イタリア語の「連帯」（solidarieta）には，1）ニーズの解決のために協力し，相互に助け合うために，複数の個人をつなぐ絆，2）個人とそれが属するコミュニティとの間の絆の総体，3）人間的，社会的連帯，などがあるという。

　以上から，ラセットは「連帯」とは，ある集団（アソシエーションやコミュニティ）を形成する複数の人々の間での水平的な関係であり，そこに参加する人々が平等の条件にあることを意味すると述べている。人間関係や絆は，互いの関連性において，「連帯的に」形成され，共通の集合体に属するという認識を持つことによって強められる。すなわち，「連帯」における関係性とは責任ある関与（コミットメント）を通じた関係性を意味し，個人とそれが属する集団との間で互いに助け合うことは義務であるという認識を共有するということである（Razeto 2005: 1）。

現状を克服するための「連帯」の実践

　実際の社会においては，「連帯」という用語は，ともすれば援助主義（asistencialismo）[1]や慈善的行為，あるいは貧者や障がい者など，社会から疎外を受けている人々に助成を与える特定の社会扶助政策を意味しがちである。しかし，ラセットが主張する本来の「連帯」には，次の5つの理念

が反映されていなければならない。

① 連帯の行動を確実なものにするためには，その集団のメンバーが確固たる相互作用を行うこと。

② 連帯の関係性を作る人々の状況が平等で，等しく責任ある関与の意識を持つこと。

③ 連帯の行動をとる集合やコミュニティでは，互助，互酬，参加の絆を通じた関係性が形成されること。

④ 連帯の集団が，その本質において，密度の高い互助的集合体として構築されること。

⑤ そうした連帯的凝縮性は恒常的で安定的であること。

このような意味での連帯という言葉は，中世のギルドや専門家集団が用いた，生活と仕事の条件を共有する仲間の集合を意味し，そこから様々な形態のアソシエーションや企業的集団が組織されていった。その後，「連帯」という言葉は，19世紀の労働運動の高まりを契機に，より社会的な内容を持つようになっていった。

第一は，労働運動が実践する社会的闘争における中心概念としての「連帯」という使われ方であった。連帯という言葉は，共通の目的，理由，あるいは，共有の利害，互助を意味し，ある集団や組織が，その他の集団や組織と連携して行う社会的政治的闘争において用いられるようになった。こうして20世紀前半，「連帯」は労働運動の中心概念となった。1960年代末まで，同業者集団や労働組合運動のメンバーが「連帯」の言葉のもとに結集し，権利要求闘争における，互助と連合の意味で用いたのである。

第二が，キリスト教思想における「連帯」の使われ方であった。20世紀後半から，労働運動と並行して「連帯」はキリスト教思想における用語でも登場するようになった。「連帯」が，キリスト教的倫理の中心概念として使われるようになったのである。「連帯」は，友愛と同義ないしは代替的に用いられるようになった。すべての人間は社会的精神的に同じ身体の一部であり，その生命と運命を共有し，神の前に皆平等であるという解

第Ⅰ部 ラテンアメリカにおける連帯経済の概念と民衆社会運動

釈が生まれた。マルクス主義やサンディカリストが用いていた特定の社会集団における階級闘争的な意味は失われ、人類すべてに広がる絆と関与という意味に変わったのである。キリスト教思想の文脈で「連帯」用語を用いる場合には、社会的正義（公正）の意味もあったが、労働運動が社会的闘争のための戦略として「連帯」を使うのではなく、労働者が日常生活や地域社会において直面するあらゆる問題に対する解決方法として提案されるようになった。その結果、「連帯」は教会の社会的教義の枠組みに組み入れられることになった。

　カトリック教会の指針とローマ教皇の立場を示す公的書簡が回勅である。ローマ教皇レオ13世（Leo XIII）の回勅「レールム・ノヴァールム」（*Rerum Novarum*: 1891年5月）は、労働者問題と社会的正義に関する教会の立場と理念を初めて定義づけ、連帯の言葉に、本来の意味である友愛や正義を付け加えた[2]。だが、連帯用語が、社会問題と公正なる秩序の追求に関連づけられて回勅に導入されるのは、1987年に公刊されたヨハネ・パウロ2世（John Paul II）の「ソリシチュード・レイ・ソシアリス」（*Sollicitudo Rei Socialis*）を待たねばならない。同回勅で、「連帯」は、キリスト教の社会的教義の基本的理念の1つとして挿入された。「連帯の理念」は、「助成の理念」の補完であるとされ、我々に、他者を思う気持ち（sensibilidad）を高めるように呼びかけた。他者、特に苦しむ人たちのことに思いを寄せよ、という呼びかけである。だが、教皇はこのとき「連帯は単なる感情ではなく、真の美徳であり、個人的にまた集団的に他者の責任を互いに引き受けることを意味する」と加えた。連帯とは、すべての人々が、「すべての人々のコモン・グッド」（el bien de todos）のために、真に責任を持つ、確固たる決意であるという解釈である。

　以上のように、キリスト教の社会的教義においては、連帯は、本質的に倫理的内容を持つ。特別の価値と美徳である友愛と博愛という表現と類似しているが、個人が表明する社会的問題に限らず、公正なる社会的秩序の形成をめざすという意味がある。「連帯」が社会的問題に関する議論にお

30

いて倫理的意味で使われるとき，貧困の緩和や他者のニーズを自分の責任として取り込むことを意味する（Razeto 2005:6-7）[3]。

(2) 経済的概念としての連帯──ラセットの「C要素」

キリスト教の社会的教義における倫理的意味としての連帯は，貧者に対する救済の方法として一般社会に受け入れやすかった。「連帯」概念は，経済が一定の循環を遂げたのちに挿入されるべきものだという見方がこれまで支配的であった。つまり，経済の実践の結果，不平等が起こったら，それを修正し，補完するためのものという考え方である。よって経済学においては，「連帯経済」または「連帯の経済」という概念は馴染みがなかった。

しかし，だからといって，実際の経済に連帯の要素がないわけではない。協同組合，互助組織，社会的慈善事業を行う企業などを分析すると，ある共通の連帯的経済合理性が存在することがわかる。また，労働組合の団体交渉のときに表現される連帯概念や，労働者のグループ作業や互助活動における関係性や行動規範におのずと「連帯」は存在するが，自覚的に認識されているわけではなかった。

ラセットは，連帯的企業の内部で，能動的に作用している経済的連帯のことを，連帯にまつわる具体的な要素にちなんで「C要素」と呼んだ。これを要素と呼ぶのは，経済的価値の創造に必要な生産要素としてC（のつくもの）を認めるためである。C要素は，労働，資本，技術，管理，というような資本主義経済における生産要素と同じように，「連帯の経済」における経済的要素なのである。

すなわち，協力（la cooperación），協働（colaboración），コミュニケーション（comunicación），コミュニティ（comunidad），共有（compartir）など多くのCで始まる言葉が生産の場に関連している。「co-」という接頭辞が「共に」，「集まって」「協力して」という意味を持つことから，Cのつく要素の力を高めることが経済的連帯の作用を高めることになるという解釈である（Razeto 2005: 6-7）。

「C要素」論は、「経済にいかに連帯を取り込むか？」という問いへの回答とも考えられる。労働者の集団的行為の中に、以下のようにすでに協力や協働、連帯の要素が内蔵されていることを認識することが肝要であると説くのである。

経済における連帯を意味する第一の要素は、労働における協同（cooperación en el trabajo）である。共に働くことで、労働力を提供する各自の能率が上がり、その結果、全体の効率が上昇する。集合的主体（colectivo）によって達成されることも大切であり、その意味で、個人よりもコミュニティ（comunidad）が重要となる。

生産・流通の技術的側面においても、管理の側面においても情報を共有、共用（compartido）することは情報収集の経費削減にもつながる。

集団的意思決定（la adopción colectiva de las decisiones）によって、より良い計画を立てることができ、これが経済の成果においても有利に働く。

チームまたはコミュニティレベルでの労働（el trabajo en equipo o comunitario）において発生する心理的インセンティブにも効用がある。日常の活動において、コミュニティ独自の儀式や習慣が共有されると、それが社会的に友好的な環境を作り出す。このような共感する空間を作ることが、経済単位内部での社会的コンフリクトの削減につながるという指摘である。コミュニティでの活動は、相互に関連するニーズの充足や、共生（convivencia）の達成にもつながる。

協力、協働によって、人間は生活の様々な次元において連携する能力を持つようになる。そして、コミュニティレベルでの行動が、当該コミュニティを利するだけでなく、より広いグローバルな社会にも影響力を持つという主張である[4]（Razeto 2005: 9）。

(3) C要素論と「連帯の経済」への道筋

では、どのようにしたらC要素を経済のプロセスに挿入し、連帯的連携を促すことができるのだろうか。ラセットは、そのためには、次の4つの

条件が必要であると述べている。

第一に，同じ地域（テリトリー），あるいは居住区，生活圏などにおいて，日常関係性を持つ場を共有する人々が，生存または経済的に緊急のニーズを抱えていること。排除や周縁化などの共通の経験が，協力と連帯の動機づけになる。その結果，社会的組織や生産，分配，消費における集団的イニシアティブにつながる。

第二に，連帯的組織に限らず，既存の社会的組織があること。この存在が，外部からの脅威や圧力が発生したとき，社会的関係の形成と集合的連携の緊密化を促すことになる。

第三に，自助や協力，協働，連帯の目的での組織化を方向付けるような外部からの刺激があること。カトリック教会の社会的活動やそれから派生したNGOなどの存在を示唆していると思われる。

第四に，思想的，価値論的な動機があること。多くの人々が，個人主義や脱個性化による大衆化というような単純二極に収斂されるような既存の価値観から脱して，多様な形態と組織化を伴うオルタナティブな生き方をめざすような価値観でつながることが必要である。人道主義的，連帯的，協同的な考えや価値観が多様な社会的，経済的組織における実践で具現化する連帯的組織は，内部の刺激，すなわち当該集団またはその中の数人の人々が抱く問題意識や疑問から発生していることが多い（Razeto 2005: 9-10）。

以上のように，「連帯の経済」は，市場経済を否定するものではないが，現代の経済を特徴づける構造や組織形態に対し，批判的で革新的な方向性を示すものでなければならないと主張している。

そこで，ラセットはラテンアメリカの実情に即し，「連帯の経済」へと導く10の道筋を示した。以下ではRazeto（1993;1995;1999）に基づきその骨子を紹介する。

第Ⅰ部 ラテンアメリカにおける連帯経済の概念と民衆社会運動

貧者と民衆経済が辿る道

　「連帯の経済」に向かう最初の道筋は，多くの社会的集団からなる貧困と周縁の状況から始まる。国家の社会問題解決能力の低下と，資源配分と所得分配における市場の役割の増大によって，富の著しい集中化が生まれ，貧困が拡大した。この結果，多くの人々と社会的集団が厳しい生存の問題に向き合い，多様な生存戦略を展開しなければならなくなった。基本的ニーズの充足のために，インフォーマル経済や自営の経済活動が発展し，民衆経済（economía popular: EP）は生まれた（EP の詳細な分析は，次節を参照）。伝統的な資源，労働能力，技術，組織などが近代的な資源，技術，組織の一部を取り入れながら，民衆の日常生活と生存の確保のために多様で反復可能な経済活動を生み出してきた。

　ラセットは，EP には多くの連帯の要素や表現が含まれているが，それに対する認識は EP を実践する人々の中にも，またそれを分析するアカデミズムの中にも，これまで低かったと指摘している。貧困やニーズを前に，人々は持てるわずかなものを分かち合うことで日常の緊急性をなんとか生き抜こうとする。生産手段，資金，技術や知識，経営ノウハウなどを，同じニーズに向き合う家族，近隣などと補い合い，独自の価値観と方法で経済実践を行うことになる。これが EP 内部に埋め込まれている独特の連帯的経済合理性である。

貧者の社会的上昇を助けるサービスを提供する連帯の道筋

　NGO や非営利団体など，寄付や贈与によって貧者に社会的サービスを提供する外部団体が行う行為を指し，これらの組織の活動を連帯的事業と捉えている。贈与は経済循環過程における富の分配の一様式である。だがすべての寄付や贈与が貧者の自主的な社会的上昇を促すとは限らない。経済的利益を拡大する意図のもとに贈与が行われる場合や，贈与を受けるものに援助依存体質を植えつけるものは，連帯の道筋にはならない。

労働による道筋

　多くの労働者は，所属する企業や労働形態にかかわらず，労働者間で補完や協力を実践する。労働そのものが連帯の絆を創成するのである。労働実践の過程で，技術的に互いに補わなければならない状況があると，互酬を基礎に取り組む仕事も生まれる。こうして同じ生産過程に従事する者たちの間に，平等的かつ水平的関係が形成される。これが協働や時間と空間の共有を生み，さらには友情や仲間としての関係を育む。この点において，労働の文化には連帯的な文化を育む要素が内包されている。協働が，労働が本来的に持つ連帯を覚醒するのである。したがって「連帯の経済」の具体例には，労働者による自主管理企業や労働者協同組合などにおける協働（trabajo asociativo）が挙げられる[5]。

社会的参加による道筋

　社会的参加とは，広く地域における社会的活動に加わることを意味する。それまで主体的に社会的活動に参加できなかった貧者，若者，被差別グループなどが，多様な活動においてイニシアティブを取る機会を創出することにより，連帯の関係が育まれる。アソシエーションやコミュニティにおいて集団的なイニシアティブと責任を共有することが肝要である。参加によって絆，関係性，連帯の価値が創造され，強化される。

社会的変革をめざす行動と闘いによる道筋

　多くの社会的組織や政策は，社会の変革をめざし，新しくより公正で平等な社会的関係を構築しようとするが，そこには無限に異なる思想，行動様式や闘い方がある。近代では，主たる変革のエネルギーは，資本主義に基づく支配的な「経済システム」を変えようとして生まれてきた。これは既存の経済システムが社会全体に普及させてきた価値観に対する批判に基づくものである。社会的闘争の多くが，労働の搾取と従属，社会階級分化，不平等な富の分配，行き過ぎの個人主義と消費主義をもたらした資本主義

経済とは異なる，新しいタイプの経済を求め，より公正で連帯的な社会の構築をめざしている。社会的変革の探究を方向付けてきた価値は，自由，公正，友愛と参加であり，連帯の経済はこれらの価値を日常の現実社会の中で確立しようとするものである。

オルタナティブな発展をめざす道筋

「連帯の経済」が向かうのは，「もうひとつの発展」，「もうひとつの経済」をめざす道筋である。オルタナティブな発展とは，より連帯的であるべきである。既存の経済システムにおいて経済成長を遂げていない部門にとってはより望ましい発展であり，生態学的により持続可能なものでなければならない。社会的統合は正義と連帯の価値によって実現されなければならず，「連帯の経済」はこの点において最も貢献し得るオルタナティブである。

生態系（エコロジー）の道筋

「連帯の経済」は，今日の環境破壊に対する懸念にも向き合っている。人間と自然との関係において発生する生態的問題は，経済を仲介して起こる。すべての経済過程（生産，分配，消費，蓄積）は，自然と人間の間の複雑で動態的なプロセスである。換言すれば，人間と自然との間の生命の交換プロセスは経済活動を仲介して行われる。その結果，環境破壊という問題を引き起こしたのである。この状況を克服するには，経済活動と自然との関係を，より人道的で協調的な関係にしなければならない。豊かさを社会的に分配する，そして必要な生産物はニーズを充足する分だけの消費に留めるという「節度ある開発と消費」を実行すること，すなわち，生産から消費，蓄積までの過程を，より連帯的に行う必要がある。

女性と家族の道筋

「連帯の経済」の枠組みでは，女性と家族がより平等な形で経済活動を実現することをめざしている。家族がその真正な資質を存分に実現するた

めの社会的単位となり，女性が労働と社会において従属や差別を受けず，新しい経済活動への参入を可能とする条件を形成する。

先住民族による道筋

「連帯の経済」は，先住民族独自の先祖伝来の文化を回復し，伝統的生活様式を再構築する道筋である。先住民族は，独自の言語，文化，宗教と生活様式を持つが，その伝統は征服や植民地化，そして工業化と近代化の過程で致命的な打撃を受け，分裂や服従の憂き目にあってきた。それでも彼らの中には生き生きとした伝統文化の価値が息づいている。他方で近年，先住民族は一層経済的，社会的，文化的に周縁化される傾向が見られる。これは国家の経済が近代化の枠組みにおいて再構築され，今度はラテンアメリカ経済がグローバル経済の枠組みに再統合された結果でもある。しかし，こうした先住民社会の周縁化が，むしろ彼らの伝統的生活様式と経済実践の再評価への関心を高めてきた。これは既存の経済体系への対抗であり，彼らを排除する経済における生存をかけた闘いでもあった。彼らの価値と文化的アイデンティティを回復する取り組みは，独自の経済様式の再評価にもつながる。ラテンアメリカの先住民族は，共同所有，集団的労働と互酬と協同の関係に基盤を置く主体的共同体を形成しており，ここには連帯の社会的統合の要素が含まれている。

精神性の視点に基づく道筋

経済的行為は，しばしば，宗教や人道的，精神的希求が支持する価値や理念と対立する。経済実態には，人間を単なる生産の道具，要素と扱い，社会的関係において行き過ぎた個人主義があり，物質的豊かさと経済的成功の探究が，幸福の第一義的目的であるかのような，人間主体への深刻な搾取と疎外が存在するからである。

こうした現状を前に，宗教や精神性世界は，経済によって生まれる不正義を告発し，経済の既存の様式の修正を求めてきた。不正義と周縁化を被

る人々の貧困緩和のために，援助や意識化の活動を展開したのである。しかし，労働の精神的評価や，企業家の社会的不正義に対する内的意識を高めるだけでは不十分である。連帯の理念が中心にある行動様式や社会的実践によって経済的行為が内的に決定づけられるという意味での，「従来とは異なる経済的合理性」を持つ企業の発展に，コミュニティが関与する必要がある。そうすれば，連帯の理念と価値に沿った企業運営を行うことが可能になる。このような企業の活動が，市場や経済政策に，さらにはグローバル経済にも影響を及ぼすようにならなければならない。

　精神性の探究は友愛と連帯の価値の高揚につながり，労働を人間の尊厳の表現であるとする認識を普及させる。無償，互酬，協同を友愛の崇高な表現とする認識がコミュニティに定着し，物質的財への執着が失われれば，人間のニーズの平等な充足のために責任ある財の消費が推進され，「連帯の経済」の形成につながると展望されるのである。

2．コラッジオの「社会的連帯経済」概念

　ラテンアメリカの連帯経済概念の考察において，これまで域内で最も影響力があったのはコラッジオの議論である。ラテンアメリカの社会的連帯経済（Economía Social y Solidaria：以後ESS）の概念分析に関して，筆者が知る限り，コラッジオは最も多く発信しており，社会的連帯経済のラテンアメリカ研究者ネットワーク（Red de Investigadores Latinoamericanos de Economía Social y Solidaria：RILESS）の創設者であるほか，サルミエント国立大学（Universidad Nacional de General Sarmiento：UNGS）で社会的経済の修士プログラムを率いた。

　都市の貧困問題研究に長年従事した後，革命政権樹立後のニカラグアで住宅政策立案に関わった。これらの実証研究の経験が，既存の発展パラダイムに対するコラッジオの批判的視座を育んできた。資本主義経済と社会主義経済の限界を目の当たりにして，「もうひとつの経済」（Otra Economía）

の構築をめざす運動に傾倒していった。アルゼンチン出身であるが，エクアドルのラテンアメリカ社会科学院（Facultad Latinoamericana de Ciencias Sociales: FLACSO）を含む域内複数の国々で教鞭をとってきた。コレア左派政権に移行したエクアドルで連帯経済の制度化，政策立案に深く関与したことも，コラッジオの論考が広く域内の連帯経済概念構築に影響力を持つ要因となった。

(1) 「もうひとつの経済」（Otra Economía）の構築をめざす運動

「連帯経済」という用語は一元的に使われていたわけではないが，次章で見るように，ラテンアメリカ地域では社会運動から派生した民衆経済（EP）の実践の中に1980年代から様々な連帯経済の試行が見られた。一方で，南欧諸国，特にフランスやスペインの一部の研究者の間では1990年代以降，既存の市場経済の暴走がもたらす社会や人間の関係性の破壊への危機感の高まりから，多元的経済を求める議論が高まっていた。その代表的な論者が序章で取り上げたラヴィルである。ラヴィルの議論には，マルクス，ハーバーマス（Jürgen Habermas）やモース（Marcel Mauss）の思想から洞察を得ているが，既存の市場経済の枠組みに対する批判的論点は，ポランニー（Karl Polanyi）の経済の社会的統合の諸原則に立脚している。ポランニーの歴史的，人類学的経済論の再評価が，ラヴィルらヨーロッパにおける社会的連帯経済論を提示する研究グループの論考に深く関係している。

ラテンアメリカ諸国において「もうひとつの経済」を求める研究グループは，2001年にブラジルのポルトアレグレで開催された世界社会フォーラム（WSF）に，ラテンアメリカ域内の多様な社会運動グループとともに，「周辺資本主義」に対する批判を共通のテーマとして結集した。彼らとヨーロッパの社会的経済の理論を標榜する研究者たちとの遭遇（Laville 2014）が，ラテンアメリカと南欧，特にフランスの研究グループとのネットワーク構築につながった。連帯経済の理論と実践に対する国際的視座での取り

組みが，グローバル化が進む中での市場メカニズムに立脚した資本主義経済モデルへの対抗モデルの立案を唱える動きに収斂されていく。2000年代後半，コラッジオはラヴィルと共に連帯経済概念に関する論考を発表していく。社会的連帯経済の概念解釈についてヨーロッパの理論家たちと議論を交差させる中で，ポランニーの経済思想との関係が明確化されていった（Coraggio 2009）。

連帯経済の概念と実践は，20世紀の人類の経済発展の支柱とされてきた「*homo economicus*——基本的に人間は経済的合理性に基づく行動をする生き物である」の前提に立った，市場中心的な資本主義経済理論への対抗運動から生まれた。資本主義経済への対抗軸として社会主義があったが，1980年代の国家計画に基づく社会主義政権の失敗と崩壊によって，その限界が認識された。こうして「もうひとつの経済」をめざす運動が生まれ，その過程で連帯経済の構築が求められてきたのである。コラッジオ自身「連帯経済の実践は沢山生み出されてきたが，その精緻化された概念枠組みは発展途上にある。これは，理論と実践の間の往還的な議論・考察を重ねることで創出されていくもので，それがもうひとつの経済を創設する主体となり得るのだ」と述べている（Coraggio 2011: 36-37）[6]。

コラッジオがESやESSを提唱した背景には，1990年代以降，グローバル化による経済発展が生んだ様々な矛盾に対する批判とそれに対する対抗運動の高揚があった。コラッジオが描く対抗の経済パラダイムは，「資本の経済」vs.「労働の経済」である。労働者の主体的な経済活動とそれによるニーズの充足，そして労働力の再生産を可能にする経済パラダイムが優先されるべきであるという主張である。

過去30年余り，新自由主義を支柱とした経済発展パラダイムは，これまでの資本主義が生む構造的な貧困と排除に加え，新たな矛盾を生んできた。これは「資本主義に特有な社会的で構造的な問題」とされるもので，大量解雇，労働者の賃金の下落と社会権の喪失，富の集中，グローバル化された市場開放の影響を受けるインフォーマルセクターと生存のための競

争に疲弊する大衆層の拡大等である（Coraggio 2011: 35）。

「もうひとつの経済」をめざす社会運動は，国内の社会的弱者が周縁化され続ける現状は，政治が認識しない限り解決されないという危機感から起こった。そのために反覇権主義的運動が必要であり，様々の矛盾や抑圧からの解放を促す社会運動の戦略は，すべての人々に尊厳ある生活の再生産を保障するための改革をめざさなければならないという主張である（Coraggio 2011: 39）。

その点で，21世紀初頭の一部のラテンアメリカ諸国における左派政権の登場は，コラッジオの考えに基づくと，政治が本来の社会変革の意味を再認識したことになる。2000年代のエクアドル，ベネズエラ，ボリビアなどでの左派政権の誕生，さらにそれに先行するブラジルのルーラ（Luiz Inácio Lula da Silva）大統領の登場（2003年）が，「もうひとつの経済」を求める社会運動が求める反覇権主義的グローバリゼーションの推進に向かったのである。

(2)　社会的経済とポランニーの思想

本書では「連帯経済」（economía solidaria）という概念を主として扱っているが，コラッジオの論考を含む多くの論文では「社会的連帯経済」（ESS）と扱われることが多い。だが「社会的連帯経済」なるものが厳然たる実在経済として存在するのではなく，戦略的な用語として使われている。

まず，「社会的経済」（economía social: 以下ES）の理解から始めよう。「経済的なるもの」と「社会的なるもの」とが合体されたES概念は，現在多くの国や地域で支配的である正規経済（フォーマル・エコノミー）の考え方に立つと，内部矛盾をはらんでいることになる。「連帯経済」ないしは「社会的連帯経済」を論ずるには，まず，経済に社会的なるものをはめ込むことの意味を理解しなければならない。これが，ポランニーの市場経済メカニズムに依存する自由主義的な資本主義経済への批判，すなわち「社会から離床した経済の社会への埋め込み」（若森 2009, 2011: 253-259）とい

第Ⅰ部 ラテンアメリカにおける連帯経済の概念と民衆社会運動

う議論の再評価につながるのである。

　ESは，既存の資本主義経済も，旧来の全体主義的社会主義計画経済も克服する，第三の選択肢である（Coraggio 2011: 43-44）。この2つの経済システムの克服は，経済と社会の分離を回避することで達成される。すなわち，新自由主義を特徴づけた経済と社会との分離（ポランニーの議論では，社会からの経済の離床）を避け，社会的に統合するシステムを創造することを意味する。同様に，旧来の社会主義が陥った，経済への政治の介入も避けることを主張している。経済と社会を分離させないという主張は，経済的エージェントとしての労働者がその社会的アイデンティティ（歴史，規範，制度などを含む）から分離されないということも意味する。

　ESは経済を，個人，家族，コミュニティをはじめとする様々な集合体が，同意に基づき物質的利益と連帯と協同の価値との間で「取引」を行う空間とみなす。単なる物質的利益を追求する空間ではなく，そこでは，競争は制限される（Coraggio 2011: 45）。

　コラッジオは，ESが社会的であるゆえんについて以下のように論じている。ESはまた，資本主義市場に「社会的制限」をつけようとし，より平等な分配結果をもたらすような，すべての人々の社会的統合をめざす，関係性に基づいた市場の建設をめざす。これは，「ローカルな範囲における集合的行動」によって促進される。ローカルな範囲では，利害の対立や競争がより透明的に調整され，友愛的な人間関係が生産と再生産における協力によって強化されやすくなるからである。このように，コラッジオは，ローカルな地域（テリトリー）と日常における関係性に基盤を持つESこそが，権力の集中を回避することができ，こうした経済は「社会的である」と次のように述べている。

　　ESは社会を生み出すのであって，単に経済的便益だけを生むのではない。なぜなら生産者やコミュニティ自身のニーズを充足するための使用価値（values in use, use-values）をもたらすからである。これは一般的には地域，民族，社会，文化の基盤に基づくものである。そして

この経済は，無制限な利潤や資本蓄積をめざすものではない（Coraggio 2011: 46）[7]。

　ES はその社会にとって正当と認識されるニーズをより良い形で充足するために生産を行い，その結果，生産と再生産とを結びつけるという点で社会的意義を持つ（Coraggio 2011: 46）。

　ES では，ニーズの充足や効率性の追求に関わる競争は個人の自由意志によってなされるものであり，資本主義企業に特有な経済効率性をめざす競争ではない。また，経済的成果の一部を，ES とコミュニティに再投資するために留保する必要があるが，これも資本主義的意味での蓄積ではなく，ES に関わる人々のニーズの充足と，彼らの社会的関係に依拠するという点で社会的なのである。ES の組織形態は企業や事業体であることも多いが，その事業体の存立意義は，そこに参加する人々と彼らが属するコミュニティ，さらには人類すべての生活の質を向上させる再生産を確実にすることにある（Coraggio 2011: 47）。また，ES 企業の内部統制は，メンバー各人が 1 票を持つ民主的な審議体制に基づいていなければならない。

⑶　「社会的経済」と「連帯経済」および「民衆経済」について

　ラテンアメリカにおける連帯経済に関する論考には，「社会的経済」（ES），「社会的連帯経済」（ESS）のほかに，「民衆経済」（EP）や「民衆的連帯経済」（Economía Popular y Solidaria）などの異なる用語が登場する。

　コラッジオにとっては，ES の究極の目的は，労働主体の経済（Economía del trabajo）の実現であり，これが「資本の経済」と「公的経済」に対抗する経済の概念枠組みである。労働主体の経済を推進するために最も有意性のある考え方として「連帯経済」の用語を位置づけている。だが現状では，「連帯経済」にまつわる用語が均一化されておらず，その解釈にも統一的なものは存在しない。「社会的連帯経済」（ESS）という用語が戦略的に用いられているのは，特定の名称の押しつけを回避するためでもある（Coraggio 2011: 56）。

43

そもそも連帯経済に関する実践は，文化的，歴史的，政治・経済上の違いにおいて生まれてきたものである。コラッジオは，ゆえに単一の名称に限定せず，幅広い捉え方をすることが肝要であり，新しい生産と再生産のシステムで組織化される様々な集合体の経験から学び続けることが必要であると主張する（下線，筆者）。

コラッジオは，連帯経済を表す用語やイニシアティブの多様性については寛容であるが，その方向性には，資本主義政治経済システムの横暴に対して倫理的に制約を課すことと，対抗する「もうひとつの経済」の在り方を求める姿勢がなければならないとしている。そのため，資本から自律的で人間的質の高い労働の世界と参加型民主主義の拡大を，連帯経済の実践に関わる人たちが共通の目標として掲げなければならない。この点さえ共有できれば，概念表現に差異があろうとも，正当性を持ったオルタナティブが確立され得ると展望する（Coraggio 2011: 57-58）。

コラッジオは「社会的経済」と「連帯経済」を説明するために，「社会的」と「連帯（的）」という形容に込められた意味について次のように分析する。

「社会的」とは，自由市場の有害性——覇権的システムによって取り入れられ，すべての社会的生活に関する活動を商品化する傾向を持ち，連帯的社会的紐帯や社会の自然基盤を破壊すること——を全面的に否定するために用いる概念である。「社会的」とは，社会的結合（関係性）の防衛を意味し，新自由主義による統治によって生まれた社会ではなく，より倫理的に卓越した社会を自由意志によって建設しようとする行動の結果生まれる社会を擁護するという意味である（Coraggio 2016: 26）。

さらに，

「連帯的」という形容を用いるのは，競争関係に基礎を置き他者とそのニーズを認めず，生産から消費までの戦略的行為が社会と自然にもたらす影響に無責任であるような社会は存在し得ないと考えるからである。このような社会は，厳しい社会的対立，貧困や大量の人々の排

除や，生態系の再生不能なまでの悪化，グローバル資本主義によって
一層欠乏する資源をめぐる戦争の増大に，拍車をかけることになる。
反対に，連帯と互酬は，もうひとつの経済の建設とそれへの移行を可
能にする条件となる（Coraggio 2016: 26）。

一方で，「民衆経済」（EP）については，以下のように説明する。

最も広義にEPを定義づければ，これは労働者とその家族とコミュニ
ティが営む経済のことである。EPの論理は，無制限な蓄積ではなく，
自分たちの生活の再生産を，できる限り良い条件のもとで可能にする
ための手段を獲得することにある。このことは，資本主義企業の理念
型によって理解される「フォーマルセクター」との比較において規定
される「インフォーマルセクター」としてEPを特徴づける見方とは，
多くの側面で異なる（Coraggio 2016: 27）。

これらの区別化を踏まえると，EPの特徴は以下の諸点となる。

・組織基盤は家政を単位とするものであり，活動の本来的な意味は，家
族やコミュニティの成員の生活の再生産にある。

・収益を最大化することが活動の目的ではない。

・家政にある労働がその活動の充足の源だが，そのほかの資源（土地や
家屋や道具など）を使うこともある。

・自給自足のための生産と，市場での労働参加や生産物の流通など，市
場を中心とする経済活動とも組み合わせることができる。

・EPが家族企業として営まれる場合，その経営論理は家政の論理と同
じで，生活の再生産のためにより良い条件を確保することにあり，無
制限な資本や利潤の蓄積を追求しない（Coraggio 2016: 27-28）。

EPで営まれる活動は，経済的行為と認識されないことが多い。家事労
働やコミュニティ労働などがそうで，商品形態を持たない。国家経済の枠
組みにおいてこれを見れば，家事労働や，ケア労働，コミュニティ労働に
よって維持されるローカルな基盤整備などは，国民経済を維持するために
大きな貢献をしているが，市場価値で貨幣経済的計上がなされていないた

めに，国民経済には計上されていない。人々のニーズの充足のために行われる EP は，市場経済では認識されていないが，重要な経済的行為である。

(4) 社会的連帯経済（ESS）の実践を方向づける経済的諸原則

ESS はあくまでも理念体系であり，現実に存在する多様な実践を通して達成されるべき「もうひとつの経済」を概念づける枠組みである。コラッジオは，ESS の実践を方向づける経済的諸原則として，表 1-1 にあげる 23 項目を提案している。

コラッジオはたとえその実現に至っていなくとも，ESS の実践が可能であると認識することが肝要であり，これは，ブエン・ビビール（Buen Vivir）またはビビール・ビエン（Vivir Bien）のパラダイムによって導かれる連帯，正義，平等の関係性をもとに社会に埋め戻されている多元的な経済の発展に向かって進むことであると主張している（Coraggio 2011: 391）。

(5) 混合経済の中で位置づけられる社会的連帯経済

コラッジオは，ラテンアメリカ諸国での実践と制度化の動きに注目し，各国の実践をマッピングしてきた。ラテンアメリカの経済システムの現状を鳥瞰し，その中に ESS の実践がどのように位置づけられるかを次のように論じている（Coraggio 2011, 2015）。

まず，20 世紀半ば以降主流であった，経済は民間資本を主体とする経済と，公的部門を主体とする経済の 2 部門で構成されるという見方の否定から議論を始めている。これは，国家がその存在を経済として認めず，民間資本経済はインフォーマル部門と理解した「民衆経済」（EP）を第三の経済部門として評価すべきであるという主張に基づいている。この結果，コラッジオによるラテンアメリカの経済構造は，国家が牽引する「公的経済部門」，民間資本が牽引する「民間企業経済部門」に，家政が牽引する「民衆経済部門」が加わった三部門構造による混合経済として理解される（図 1-1 参照）。

第1章　ラテンアメリカにおける連帯経済とは

表1-1　コラッジオが提案する社会的連帯経済の実践を規定する基本原則

原則の分野	項　目	説　明
生産に関する原則	①万民の尊厳ある労働	貧困の解放のための条件。特に自主管理的なアソシエーション組織において，自律的で連帯的に実践される労働が評価される。
	②労働者の知識へのアクセス	労働者がすべての形態の知識に平等にアクセスし，資本と労働との間に対称的な関係を形成する。
	③労働者の生産手段へのアクセス	生産と生活に必要な条件の確保。初期の資金助成や貸与も相当する。事例：先住民の領土回復や，回復企業。
	④連帯的協同	生産システムにおける社会的統合の主要形態。競争を統制する。
	⑤生産と再生産の一般的条件に対する集団的自主管理	個別の生産過程，インフラ，居住，貨幣などの集団的所有・統制・管理。
	⑥社会的責任のある生産	消費に対する生産物の質と技術選択だけでなく，生産過程が環境に与える影響，生物多様性に配慮し，採掘主義を否定する。
分配と再分配に関する原則	⑦社会的正義としての万民の生活の再生産と発展	既存の経済から排除された人々，特に最貧層を経済に取り込む。彼ら独自の労働または民主的連帯によってニーズの解決を図る。
	⑧個々のニーズと労働に応じた分配と再分配	事業内または事業間での分配における労働者間の差異を回避する。
	⑨他者の労働を搾取しないこと	隷属的労働関係や，暴力による従属を認めない。他人の労働による生産物を占有しない。
	⑩余剰の再分配	各経済単位における余剰の，社会的正義を考慮した集合的所有と分配。
循環に関する原則	⑪自給自足（自立経済体制）	コミュニティまたは社会が，独自の資源によってニーズを充足する能力を発展させる。
	⑫互酬	贈与とそれを受ける者の間に対称的な関係を成立させる。協同作業，協同組合，物々交換ネットワーク，連帯的貯金・貸与，時間銀行，互助ネットワークなどの実践。
	⑬交換	フェアトレードが代表的である。ローカルなイニシアティブを保護するため様々な側面から市場の調整を行う。生産者＝消費者間に生まれる社会経済的な接近が，個人的な関係に発展する。
	⑭高利貸しの禁止	金銭は手段であるが目的ではない。社会的通貨がローカルな社会的紐帯を創造する。
調整に関わる原則	⑮コミュニティ	既存のコミュニティや，協同・近接性によって生まれたコミュニティにある，慣習またはプログラムによって生まれる補完性や合議。
	⑯調整された市場	政策や社会的組織による市場の調整。市場や仲介業者による搾取を制御する。生産者＝消費者間の直接的連携や，労働・自然・貨幣の脱商品化を推進する。
	⑰計画	多様なイニシアティブを民主的に調整する。総合的組織化と調整によって，不必要な分裂と競争を避ける。
消費に関する原則	⑱責任ある消費	自然との調和における節度ある消費。消費主義の対抗概念である。
分野横断的な原則	⑲自由なイニシアティブと社会的責任のあるイノベーション	自由な選択肢や創造。これらは競争による成果をめざすのではなく，相互に良いところは取り入れて，連帯的行動をめざす。
	⑳多元主義（多様性）	多種多様な経済的組織や所有の形態があることを認めること。
	㉑個人やコミュニティの差別の禁止	ジェンダー，世代，民族，宗教，中央周辺の間で，分配における非対称な経済的関係や評価を認めない。
	㉒相乗効果	多様なESS企業その組織能力は相乗的に活用されるべきである。コミュニティの様々な社会的ニーズと能力によって多元的活動が生まれる。
	㉓地域性（テリトリー）	近接性によって育まれた社会的紐帯や，当該地域とコミュニティの評価というものを優先的に考える。地域に立脚した共有資源の住民による自主管理を大切にする。

出典：Coraggio（2011）より筆者作成。

現実には，民衆経済部門の中で連帯の関係性や原則を体現しているものが，ESS の実践として位置づけられる。また，ESS は EP のみで完結するのではなく，市場との関係において，民間経済部門ともつながり，また国家の社会政策や ESS を促進する政策，助成プログラムなどを通じて，公的経済部門ともつながっている。同時に，EP の実践事例の中にも，連帯の原則を充たさず，市場中心的で無制限な資本蓄積を追求する場合には，ESS とはみなすことができない。民間企業の社会的責任（corporate social responsibility：CSR）活動や，宗教団体と連携する NGO の慈善活動を，どこまで ESS に含めるかどうかは，議論が分かれるところである。実践はすべて動的なプロセスであり，ESS の制度化を推進してきた国家の政策も，政治動向やマクロ経済動向に左右される。ESS の理念との往復運動の中で，もうひとつの経済の枠組みが精緻化されてゆくのである。

コラッジオは，今日のラテンアメリカ諸国の経済システムを，以上の混合経済と捉え，その中で，ESS が制度化されるに従い，三部門経済構造の中に浸透してゆくプロセスが，現在の状況であると捉えている。だが，ESS の個々の実践に関わる活動家は，必ずしもこうした総合的な視野を持っているとは限らず，極めてミクロな視点で現状を把握しているという。

今日のラテンアメリカにおける ESS の実態は，3 つの段階で捉えることができる（Coraggio 2013）。第一の段階は，ミクロ経済レベルにおける，既存の労働市場から排除された労働を経済に再統合することをめざす運動である（ミクロレベルの潮流）。地域で出現する協同的起業や，労働者でかつ所有者である回復企業などの自主管理型事業を促進するものである。これらの実践が継続し，成果を上げるには，企業経営のための教育，国家や基金などからの寄付金やクレジットへのアクセスなどが必要である。こうした側面において，国家の対貧困政策や国際機関および NGO などが，資金協力を行っている。第一の段階がコラッジオの立ち位置と決定的に異なるのは，これが基本的に既存の市場経済への批判を提示しておらず，貧困者の労働市場への参入を目的としていることである。また，家政経済（コミュ

図1-1　混合経済における社会的連帯経済（ESS）の概念図

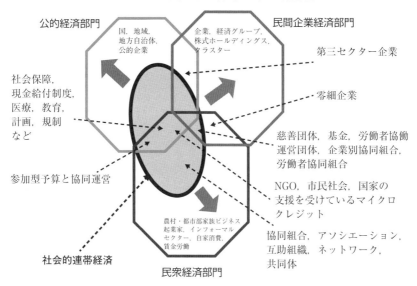

出典：Coraggio（2015：143）をもとに作成。

ニティ経済も含む）とは区別しており，原則的に個人の零細的起業家の形成とその最低限の競争力の獲得を目的としている。

　他方，第二の段階は，現状の経済システムにESSのサブシステムの構築を促進する動きで，社会的経済的メゾ（中間的）レベルの考え方である。図1-1はまさにこの潮流を表現したものである。単体の組織は第一の潮流で捉えられた実践から始まった例も多いが，サブシステムは単なるそれらの集合体ではない。活動範囲にも，いわゆる市場向けの経済活動だけではなく，互助や社会的連帯的な活動も含まれる。そして，何よりも参加する者は集合的な主体であり，問題解決のための活動を組織することを認識している点が重要である。また，この潮流では，ESSを生産，流通，分配，消費までの循環においてすべての経済プロセスに参入させることを促進する。このため，生産者，消費者，資金提供者のアソシエーションの組織化をめざし，それぞれの主体的行為が連携することによってESSのサブシ

ステムが構築される。

最後に，第三の段階とは，ミクロ，メゾのレベルを超えて，マクロシステムとしてもうひとつの経済（Otra Economía）を構築しようとする動きと考え方である（下線，筆者）。ここでは，既存の資本主義的な文化を超越することをめざし，単なる資本主義の労働搾取の関係性や実践への批判的理論を推進するだけでなく，資本の経済と国家の経済（公的経済）との継続的な対立関係に対峙しようとする動きである。すなわち，混合経済の一部門としてのESSではなく，この枠組みを超えて，新しい経済システムを構築しようとする考えである。そのためには，個々の利害間での競争関係の上に，分配，連帯，互酬の諸関係が形成され，正当的に獲得されるべき「コモン・グッド」がこれらの優位に位置づけられなければならない（Coraggio 2013：9-10）。

これを達成するには，国家の役割や，既存の市場の自己調整機能をどこまで認めるか，という議論を経なければならないだろう。また，社会と自然との関係性についても再定義しなければならない。コラッジオは，現状を第二の段階から第三の段階に向かおうとする過渡期にあると認識しており，「もうひとつの新しい経済システム」の構築に向かう状況を，「多元的経済」と表現できるだろうと述べている。コラッジオ自身，この提案が単なるユートピア的理念なのか，実現可能な経済であるのか，断定を避けている。転換期にあって，多元的経済の構築過程は，（既存の）市場メカニズムを否定はしない。しかし，めざすべき社会は，「市場とともにある社会」であって，「市場によって規定される社会」ではない。すなわち，新自由主義によってさらに深化された市場の自己調整機能ではなく，市場を，社会と政治によって調整しなければならない，という主張である。

3．ブエン・ビビールとアンデス先住民の世界観

(1)　ブエン・ビビールの意味

　今日でこそ，「ブエン・ビビール」(buen vivir) または「ビビール・ビエン」(vivir bien) という用語は，欧州でも日本でもスペイン語のカタカナ表記で少しずつ認知されてきた。日本語では一般的に「善く生きる」あるいは「善き生」と訳出されることが多い。しかし，この時点で，すでに先住民の宇宙観に立脚した意味内容からは乖離してしまっている。

　ブエン・ビビールはアンデス高地先住民族の宇宙観を表す概念だが，もともと彼ら独自の言語で表現されていたものである。すなわち，ケチュア語では*sumak kawsay*（スマック・カウサイ），アイマラ語では*suma qamaña*（スマ・カマーニャ），ワラニー語では*ñandareko*（ニャンダレコ）となる。

　ブエン・ビビールの概念を，ラテンアメリカならびに欧米の脱構造主義者や脱開発論提唱者に広めたのは，アコスタ（Alberto Acosta）の議論によるところが大きい。エクアドルの経済学者で，FLACSO に所属するアコスタは，同国のエネルギー鉱山大臣や制憲議会議長も務め，2008年のコレア政権期に制定された新憲法に，連帯の理念と密接に関わるブエン・ビビールの概念と「自然の権利」[8]が導入されたことに深く関わった。

　アンデス高地の先住民は，スペイン人から征服されたのちも，長い年月をかけて，欧州植民者が持ち込んだ理念体系とは相反する理念と倫理基準を保持してきた。これらの先住民共同体は，2000年代に入り，エクアドル，ボリビアを中心に，共和制国家の中での「民族」(nations) として認められ，多民族国家としてのアイデンティティが認められた。アイマラ語やケチュア語でのブエン・ビビール概念が憲法の条文に含まれるに至った事実は，長年虐げられ，不可視の状態にあった彼らの世界観や倫理基準の正当性の回復を表すと捉えることができる。ブエン・ビビールやビビール・ビエンの概念は，連帯経済の理念体系に密接に関わる概念として扱われる。欧米

をはじめ多くの脱開発論者が時に「ブエン・ビビール」をwellbeingなどと訳出することがあるが，アンデス高地の先住民の長年の復権運動がその背後にあったことを忘れてはならない。

ブエン・ビビール概念の理解に最も重要な点は，以下アコスタが指摘するように，宇宙観，世界観における，ヨーロッパ中心的な考え方と先住民社会の考え方の間にある根本的な相違である。

　…単線的なプロセスとして理解される発展の概念はなりたたない。克服すべき低開発の状況という見方もない。社会的関係と自然との調和の破壊を強化しながら到達すべき発展という考えも存在しない。西洋の見方にあるように，進行中のプロセスにその多くがある相違を説明するための二分法（つまりどちらかが発展していて，どちらかが発展しておらず遅れている，という見方）が存在しないのである。先住民族にとって，伝統的に，物質的財の欠乏に関連してとらえられる貧困の概念や，富裕に関連づけてとらえられる富の概念も存在しない（Acosta 2010: 11）。

際限なき進歩，成長を発展とみなす自由主義的経済発展のパラダイムの前に，（先住民は）「善き生活（ブエン・ビビール）」，「尊厳ある生活」，「総合的に充足した生活（精神的にも満ち足りた生活）」（la vida en plenitud）という道を提案したのである。

ファハルド（Miguel Fajardo）は，ブエン・ビビールの真正な意味を理解するためには，先住民言語の意味論の分析まで深める必要があると指摘する（ファハルド 2017）。先住民文化には，あらゆる営みは生命を中心に行われるべきであるとする宇宙観があり，これは，人間中心主義的（antropocéntrica, anthropocentric）な西洋の観点に対抗するのである。アンデス高地の先住民が用いる用語は，「発展」ではなく，「善く生きる」であり，これは「生命中心的な文明」を意味し，人々が社会的に生態的に調和のある状況を完全に実現しようとする取り組みに当てはめられる。ボリビアではアイマラ語の suma qamaña をスペイン語で表現するために使われた言葉が「ビビー

ル・ビエン」（vivir bien）と訳され，エクアドルではケチュア語の sumak kawsay が「ブエン・ビビール」（buen vivir）となった。本来は，より原語の意味に近い忠実な訳語があってしかるべきだが，現状では，vivir bien と buen vivir が汎用的に使われている。先住民組織代表のウアナクニ（Fernando Huanacuni-Mamani）は，これについて以下のように述べている。

アイマラの世界観からは "suma" は plenitud（精神的にも満たされた絶頂の状態），sublime（崇高な），excelente（すばらしい），magnífico（壮大な），hermoso（美しい）などを表す。"Qamaña" は vivir（生きる），convivir（ともに生きる），estar siendo（存在する中で生成変化する），ser estando（生成変化しながら存在する）という意味である。ゆえに，"suma qamaña" をより的確に解釈すると "vida en plenitud"（精神的にも満ち足りた状況にある生活）となる。実際にはこれは「善く生きる」"vivir bien" と訳されることが一般的である。他方，ケチュア語の訳を精査すると，"Sumak" とは plenitud, sublime, excelente, magnífico, hermoso, superior（優れた）の意であり，"Kawsay" は同じく vida（生命），ser estando, estar siendo の意である。つまりこの訳は先に見たアイマラ語の訳："vida en plenitud" と同じなのである（Huanacuni-Mamani 2010: 7）。

これらの用語は社会科学の西洋中心主義的な伝統を壊すような認識論的視野を提供している。西洋中心主義的な見方の断絶によって，はじめてそのほかの考え方に辿り着くことができるのである（ファハルド 2017；Escobar 2012）。

一方ブラジルの神学者，ボフ（Leonardo Boff）は以下のように考察した。

…《vivir mejor》（より良く生きること）とは際限のない進歩の倫理と考えられ，我々をして「より良く生きる」ために，さらなる条件を求め続けて他人との競争にかりたてるのである。しかしながら，ある人たちが「（他人よりも）より良く生きる」ために，何百万人もの人々が《vivir mal》（悪条件で生き）なければならない。これが資本主義的矛盾である。反対に「ブエン・ビビール」（《buen vivir》善き生）はすべ

第Ⅰ部 ラテンアメリカにおける連帯経済の概念と民衆社会運動

てのコミュニティにとっての充足の倫理をめざすものであり，個人の
充足のみをめざすものではない。「ブエン・ビビール」は地球という
大共同体にいる人類の包括的，統合的な視点であり，人類だけでなく，
空気，水，土壌，山，森林や動物も含む視野である。これは，パチャ
ママ（Pacha-mama=Tierra:〈母なる〉大地）と宇宙のエネルギーと神々
と深いつながりにある状態を指すのである（Boff 2009：1）。

　以上からは，「等身大の発展」や，節度ある成長という言説に通ずるブ
エン・ビビール概念の解釈が可能である。また，互助，互酬，尊厳ある労
働と自然への敬意（人間が自然と調和的関係を築くというのではなく，自然
の一部である人間と自然との双方の生命に敬意を払う生き方）という，地域と
文化，社会的なものと経済的なものとの統合という点において，連帯の経
済の基本的理念と親和性があると考えられる。

⑵　ブエン・ビビールの普及の背景──エクアドル新憲法とその意義

　「ブエン・ビビール」が注目されたのは，2008年のエクアドルの新憲
法にこの用語が取り込まれたことに由来する。同憲法に「自然の権利」が
謳われたことは，人間と自然との調和を強調する主張であり，自然と人間
との関係性に立脚する新しい発展のパラダイムとして世界に注目された。
新憲法に多民族国家主義が明示されたことは，長年，不可視の状態に置か
れ，諸権利が剥奪されてきた先住民に対する国家の認識が確立された，長
年の抵抗運動の成果であるという解釈もなされた。

　既存の資本主義的な開発に対するオルタナティブをめざす運動の中で，
ブエン・ビビール（または*sumak kawsay*）は，「開発そのものへのオルタナ
ティブ」（ゆえにポスト開発主義）を提案するのである（Acosta 2010: 6）。

　アコスタは，開発パラダイムには，既存の「開発の体制」と現在提唱さ
れている「ブエン・ビビールの体制」の2つの体制があるとする。後者は，
エクアドル憲法の中で，「経済的，政治的，社会的文化的，環境的なシス
テムの総体であり，これはbuen vivir, sumak kawsay の実現を保証するもの

でなければならない」（275条）と謳われている。開発戦略と，すべての権利との間には直接的な関係があることも示されており，同275条では，「ブエン・ビビールは，個々人，コミュニティ，民族がすべてその権利を享受し，間文化関係，多様性，自然との調和的共生の枠組みの中で，（それぞれの）責任を果たすことを要する」と続けられている。

このように，エクアドルでは，ブエン・ビビール体制が，現在の開発主義の体制から脱却し，自然を含めたあらゆる権利の確立をめざすが，それには伝統的な開発戦略の抜本的な変化が求められる。すなわち，これから構築されるべき脱開発主義の選択肢としてブエン・ビビールは既存の開発の概念に対する最先端の提案なのである（Acosta 2010: 6）。

ブエン・ビビールはまた，世界中に存在する様々な文化的価値に支えられた「もうひとつの」新しい社会を建設するための提案でもある。

先住民の宇宙観においては，社会は改善をめざしては単線的なプロセスを辿るのではなく，常に構築と再生産を繰り返す。そこには，生命自体の趨勢がある。このような考えに基づくと，ブエン・ビビールを可能にする人間の行動には多様な要素と価値が条件づけられており，物質的なものが唯一の決定要素ではない。多様な価値とは伝統的知恵，社会的文化的認識，社会と自然との関係における倫理的，精神的な行動の規範，人間的価値などである。

ブエン・ビビールは，先住民の先祖伝来の社会における生命の哲学の範疇であったが，西洋的近代性の実践や植民地主義性の影響を受け，その実践の基盤は失われていった。しかし，今日のブエン・ビビール概念の再評価によって，伝統的に周縁化されてきた先住民の知恵と実践への認識が高まったのである（Acosta 2010）。

(3) 連帯経済とブエン・ビビール概念との関連性

アコスタは，ブエン・ビビール体制における経済の基本的価値は連帯であると主張する。そして，自由競争と金融投機を助長するような現実の体

制とは異なる経済を模索する。

エクアドル憲法における「社会的連帯経済」の定義では，生産，交換，協同の関係における充足と質の創出は，連帯に支えられて促進されると述べられている。また，人間が経済の基本的要素であり，労働の尊厳が守られなければならない。労働は経済の基盤であり，ゆえにすべての形態の生産・再生産に関わる労働条件の平等が提案されている（Acosta 2010: 23）（下線，筆者）。同憲法33条は「労働は社会的権利であり義務である。これは経済的権利であり，個人の実現の源であり，経済の基盤である」と述べている。

国家は労働の権利を保証しなければならず，労働の中に再生産権利が認められていなければならない。ゆえに，女性の無報酬の再生産労働（家事）は労働に含まれる。労働問題は，再生産過程において解決されなければならないものであり，単により多くを生産するためではなく，「善く生きるため」に労働がなければならない（Acosta 2010: 24）。こうした主張の中に，家政や互助の倫理的規範が含まれていることは明らかである。

ブエン・ビビール体制は，大衆の手に届かないエリート層の水準に合わせた生活スタイルの枠組みの見直しを求めるものである。平等の理念に基づき，労働時間の短縮と労働の再分配を実現し，人間の価値論的，実存的なニーズの再定義を，自然（Naturaleza）が提供し得る範囲に適合した充足の実現のために行う必要があると主張する。すなわち，「自然との調和における節度ある充足」の提案である。これは連帯経済の主要理念である，倫理的消費や自然との調和性と合致する要素である。

⑷　脱開発論の支柱的概念としてのブエン・ビビール

最後に，ブエン・ビビールをラテンアメリカから生まれた脱開発論の実践の支柱となる概念として評価するエスコバル（Arturo Escobar）の議論を紹介しておきたい。

エスコバルは，『開発との遭遇―第三世界の構築と解体』（1995）の第二

版（2012）で加えた前書き（Escobar 2012: vii-xliii）において，ブエン・ビビール概念を「自然の権利」の認識とともに，開発のオルタナティブの提案につながるものとして，次のような考察を加えている。

社会全体のモデルを転換することは，いくつかの先住民運動で強調されてきたが，転換と脱開発の意味は，ボリビアやエクアドルにおける「自然の権利」の議論で明らかになった。これらの新しい運動の波は，「関係性の認識論」の高揚と政治的自律性の再定義という，相互に関連する2つのプロセスと解釈できる。"sumak kawsay", "suma qamaña"に基づく開発の定義は，開発に対する新しい観点を提供したことになる。

ブエン・ビビールは欧州中心的な近代と植民の世界システムに抵抗し続けた先住民の長い歴史から生まれてきた概念であり，先住民の闘争が，農民，アフロ系コミュニティ，環境運動家，学生，女性，若者などの多様な主体の社会運動のアジェンダと結びついたことで広まった。

ブエン・ビビール自体が新しい生活様式を集団的に建設しようとするものであり，エクアドル憲法に導入された国家の多民族性の再考，間文化主義，自然の権利を含む統合的な権利の尊重などとともにその意義を評価する必要がある。ブエン・ビビール体制における社会の目標はブエン・ビビールの実現である。先住民の認識あるいは「宇宙観」には，開発の直線的思考がなく，克服すべき「低開発」国家という認識もない。そしてこれらは物質的財の多寡によって認識されるものでもない。ブエン・ビビールは既存の開発枠組みにはなかった「異なる生命の哲学」を社会の考え方に導入しようとしている。新しい開発の倫理は，経済的目的を生態系，人間の尊厳，社会正義に服従させる。ブエン・ビビール体制は，経済と環境，社会，文化を新しい様式で連携させ，混合的な社会的連帯経済の実現を提唱するのである（Escobar 2012）。

したがって，エスコバルはブエン・ビビールを純粋にアンデスの文化的政治的プロジェクトと限定するのは誤りだとする。なぜなら，ブエン・ビビールは，今日ではグローバルに展開されている，開発パラダイムに対す

る批判的潮流にも影響を与えているからである。さらに，ブエン・ビビールの議論は，欧米先進国による植民地化を経験した地域では，脱植民地主義やポストモダニズムの議論と結びついて，単線的，単一の方向をめざす（universal）発展プロセスへの対抗軸となる。先住民やアフロ系住民などの民族的マイノリティが持つ知識は，長年彼らが置かれた周縁化過程や植民地性の影で不可視の状況にあったが，脱開発主義者や脱構造主義者によって再評価されつつある。ブエン・ビビールは，権力や知識の構造における植民地性の後退をめざしている。

　また，ブエン・ビビールと共に認められた自然の権利は，ラテンアメリカの文脈における「関係性の実践」を評価するものである。

　エスコバルの解釈では，アンデス先住民の宇宙観においては，世界は多方向に向かい，生産と再生産のプロセスは常に動態的であり，生命中心主義の世界観が成立する。人間と非人間的な事柄の間での相互関係が変化を続ける中で形成されている。これに対し，近代性に基づく既存の存在論では，自然と文化，人間が分離し，人間中心主義に陥る。さらに，人間の中でも特定の階層が他の階層を優越するという二分論的な社会構造が形成される。また，経済が自己調整機能を持つ市場と経済的合理性に基づく人間（経済的人間）の行動によって成り立つという推論に基づいている。このような西洋的存在論に根づいた世界観が，1つの方向性を持つ単一の（universal）世界に向かう社会をつくりあげた。ブエン・ビビールと自然の権利に基づく多方向に向かう（pluriversal）社会では，経済的多元性を標榜する連帯経済の実践が，「もうひとつの経済と社会の関係性」を形成し得ると考えられる。

おわりに

オルタナティブな社会の構築

　本章ではラテンアメリカにおける「連帯経済」に関する主要概念と議論

の潮流について考察した。これらの主張から以下の諸点が抽出される。

第一に，「連帯経済」（あるいは「社会的連帯経済」ないし「連帯の経済」）とは，西洋的近代性に結びついた，資本主義経済の枠組みにおける単線的開発に対抗するオルタナティブの構築をめざす理念体系である。

第二に，市場での取引（交換）以外の経済形態，特に既存の経済システムでは計上されてこなかった，互酬や家族・コミュニティ単位で実践されてきた無報酬の労働による生産と労働の再生産活動を経済形態として認め，多元的経済の在り方を認める考え方である。

第三に，このような経済形態の推進の基盤にあるのは，個々人の倫理的価値である。従来の市場と競争における「自由」だけでなく，友愛，互助，参加，平等，節度といった精神性，倫理性，社会的関係性に立脚する経済形態のことを指す。

第四に，経済活動の主体は国家や市場（民間資本）ではなく，社会，さらには地域の民衆であり，その構成要素としての家族やコミュニティなどの集団である。もちろん三者の間には関係性があり，国家と民間資本を否定するものではない。

連帯経済が既存の発展のオルタナティブとして浸透していくことによって，既存の国家，市場，社会を含む経済の有り様が「転換」し，もうひとつの社会，もうひとつの世界が構築されるという展望が開かれる。

第五に，ブエン・ビビールの哲学は，以上の4項目に横断的に関連する。西洋中心的な世界観に対するオルタナティブという点では，高地アンデス先住民の宇宙観は，明らかに西洋的な「開発」観を持たないために，発展，進歩の単線的方向性を持たない。かつ，脱植民地主義の抵抗運動からの派生という意味において，西洋中心主義への対抗という点がより明示的に表現されている。市場以外の経済活動という点では，共同体の規範に基づく労働力再生産の営みが先住民社会の基本であり，先スペイン期からの実践形態である。関係性に基づく経済には，人間と自然との関係性も含まれる。これを生命中心主義的な考え方に発展させたのが，ブエン・ビビールの概念である。

コモン・グッドの追求

　既存の資本主義的経済は，市場の自己調整機能と人間行動の経済合理性への過信によって，無限の競争と富の蓄積を追求した結果，多くの危機的な社会的排除と環境破壊を招いた。このような現状に対する危機意識が，脱開発主義とオルタナティブを求める批判的議論を生み，その潮流の中からラテンアメリカの連帯経済の実践と理論化は始まった。もちろん，危機の状況においては，公共善（public good）や公共の福祉（public welfare）の充足にも陰りが見え，この状況を脱するために，単なる物質的財の追求ではなく，人間の尊厳ある生活水準を充足するためのベーシック・ニーズを獲得することが，経済発展や公共政策の本来のあるべき使命であると考えられる。事実，アリストテレスの政治哲学において出発した「共通善」（agathon koinon）はこの解釈に近い。そして，連帯経済の基本理念の1つであった，「友愛」の価値を重視する点も同じである。

　また，現代のコミュニタリアニズム的な「共通善」の解釈は，ここから派生して，民主主義的なコミュニティの価値としての政治参加，相互扶助，連帯などを強調しているという（菊池 2011: 13-17）。

　神学者のホータルト（François Houtart）は，開発のオルタナティブをめざす必要性のある今日，人類は「公共善」の充足から「共通善」（el bien común，コモン・グッド）の充足に向かうべきであるとし，「人類のコモン・グッドの世界宣言」を主張した（Houtart 2011, 2014）。ホータルトは，公共善の必要性を否定はしないが，「コモン・グッド」は，地球上の人類の集団的生活の基本，すなわち「（人間と）自然との関係，生活の生産，集団的組織（政治）と文化」を意味すると断ずる。そしてこれは，「地球上の人類（すべての）生活の充足を図る変数の総体によって達成される善い状態（bien estar, bien vivir）のことを意味するのである」(Houtart 2014: 56)。ホータルトは，今日人類が直面する様々な生命の危機を前に，国際機関が提案する公共善の充足ではなく，つまるところ，「等身大の生産と生命の再生産」と言い換えられる「コモン・グッド」を提唱するのである。

本書で考察されるラテンアメリカにおける連帯経済のそれぞれの実践がめざす「コモン・グッド」も，この解釈に近い。個人よりも家族，近隣，コミュニティの社会関係性と互助，倫理（倫理的消費，財の使用価値の重視なども含む），さらに自然と人間との関係も含んだ価値観に基づいて，社会を構成するすべてのものの尊厳ある労働と生命の再生産の条件を充たすという意味での「コモン・グッド」の追求なのである。

【注】

[1] スペイン語で，支援過剰主義，支援への依存を助長するような考え方を意味する。

[2] だが，連帯の意味について，*Rerum Novarum* では明示的な言及はない。40年後の，ピウス11世（Pius XI）の「クアドラゲシモ・アニュム」（*Quadragesimun Annum*）においても，労働者や労働組合者のアソシエーションとそれらの公正な賃金を求める行為や，社会的集団や組織間での互助や協力には意義と正統性を認めているが，まだ「連帯」への言及はなかった。

[3] ラセットは，このため，裕福な信者の間で苦しむ兄弟に対する慈善事業の目的において，安易に「連帯」用語が使われてしまうことを批判的に指摘している。これは，援助主義が支援を受ける者のイニシアティブや主体構築を阻むという矛盾への示唆と考えられる。

[4] この指摘は，コラッジオの，ミクロ，メゾ，グローバル（マクロ）なレベルへの連帯経済の浸透発展の可能性という議論に通ずる。

[5] ラセットは，企業の雇用労働者についても，労働組合や企業別組合を通じて，多様な参加と連帯的行動の場があるとしている。

[6] コラッジオは，連帯経済は歴史，文化，地域での実体経済の実証をもとに帰納的に理論化されてゆくべきものとしている。これは，特に新自由主義などの資本主義経済理論が市場システムの絶対性を前提とした演繹的な論考に基づいてきたために，経済を社会から離床させ，結果として社会的紐帯や自然環境の破壊を招いたとする議論である。

[7] ESでは，資本主義経済において，前提とされている市場における交換価値ではなく，使用者＝人（さらには社会やコミュニティ）にとって当該財が持つ絶対的価値や有用性を意味する使用価値に基づき財の価値を図るという主張である。

第Ⅰ部 ラテンアメリカにおける連帯経済の概念と民衆社会運動

8 Madre Tierra（母なる大地）が人権と同じく権利を持つ，という文章が憲法の第7章に組み込まれたことを指す。エクアドル2008年憲法の概要については，新木（2009）を参照。

■■引用文献

新木秀和（2009）「エクアドル2008年憲法の概要」『ラテンアメリカ・カリブ研究』第16号, 26-33頁。

菊池理夫（2011）『共通善の政治学—コミュニティをめぐる政治思想』勁草書房。

ファハルド・ロハス, ミゲル・アルトゥーロ（2017）「資本主義に対するオルタナティブを提示する連帯経済の可能性：コロンビアの経験からの一考察」（幡谷則子 訳）『立命館経済学』Vol.66,（2）, 47-64頁。
（Fajardo Rojas, Miguel Arturo, "Posibilidad de la economía solidaria para poner alternativa frente al capitalismo: una mirada desde las experiencias de Colombia", Seminario de la Asociación de Ciencias Económicas de la Universidad Ritsumeikan, 17 de mayo de 2016.）

若森みどり（2009）「カール・ポランニーの「経済社会学」の誕生—『大転換』から『人間の経済』へ—」『経済学史研究』51巻2号, 33-49頁。

若森みどり（2011）『カール・ポランニー——市場社会・民主主義・人間の自由』NTT出版。

Acosta, Alberto（2010）"El Buen Vivir en el camino del post-desarrollo. Una lectura desde la Constitución de Montecristi", Fundación Friedrich Ebert, FES-ILDIS, *Policy Paper* 9, Octubre 2010.

Boff, Leonardo（2009）"¿Vivir mejor o 《el buen vivir》?", *Otro Desarrollo.*
〈http://www.otrodesarrollo. com/buenvivir/buenvivir_leonardoboff.pdf 〉2017年6月15日閲覧。

Coraggio, José Luis（2009）*¿Qué es lo económico? Materiales para un debate necesario contra el fatalismo*, Buenos Aires: Ediciones CICCUS.

Coraggio, José Luis（2011）*Economía social y solidaria :El trabajo antes que el capital*, Quito: Ediciones Abya-Yala.
〈http://base.socioeco.org/docs/economia-social.pdf〉2018年3月31日閲覧。

Coraggio, José Luis（2013）"Tres corrientes en la ESS", *Temas*, No.75, pp.4-11.

Coraggio, José Luis（2015）"Institutionalising the Social and Solidarity Economy in Latin

America", in Peter Utting（ed.）, *Social and Solidarity Economy beyond the Fringe*, London: UNRISD / Zed Books, pp. 130-149.

Coraggio, José Luis（2016）"La Economía Social y Solidaria（ESS）: Niveles y alcances de acción de sus actores. El papel de las universidades", en Carlos Puig（coord.）, *Economía social y solidaria: conceptos, prácticas y políticas públicas*, Bilbao: Universidad del País Vasco, pp.17-39.

Escobar, Arturo（2012）*Encountering Development: The Making and Unmaking of the Third World*, Princeton: Princeton University Press,［2d. ed.］.

Houtart, François（2011）"El concepto de Sumak Kawsay（Buen vivir）y su correspondencia con el bien común de la humanidad", en *Ecuador Debate*, No.84, Diciembre del 2011, pp.57-76.

Houtart, François（2014）"De los bienes comunes al bien común de la humanidad", *Alternativa. Revista de Estudios Rurales*, No.2, segundo semestre, pp.52-90.

Huanacuni-Mamani, Fernando（2010）*Buen Vivir/ Vivir Bien. Filosofía, políticas, estrategias y experiencias regionales andinas*, Lima: CAOI（Coordinadora Andina de Organizaciones Indígenas）.
〈http://www.reflectiongroup.org/stuff/vivir-bien〉2017 年 5 月 20 日閲覧。

Laville, Jean-Louis（2014）"Solidarity Economy in the World: Its perspective in Latin America", 『イベロアメリカ研究』第 36 巻, No.1, pp.1-8.

Razeto Migliaro, Luis（1993）*Los caminos de la economía de solidaridad*, Santiago de Chile: Ediciones Vivarium.
〈https://lacoperacha.org.mx/documentos/coperacha-economia-solidaria-razeto.pdf〉
2018 年 3 月 31 日閲覧。

Razeto Migliaro, Luis（1995）*Los caminos de la economía de la solidaridad*, Santiago de Chile: Impresos S.A.

Razeto Migliaro, Luis（1999）La economía solidaria: concepto, realidad y proyecto. ¿Pueden juntarse la economía y la solidaridad?
〈http://www.luisrazeto.net/content/la-econom%C3%ADa-solidaria-concepto-realidad-y-proyecto〉2018 年 3 月 30 日閲覧。

Razeto Migliaro, Luis（2005）"El concepto 'solidaridad'", en *Pensamiento crítico latinoamericano. Conceptos fundamentales*, Volumen III, Santiago de Chile: UCSH（Ediciones Universidad Católica Silva Henríquez）, pp.971-985.

第2章

民衆社会運動が推進する
ラテンアメリカの連帯経済

コロンビアのバジェ・デル・カウカ県とその周辺地域から農民,先住民族,アフリカ系住民がカリ市に集合して行った,農村の紛争被害と土地に対する権利を訴える大行進(2009年10月,柴田大輔氏撮影)

はじめに

　第1章では，グローバル化が進む世界経済とラテンアメリカ社会における新自由主義的市場経済モデルによってさらに深刻化した社会的排除の実態に対し，「もうひとつの経済」と「もうひとつの社会」を求める運動が高揚し，その先に連帯経済運動があったことを示した。そして，今日連帯経済ないしは社会的連帯経済と呼ばれる概念が依拠する理念体系を明らかにした。

　本書の執筆者たちが「連帯経済」の意義を理解したのは，1980年代の民衆の生存戦略や抵抗の活動に着目し，その中にオルタナティブな発展の可能性を見出した，ハーシュマン（2008）の論考においてであった。また，第II部の事例分析に見出されるように，ラテンアメリカにおける連帯経済の実践の目的は，いずれも当該地域における民衆，特に弱者集団や社会の周縁に追いやられた人々が，支配的な経済モデルとは異なる経済活動によって，尊厳ある生活基盤の獲得と，彼らが属する集団や地域社会全体のコモン・グッドの充実を図ることにある。その起源は，具体的には先住民共同体や土地なし農民，都市の貧困者，都市のインフォーマルセクター労働者や解雇された労働者たちによる生きる糧を得るための抵抗の運動であり，それは同じ境遇にある者たち相互の助け合いの慣習や精神性に依拠していた。

　ラテンアメリカの連帯経済の実践は，今日の欧米諸国の動向との比較において，特に民衆社会運動にルーツがあると理解されている。事実，ラテンアメリカ諸国が19世紀に独立国家として歩み出したそのときから，植民地起源の社会構造の中で，社会的排除を受ける存在としての民衆の位置づけが確定し，彼らは既定の経済体制のもとで生存をかけた抵抗の運動を展開せざるを得なかった。続く20世紀のラテンアメリカ諸国では，工業化の遅れに警鐘を鳴らし，低開発性の克服をめざしたプレビッシュ（Raúl Prebish）の理論や従属論，構造学派の理論などが生まれてきた。他方で既

存の資本主義経済に基づいた市場中心的経済発展モデルに対する反論と対抗的テーゼの確立をめざす潮流が生まれており，こうした考え方は，民衆の抵抗運動の思想的な支柱になった。したがって，今日の連帯経済の理念体系とその実践が，長年のラテンアメリカ社会における民衆社会運動の担い手によって育まれてきたのは，必然であったと考えられる。

　本章では，今日のラテンアメリカにおける「連帯経済」概念が，民衆の社会運動の動態とどのように関連してきたかを明らかにし，21世紀の連帯経済の制度化が，各国の政治社会の動向の中で進んできた事実を整理する。

1．近代化の推進と植民地性の温存
──20世紀ラテンアメリカにおける民衆運動

　ラテンアメリカ諸国における近代化は，植民地時代の宗主国に対する独立戦争の混乱期を経て，共和国としての国家建設過程が進む19世紀半ばに始まった。黒人奴隷の中から指導者が生まれたハイチや，ポルトガル帝政（1822〜1889年）が敷かれたブラジルの例を除けば，大半の地域における独立運動は，大陸生まれのクリオーリョ層による，宗主国スペインのエリート層（ペニンスラール）に対する反発から勃発した。その後も被植民化された先住民や，植民地時代に奴隷貿易により導入された黒人系コミュニティの社会経済的地位は回復されないままであった。すなわち，独立後も植民地性（colonialidad）が温存されたのである。近現代の欧米先進国中心の国際経済体制に対する反発というラテンアメリカの低開発の克服をめざす政治動向の中で，国内では，植民地時代に征服・支配を受け，独立後の国家からは不可視の状態に置かれた人々による，残存する植民地性に対する抵抗運動が続いた。

　こうした思想と実践が国家や公共政策に影響を与える可能性については，冷戦期の国内政治の文脈において考えなければならない。

　1960年代のラテンアメリカは，多くの国が権威主義体制下にあり，左

第Ⅰ部 ラテンアメリカにおける連帯経済の概念と民衆社会運動

派勢力の拡大とそれに対する保守政治勢力の反動が繰り返し起こった。社会的排除を受けてきた国内の弱者，すなわち国民の8～9割に相当する民衆，貧困層，農民，先住民やその他の民族的マイノリティ集団は，国家が主導する経済発展の枠組みからは取り残され，生存のために互助と連帯に基づいたインフォーマル経済や，貨幣価値化されない家政における生存戦略に活路を見出さなければならなかった。これらの多くは今日連帯経済の実践に含まれる経済活動である。連帯経済の理論を牽引する学者や活動家には，1950年代～1960年代の学生運動や民衆運動に関わってきたものが多く，彼らがオルタナティブな経済や社会を求めてきた思想的背景を理解するためにも，民衆運動の流れを冷戦期に遡って考察する必要がある。

　他方で，前章でも指摘したように，経済活動における協働や連帯は，先住民社会に根づいていた彼ら特有の世界観に基づく共同体の実践として存在した。ラセットの「C要素」の理論も，コミュニティ，協働，信頼などの共同体における規範を尊重することや，土地や資源を集合的に管理し，自然の恵を平等に分かち合うという考えに類似している。例えばコロンビアのアンデス高地先住民社会が伝統的に行ってきた協働作業を表す「ミンガ」（minga）や「コンビテ」（convite）（日本の農村社会における結やもやいの習慣と類似）にもその原型は見られる。人間が自然の一部であるというアンデスの先住民社会の基本的な考え方である「母なる大地」（Madre Tierra）の概念も，経済活動を含む人間の営みの原理を表す先住民の世界観であり，自然や環境と人間の関わり方を規定してきた。人間は自然の一部であるので，人間の経済的営みそのものが，人間を搾取する行為となるという理解である。すなわち，先住民社会における自然との共生の理念は，今日の連帯経済の思想的基盤にも継承されてきたと捉えることができる。この点は前章で詳説した，ブエン・ビビールの概念との交差に示されている。

　しかし，先住民の世界観や精神世界にまつわる概念がすなわち連帯経済の起源であるという解釈は的確ではない。市場経済メカニズムが導入され

る以前，そして貨幣価値を中心とした経済的営みが中心ではなかった前近代においては，共同体を中心とした，自然と資源の管理が集団における人間関係を軸に機能していた。農事暦に見られるように，伝統的規範や自然との調和への尊重が生活の営みの基準となっていたため，貨幣や市場を経ない互酬や分配が展開されていた。市場経済が中心となる現代社会において，市場経済がもたらす所得格差や貧困などの社会的排除をどのように克服するか，というときに，かつて経済活動の中心的な規範であった互酬や，市場を通さず信頼や共同体規範などを判断基準とする交換の再評価がなされている，と考えるべきであろう。したがって，今日注目を集めている先住民の「ブエン・ビビール」の思想や，自然との共生，互助，互酬の概念の取り込みは，その後の近代化，工業化，自然に対する乱開発を伴う20世紀の経済発展を経て，それが自然環境や人間社会に与えた負の影響からの教訓も経たのちに再構築（あるいは再導入）された概念と捉えなければならないだろう。

　ラテンアメリカの場合，近代と前近代とを分ける1つの大きな要素が「植民地化」という行為であり，外部者の侵入による征服という歴史的過程を踏んだことにある。したがって，近代化には植民地主義の概念が伴い，欧米的規範による近代化に対する対抗軸には常に先住民の復権運動があった。また，先住民の権利を復活させるための運動とは別次元で，覇権主義的資本主義，覇権主義的グローバル化という大きな国際関係の中でラテンアメリカを捉えると，先住民共同体対植民地支配という対抗軸以外に，米国の覇権主義対ラテンアメリカ，さらには先進国対発展途上国という二項対立が20世紀を通して存在していた。ラテンアメリカにおけるオルタナティブな開発パラダイムは，この両者の複合的関係の中で模索されていったのである。

２．カトリック教会の社会的教義と草の根のイニシアティブ
　（1960年代～1980年代）

　21世紀に「連帯経済」の概念が適用される経済実践を推進する運動は，1980年代にはすでに存在していたと考えられる。ラテンアメリカで工業化が進み，都市の労働者が政治の支持基盤となってゆく中で，一向に社会の階層間格差は解消されなかった。こうした構造的問題となっていた社会格差を国際的経済分業や「中心—周辺国モデル」によって理解し，低開発からの脱却の難しさを説いたシンガー＝プレビッシュ理論や，アミン（Samir Amin），フランク（Andre Gunder Frank）らの従属論などが，ラテンアメリカの現実に即した新しい理論とされてきた（Valenzuela and Valenzuela 1978）。

　冷戦期の1960年代にあって，非暴力の社会変革を求める選択肢は，草の根の民衆組織が基盤となって，改革をめざす社会運動として展開されるようになった[1]。しかし，権威主義体制が主流であった当時の政治体制下では，市民が幅広く政治や政策に参画できる体制はまだ構築されておらず，改革主義に立つ社会運動の指導者たちは国家や軍・警察の抑圧の対象となった。そのような中，草の根の運動を擁護・推進したのが，1960年代のカトリック教会における社会的教義に基づく司牧活動（pastoral social）と，それに関与する国内外のNGOなどの社会組織であった。

(1)　解放の神学と非暴力の改革への選択肢

　1960年代のラテンアメリカにおける貧困や社会的排除の問題への市民社会による取り組みには，キリスト教基礎共同体（Comunidades Eclesiales de Base: CEB）を通した司牧活動と，社会問題に目を向け，自身の権利への目覚めという覚醒や意識化の民衆教育を施した解放の神学の思想的影響を抜きに語ることはできない。解放の神学の思想が1960年代のラテンアメリカ諸国の革命運動や社会改革の動きに決定的な影響を与えたことはよ

く知られているが，そもそもこれは第二の宗教革命とも呼ばれるカトリック教会自身の刷新の必要性から生まれた思想である。1962〜1965年に開催された第二バチカン公会議では，長らく富裕層や支配者層のためにあった教会が，貧者に寄り沿う教会となって彼らの貧困と苦しみからの解放に資する社会的使命を負うことが再確認された。こうして，カトリック教会が，教会内の祭祀以外に，社会に出て貧者の救済に当たるために，信徒集団による司牧活動を行うための組織作りが開始された。

　ビデガンとサンチェス（Bidegain y Sánchez 2015）は，解放の神学とその共同体活動が，どのように連帯経済の実践の組織化につながったかを分析した[2]。ラテンアメリカに第二バチカン公会議の新しい指針が浸透していくのは，1968年にメデジン（Medellín）で開催されたラテンアメリカ司教会議（Consejo Episcopal Latinoamericano: CELAM）総会であり，これは1979年のプエブラ（Puebla）会議で「貧困者に優先的な選択肢を」という表現が用いられたことで，より明示的になった。この一連の流れに並行して，1960年以降のローマ教皇の回勅にも社会開発や貧者・民衆の発展，という表現が用いられるようになる[3]。こうしたカトリック教会の改革が，教会の「社会的行動」（acción social）に反映されるようになってゆくが，この過程で，協同組合活動への支援や，その活動に資する指導者養成を目的とした民衆教育が，教区ごとに展開されていった。聖書の再解釈に基づくと，当時大半の民衆が置かれていた社会的排除の状況は「社会的経済的不正義」と理解され，それに対する教会の使命が貧者の救済となった。このような解釈は，CEBにおける聖書を読む信徒の会で，彼らの社会的経済的不正義に対する要求運動や行動に宗教的正統性を与えることになった（Bidegain y Sánchez 2015: 67-68）。さらに，カトリック教会の「社会的行動」の目的には信徒が置かれた地域社会の問題への覚醒と解決のためのオルタナティブな方法の創出があった。その中に，連帯経済につながる互助や非市場的な交換などの新しい経済活動や，貯蓄・金融の協同組合の創設があった。重要なのは，これらが教区を単位に実践されたことであり，必然

第Ⅰ部 ラテンアメリカにおける連帯経済の概念と民衆社会運動

的に共同体や地域社会というローカルな基盤に根差した指導者育成につながった点である。

⑵ 社会的教義の実践としての協同組合運動の推進

その後，民衆経済や民衆の抵抗運動にCEBを通じたカトリック教会の社会活動がどのように関与していったかは，当時の政治体制によって国ごとに異なった。

南米諸国では権威主義体制に移行する過程で，CEBの活動家には亡命を余儀なくされるものもあった。コロンビアのように，形式上は民主主義体制を維持しつつも，政治エリートと教会の保守勢力との連携基盤が強い国では，解放の神学の思想に共鳴する者に対する政府による抑圧が厳しかった。したがって，CEBの明示的な形成は進展しなかったが，地方では農村の協同組合運動を支援する民衆教育の仕組みが生み出された。ブラジルでは，CEBと並行して，パウロ・フレイレ（Paulo Freire）による成人の識字教育を通じた民衆教育が展開され，権威主義体制下の1980年代においてフレイレの思想が民衆の組織化と民衆経済の取り組みにおける支柱となった[4]。

ゲラ（Pablo Guerra）は，カトリック教会の社会的教義の実践が，1960年代以降のラテンアメリカ各国での連帯経済の実践につながったと分析した（Guerra 2015）[5]。連帯経済は第二バチカン公会議以降のカトリックの社会的行動の理念に基づく，信徒の組織化を通じた司牧活動による，社会変革の実験であった。ゲラはこうしたカトリック教会主導のもとで，今日では連帯経済の実践として評価される代表例を挙げている。この中に，1960年代，コロンビアのサンヒルとソコロの教区教会（Diócesis de San Gil y Socorro）が指導した農村コミュニティにおける協同組合運動（本書第6章参照）や，1970年にサレジオ修道会によって推進されたエクアドルの「エル・サリネリート」（El Salinerito）（第4章サリナスの事例参照）も含まれる。1970年代は，まだ権威主義体制による社会運動家への抑圧が激しい時期

第2章　民衆社会運動が推進するラテンアメリカの連帯経済

であったが，ピノチェト（Augusto Osvaldo Pinochet）政権（1974～1990年）下のチリでは，獄中の政治犯を連帯的活動によって支援することを目的に，サンティアゴ大司教が1975年に連帯基金（Fundación Solidaridad）を創設した。1980年代に入ると，徐々に社会的正義を世論に訴えるために，教会と信徒による社会行動に，意識的に「民衆経済」や「連帯経済」の用語が使われ始めた。ブラジルのカリタス（Cáritas Brasileira）とその「コミュニティのオルタナティブ・プロジェクト」（Projetos Alternativos Comunitários: PAC）など，今日の連帯経済実践の嚆矢とも言える活動がこの時期生まれたのである（Guerra 2015: 56-57; Bertucci e Silva 2004）[6]。

(3)　経済危機と民主化過程における草の根民衆運動の高揚
——「新しい社会運動」

　社会運動は，一般的に，社会に存在する様々な矛盾や不正義に対して，憤りや強い反発を感じた人々が，その原因を取り除き，社会変容をめざして起こす集合行為を指す。現代ラテンアメリカ社会においては，社会運動と言えば，農民，労働者，学生など特定社会階層に属する集団が権利を主張したり，ニーズの解決を求めて集合行為を組織するのが一般的な在り方であった。しかしながら，1970年代欧米諸国で「新しい社会運動」（New Social Movement: NSM）と称される，従来の社会運動形態とは異なる多様な運動形態が出現し，この新しさの意味を論ずる「新しい社会運動論」もラテンアメリカの知識人に影響を与えると同時に，1980年代以降ラテンアメリカで出現した運動に対してNSM概念が用いられるようになった。

　カルデロン（Calderón 1986）は，1950年代および1960年代初頭の開発主義的理論の多くは近代化と工業化に重点を置き，そこでは経済的に合理的な行動が発展の基本であると考えられていたと指摘する。ラテンアメリカではこの時期すでに開発主義的政策によってひき起こされた様々な矛盾から対立が生まれていた。1960年代は市場中心的な開発主義的議論に対する批判があいつぎ，ラテンアメリカでは先進中心国に対する低開発の構造

73

を批判して従属論が発展した。カルデロンは，当時社会運動の多くは政党的行動と認識されたため，従属論学派においても非合理的で二義的なものとして扱われていたと分析する。つまり，自律的な社会的主体による運動とは見られてこなかったのである（Calderón 1986: 328）。例えば都市住民運動には非常に強い政党とのつながりがあり，権威主義体制の有無にかかわらず国家から統制された動きであるという見方が強かった。

　このような社会運動に対する見方は経済危機・政治体制の危機を前に変わってくる。これまで社会運動は政党に従属した実践形態であり，その集合行為はいずれ主要政党の行動に従属させられるか，あるいは政党行動に重なってゆくであろうと考えられてきた。しかし，1980年代は権威主義体制から民主化の動きが浮上した時期であり，こうした前提が崩れていった。それまで「非合理的」とされてきた社会運動の（合理的）意味を理解することで，ラテンアメリカの危機に対する代替案を模索する可能性が出てきたからである。ラテンアメリカでは，民主化への移行に加え，1980年代に経済危機に見舞われたことから，従来の階級闘争的な性格に規定された社会運動とは異なる新しい担い手（主体）による多様な社会運動形態が出現した。

　ラテンアメリカにおける典型的なNSMには，すでに述べたキリスト教基礎共同体（CEB）の活動のほか，住民組織運動，フェミニスト運動，人権団体による人権擁護運動，エコロジー運動の5つが挙げられる（大串1995）。これらに，既存の労働組合と政党との密接な関係から独立した組織化によって生まれた労働組合組織や，先住民運動組織，失業者や貧困者の間での様々な自助活動組織の連合などが加えられる（Evers 1985）。NSMに見られる多種多様な闘争は，かつての労働者の闘争のような階級闘争とは区別されるべきであり（Slater 1985: 4），また，闘争の表現における日常性も顕著になってくる（Escobar and Alvarez 1992: 4）。当時の闘争の起源が日常のニーズにあり，闘争行動の結果が影響を及ぼすのもまた日常生活であったからである。大串は，この時代の新しい社会運動の形態にこれまで

にない政治文化を見出し，それを①共同体志向と底辺民主主義，②外部との関係における運動の自律性と権利意識の拡大，③女性の役割の拡大という諸側面によって説明している。とりわけ下層民主体の民衆運動において，組織内部での意思決定過程などにおける民主的な行動様式と主体的な政治意識が表れてきたことが指摘されている（大串 1995: 49-54）。

　1980年代の権威主義体制下，経済危機と政治危機を背景に出現した新しい形態の社会運動の担い手の大半は民衆であった。その中で典型的とされた事例として，上述のCEBの運動，行方不明者の家族による人権運動などのほか，都市民衆居住区の居住権確保や住環境改善運動が挙げられる。ここでいう民衆居住区とは，基本的に土地占拠や不法土地分譲などによって市街化区域外に住民が自力建設で住宅を確保し，都市インフラ整備も当初は集団的自助努力によって獲得しながら段階的発展を遂げる居住区のことを意味する。バリオ（barrio），ポブラシオン（población），コローニア・ポプラル（colonia popular），ビージャ・ミセリア（villa miseria），ファヴェーラ（favela）など国ごとに呼び名は様々である。居住地獲得における不法性によって，警察当局による強制撤去措置，公共サービスの正規化過程や土地所有権譲渡をめぐる行政との交渉など，常に当局との対立・緊張関係が伴う。その過程で行政に対する抵抗と要求運動が生じる。その多くは自助努力的な相互扶助的な活動と，当局に対するサービス・インフラ要求や抗議行動といった，短期的なニーズ獲得要求運動である。高橋（1991，1993）は，チリのポブラシオンにおける民衆食堂（コメドール・ポプラル）や共同作業所に，権威主義体制下の都市貧困層の経済自立化と自己実現の空間としての機能を見出した。ブラジルのファヴェーラにも，1980年代はCEBの浸透とともに，貧困層の自助努力活動，生存戦略活動が発展した。また，生存戦略活動には女性の参加も著しく，ジェンダーの視点から，女性の自立と政治的意識の覚醒が指摘された（Schild 1994; Blondet 1990）。

3．グローバル化時代の草の根運動の行方
——もうひとつの社会を求める運動

　1990年代は，多くのラテンアメリカ諸国では，1980年代の経済危機からの脱却のために導入された構造調整政策とその後の新自由主義的開発政策に舵を切り，その結果，マクロ経済は回復したが，国内のインフォーマル部門の就業人口をフォーマル部門に吸収するだけの雇用の増大はなかった。むしろ，多くの国では，その後，金融危機を経験して中間層の「落層」による新しい貧困層が生まれた。大半の国では，多国籍資本と結びついた大企業が一人勝ちし，国内の伝統的産業部門は淘汰されていった。都市の雇用のインフォーマル化や農業の二極化，それに伴う都市の周縁的部門の拡大は解決しなかった。

　他方で，1990年代は，環境問題の深刻化とそれに対する国際的認識が高まった時代でもあった。開発論には，地球環境に配慮する持続可能な開発（sustainable development）の言説が確立されていき，リオ環境サミットを皮切りに，ラテンアメリカにおいても環境問題への関心が高まった。経済開発政策には，環境問題への配慮という側面において，オルタナティブな開発モデルが探究されていったが，社会的弱者を包摂しようとする視点は，この段階では明示的に現れてはいなかった。

　こうした中で，民衆の生存戦略として育まれ，またインフォーマル経済として展開されていた草の根の経済活動はどのような方向に向かったのだろうか。1990年代，かつてフォーマル部門との関連性において位置づけられたインフォーマル部門に属する民衆が，新自由主義経済政策によってさらに困窮化するに至って，オルタナティブな社会をめざすより急進的な運動に入っていった。その過程で，今日では「連帯経済」または「連帯的民衆経済」などの概念で捉えられる新しい経済活動や生活基盤を求める活動が生まれていった。

(1) 民衆教育の新展開
──オルタナティブな経済・社会をめざすコミュニティ教育

　フレイレの思想を継承する教育哲学者で，パウロ・フレイレ研究所（Instituto Paulo Freire）所長であるガドッティ（Moacir Gadotti）は，1991年の同研究所創立ののち，1993年に国際コミュニティ教育協会（International Community Education Association：ICEA）の中に，民衆教育とコミュニティ教育プログラムを立ち上げた。これらのプログラムには2つの軸があった。1つは，コミュニティ民衆組織活動で，これは住民が生活するその土地固有の文化の起源の再発見と再評価に重点を置くことで，失われた共同体性の回復をめざすものであった。もう1つは，「連帯の民衆経済」で，これはラセットが提唱した「C要素」（第1章参照）の価値を奪回し，それらを生産，組織，教育に埋め込むことをめざすものであった（Gadotti 2015：82）。フレイレの「解放」をめざす民衆教育の理念を，連帯経済の実践に結びつける取り組みであった。

　1990年代以後，民衆教育では，「もうひとつの経済」，「下からの経済」などの用語が使われるようになったが，これは倫理的市場や公正取引などと関連づけられた[7]。若者や成年向けの民衆教育においては，労働や所得の問題のほかに，責任ある消費（倫理的消費）や持続可能な発展や連帯経済などの概念も含まれるようになった。民衆教育の出自は，その地域的背景も含めて様々であり，教える理念や実践にも多様性が見られるが，共通する点は，「最も困窮する人々に責任を持って関与し，その結果，人間の解放（human emanicipation）に関与することである」（Gadotti 2015：83）。

　ガドッティによれば，民衆教育の事例にはおびただしい数があり，理論的，政治的，そして教育法において行われた試行も多岐にわたる。その中で，「若者・成人識字教育運動」（Movimento de Alfabetização de Jovens e Adultos：MOVA）（1989年にパウロ・フレイレによってサンパウロにて創設），「国と子どもたち」（País e Hijos）（サンティアゴにおけるオルタナティブ教

育運動），ニカラグアの国家の革命的改革に連携した民衆教育，北部メキシコのタラウマラ（Tarahumara）山岳地域における協同組合形成のための民衆教育などは，オルタナティブな社会をめざす社会運動に関連した代表的な民衆教育の実践であった。現在でも成果を上げ続けている実践として，同じくフレイレの民衆教育思想に啓発されたブラジルの「土地なし農民運動」（Movimento dos Trabalhadores Rurais Sem Terra: MST）と，メキシコのサパティスタ運動が挙げられる。これらに共通するのは，「公正で平等な社会，そしてわれわれの存在を新しい様式で生み出す社会をめざすという目標である」（Gadotti 2015: 84，下線は筆者）[8]。

　さらに，ガドッティは，連帯経済が資本主義的企業の管理様式と異なるのは，自主管理体制にあるとし，自主管理に関する教育は，既存の経営理論に限定することができない教育プロセスであり，そこに民衆教育の貢献があると示唆する。連帯経済の実践には，集団（チーム）で働くこと，そして協働的で協力的な管理運営のための教育が肝要である。連帯経済は生産と我々の生活の再生産のために競争するのではなく，協同で働くことを意味する。シンジェル（Paulo Singer）の主張にも依拠し，「（このような特徴を持つ）連帯経済の理念の理解そのものが，民衆教育の教授法の実践である」と説く（Gadotti 2015: 86; Singer 2005）。連帯経済は1つの生産様式ではなく，生活の在り方そのものである。連帯経済の精神は，ともにより善く生きるために協同することにある。これらの視点に立って，協同するため，また連帯の文化を尊重するための教育としての民衆教育の役割が位置づけられる（Gadotti 2015: 87-89）。

　また，連帯経済実践の指導者養成のためにも民衆教育は推進された。教師と学生の対話による現状認識という方法論がとられることによって，教える者が教わる者の知識を尊重することにより相互に学ぶ教授法が確立していった。ラテンアメリカにおいて民衆教育の実践例が豊富であるのは，連帯経済と民衆教育が相互に関連しつつ発展したからである（Gadotti 2015: 91）。

(2) 脱植民地主義を求める先住民の復権運動と政治の左傾化
　（1990年代〜2000年代）

　1990年のチリの民政移管をもって，ラテンアメリカの権威主義体制の時代は終焉に向かった。1990年代〜2000年代初頭にかけて，ラテンアメリカ諸国における民衆社会運動は「民主化」と「経済危機下での生存戦略」という2つの目標を一時的に失い，その結果，非動員化の様相を見せたと分析された。だが，これは一部の国々に見られた一時的な現象に過ぎなかった。

　冷戦が終わり，グローバルな規範が共有されるとこれまで不可視の状態にあった先住民運動が日の目を見ることになった。1989年に国際労働機関（International Labour Organization：ILO）による第169号条約（原住民及び種族民条約）[9]が成立しことを契機に，この後，先住民の権利回復運動が高揚し，政治運動の推進勢力になっていった。この延長線上に2000年代の南米，特にアンデス諸国の反米左派政権の成立がある。半世紀以上，ラテンアメリカはオルタナティブな経済と社会を模索してきたが，グローバル化の進展とともに，20世紀末から，急進的社会運動が民主化と開発の質を問う民衆の抵抗・要求運動として再生された。

　こうして，グローバル化と新自由主義経済路線の推進を背景に，新たな民衆の抵抗運動が始まった。そして，このうねりは，北米自由貿易協定（North American Free Trade Agreement：NAFTA）の発効に合わせて1994年に蜂起したサパティスタ運動によって世界に発信されたのであった。

　それからおよそ10年後，2005年12月にボリビアで初の先住民出身（アイマラ系）のモラレス（Juan Evo Morales Aymà）政権（2006年〜）が誕生し，ラテンアメリカの政治動向にかつてない大きな転換点をもたらした。アンデス高地先住民を中心に，コカ栽培農民，住民組織，労働組合などから構成される多様な社会運動が，1985年に導入された新自由主義体制を根底から覆そうとした。また，スペイン植民地期以降，何世紀にもわたって国

政からは不可視の状態にあり続けた先住民が主体となる社会組織が政権基盤となった。モラレスは就任式で「新自由主義体制の終焉と植民地国家の解体」を宣言し、新しいボリビアの再建に取り組むことを明言した。公約どおりに天然ガスの国有化を宣言し、世界の注目を集めた。遅野井（2006）は、モラレス政権誕生を、現代ラテンアメリカ政治の文脈において、新自由主義体制からの決別を意図したことと、既存の政治・経済システムを律する支配ルールを根底から問い直す社会運動を基盤とする点が重要であると指摘した（遅野井 2006: 36）。

　続く2006年の大統領選挙で、エクアドルのコレア政権（2007～2017年）が誕生し、ベネズエラのチャベス（Hugo Chávez）大統領の再選によって、域内に、急進左派勢力が形成された。

　エクアドルでは、コレア政権が誕生する前は、政変続きであった。2000年の先住民の抗議行動に軍が同調し、当時の既存政党を倒した。ここで重要な役割を担ったのが、先住民運動であり、特に「エクアドル先住民連盟」（Confederación de Nacionalidades Indígenas del Ecuador: CONAIE）の存在が大きかった。しかし、そのときに成立したグティエレス（Lucio Gutiérrez）政権（2003～2005年）は、先住民族組織とその後たもとを分かち、支持基盤は分裂した。グティエレス政権は2005年4月のキト住民の抗議行動によって倒された。エクアドルにおける先住民運動の展開は、1990年代のラテンアメリカを含む国際的な先住民の復権運動を背景としてはいるが、当時の既存政党と代表制民主主義への信頼失墜と、グローバル化が進む中での資源採掘主義経済路線への抵抗の結果でもあった（新木 2003, 2005）[10]。ペルーでもこの時期ガルシア（Alan García）左派政権（2006～2011年）が成立した。

　アンデス諸国では、親米新自由主義路線を踏襲したコロンビアを除き、おしなべて左傾化が進み、反グローバル化の動きの中で、先住民や農民、鉱山地域住民の反採掘主義運動が急進化した（Arce 2014; Bebbington et al. 2008, 2012; Bebbington and Bury 2013; 岡田 2009, 2013, 2016; 幡谷 2016）。

アンデスの急進左派政権が，先住民を中心とする民衆組織を支持基盤に成立したことは，その後のこれらの国々における連帯経済の概念と実践を考える場合の文脈として不可欠な要素となる。エクアドル，ボリビアにおける新憲法において「多民族・多文化性」が採用されたことは，政治改革および脱植民地主義を国家の制度内で体現しようとするだけでなく，先住民文化も含めて民衆を経済と社会の主体として認識するものであった（重冨 2014, 2015）。

ラテンアメリカ域内全体で見れば，これに先立ち，ブラジルでは労働者党（Partido dos Trabalhadores: PT）から立候補したルーラ政権（2003～2011年）が，アルゼンチンではペロン党[11]の左派キルチネル（Nestor Carlos Kirchner）政権（2003～2007年）がすでに擁立され，民主社会主義の思想的立場から，既存の市場中心的経済政策からの転換を図り，経済と政治の改革に着手していた。ウルグアイのバスケス（Tabaré Ramón Vázques Róas）政権（2005～2010年），チリのバチェレ（Michelle Bachelet）政権（2006～2010年）の誕生により，南部諸国はブラジルの指導力を中心に，緩やかな左傾化に向かっていた。ルーラ政権とキルチネル政権の誕生が，その後，両国において連帯経済に対する政策的取り組みと制度化の促進につながったことは明らかである[12]。

(3) 21世紀の新しい社会的排除に対抗する社会運動

1990年代末から次々と左派政権が誕生し，マクロ経済の舵取りも，域内地域経済統合の動きも1990年代初頭の青写真とは大きく様変わりした。民主化後10年余り，多くの国々が新自由主義的経済政策により経済再建を成し遂げ，グローバル化経済に対応してきた一方，国内の経済格差は依然として大きかった。民主体制とその社会改革に期待した民衆，特に社会運動の担い手たちは，新たな失望と不満を抱えるようになった。こうした不満が今度は民衆運動に公共政策に対する要求や批判のアドボカシー機能を与えるようになった。ラテンアメリカ特有のNSMと表された都市の民

衆運動は，政府の公共政策の変化と住環境をとりまく市場メカニズムの浸透によって戦略を変えた。従来の政治家とのパトロン・クライアント関係依存型の戦略を捨て，行政と直接交渉し，権利を要求する集合行動を起こす戦略を取るようになった（Hataya 2010）。また，政府の対応に対するオルタナティブとして，急進的な要求獲得戦略を行使する運動も現れた。こうした政策批判運動が2000年代の左派政権の成立を促した。

　2000年以降に発表された社会運動研究では，民主化の定着期における社会正義と政治改革を求める動きとして社会運動を描写している（例えばRossi 2005；León 2003；Fernándes et al. 2002）。社会運動の主体，目的，戦略はさらに多様を極めているが，1990年代の構造調整政策と経済自由化政策の影響によって生まれた社会的排除に抵抗する運動であり，実質的民主主義を求める運動と位置づけられる。ブラジルやアルゼンチンでは，穏健な民主主義改革に対する反発から急進的な抵抗と権利要求運動の隆盛が見られた。ドゥケッテ（Michel Duquette）らは，ブラジルの3つの代表的社会運動である土地なし農民運動，住宅要求運動，女性運動を紹介しつつ，それらが民主化後にとられた諸改革がもたらした経済格差の温存と，穏健派民主政府の経済改革に対する不満に基づいていることを指摘する（Duquette et al. 2005）。これと同様の背景から1990年代末から活性化した民衆社会運動には，戦略を転換した居住区運動（公共サービス料金制度改革への反対運動や既成政党とは異なる独立系政治運動によって居住区住民が擁立する地方議員の選挙キャンペーンなど）や，アルゼンチンの未組織労働者によるピケテーロスの運動（Almeyra 2004；Lucero 2006；廣田 2006）などが含まれる。

　こうした21世紀の多様な運動の在り方に対して，もはやNSMの枠組みが用いられることはない。今日活力を持つ民衆運動には，以下共通点がある。①既存の政党勢力や国家組織からの独立性の維持を理念としていることと，②近年の政治的アドボカシーに見られるメッセージには，政府の公共政策に対し要求あるいは挑戦していること，③1990年代の新自由主

義的経済政策やその後再び起きた経済危機が社会格差を増幅したことに対する反発と抵抗をしつつ，オルタナティブな経済戦略を展開していること，そして④国外の支援機関との連携が強く，国内外の世論への発信に力を注いでいる点である。これらは，グローバル化時代の社会運動の新しい戦略であり，既存の政党勢力に与しない民衆運動の新展開と位置づけられる（幡谷 2007）。

4．世界レベルでの連帯経済運動へ
——世界社会フォーラムと地域間ネットワーク形成

　現在ラテンアメリカ各国で協同組合運動や連帯経済のネットワーキングが進んでいる。個々の運動組織の出自は1960年代以降の民衆運動の流れを汲んでいるが，近年，反覇権主義的グローバリゼーションを旗印に，地域や国を超えた連携の動きが高まってきている。20世紀末〜21世紀初頭にかけての新しい側面として評価できるのは，域内のネットワークが確立し，世界の他地域とのネットワーク形成につながってきた点である。この中から，「大陸間社会的連帯経済推進ネットワーク」（Red Intercontinental para Promoción de la Economía Social y Solidaria: RIPESS）の沿革と，世界社会フォーラム（WSF）において「もうひとつの世界は可能だ」を標榜する運動をプラットフォームとする連帯経済の国際連携について取り上げよう。

(1) RIPESS

　RIPESS は名前のとおり，世界各地に存在する連帯経済の実践とオルタナティブな経済システムを推進する国際ネットワークである。現在6つの地域メンバー組織（アフリカ，ラテンアメリカ・カリブ海地域，北米，アジア，欧州，オセアニア）と地域支援型農業の国際ネットワークである「URGENCI」（Urban–Rural Network, Generating New Forms of Exchange between Citizens）と「グローバル社会的経済協議体」（Global Social Economy Forum: GSEF）の8団体

から構成されている。このほかに，「Socioeco.org」，「市民の発展のための世界基金」(Fonds mondial pour le developpement des villes: FMDV)，RELIESS[13]，CITIES，「都市への権利のためのグローバル・プラットフォーム」(Global Platform for the Right to the City: GPR2C) の5団体が協力組織として連携している。いずれも連帯経済の実現をめざして，様々なコミュニティ組織，アソシエーションと協同組合運動と互助組織や，そのほかの市民運動組織が集合するネットワークを形成している。既存の資本主義システムに対するオルタナティブをめざす運動のプラットフォームを形成するために，資源と知識を創出し，共有することが設立目的である。2005年時点で，ラテンアメリカ・カリブ海地域のRIPESSには13カ国から10の団体が加わっているが，同地域は，RIPESSの創立自体にも中心的役割を果たした。1990年代末の域内の連帯経済とフェアトレード運動組織がすでに国際的連携をめざす活動をしていたからである。

RIPESSのイニシアティブは，国際集会を通じて確立されてきた。第1回が1997年7月にペルーのリマで開催され，5大陸32カ国から200のプロジェクト並びに組織が集まった。同集会では，覇権主義的な新自由主義開発モデルに対抗するリマ宣言を発行した。同宣言では，経済に連帯概念を取り込むことと，すべての国において連帯経済のネットワークを構築することが公約された。リマ集会以後，ブラジル，ボリビア，チリ，メキシコとペルーで，次々と社会的連帯経済のネットワークとプラットフォームの基盤が形成されていった。現在，アルゼンチン，ウルグアイ，エクアドル，コロンビアおよびいくつかの中米カリブの国々でも調整組織が設立されている。RIPESSは5大陸横断的に展開されており，2015年までにラテンアメリカでは6回の国際集会が開催されている[14]。

(2) WSFと「もうひとつの世界」を推進する運動

WSFは例年スイスのダボスで先進国およびグローバル大企業主導で開催される世界経済フォーラムの向こうを張って開催されてきた。新自由主

義的グローバリゼーションが帝国主義的な支配によって新たな社会的排除を生んできたという現状認識に立ち，そうした経済が先進国と大資本によって主導される在り方に反発を覚え，もうひとつの（オルタナティブな）世界を求めて立ち上がった市民社会の運動体と組織が，水平的で民主的な「開かれた空間」において議論し，経験を分かち合う場とすることが目的であった。フランスのATTAC[15]に代表される市民組織とブラジルの市民活動家との提案がWSF形成の背景にあった。

　ラテンアメリカでは，反NAFTAを掲げたサパティスタ運動のみならず，1990年代のG8サミットや世界貿易機関（World Trade Organization：WTO）への抵抗運動は，IMF，WTO主導の地球環境や労働者の権利を顧みないグローバル開発路線への反発として高まっていた[16]。1999年のシアトルWTO会議に対する抗議運動では，ラテンアメリカに限らず，北米の市民運動組織も抗議デモを行ったことは，つとに知られている。このときの抵抗行動に参加したグローバルな市民組織の動員も，WSF開催の原動力になっていた（センほか 2005）。

　第1回のWSFは2001年にブラジルのポルトアレグレで開催された。第2回WSFも再びポルトアレグレで開催されたが，ここで初めて連帯経済が，国際的議論のトピックとして取り上げられた。このとき，コラッジオをはじめとするラテンアメリカの社会的連帯経済の理論と実践を研究するグループが，フランスのラヴィルらの理論家，運動家グループと出会い，ラテンアメリカと欧州の社会的連帯経済ネットワークがアカデミックの間で確立される契機となった。ブラジルの社会学者カッターニ（Antonio David Cattani）によって，「Outra Economia」（もうひとつの経済）が紹介され，これを契機に，南米，北米，欧州の研究者と活動家によって連帯経済とそれに関する用語解説集「Diccionario de Outra Economia」が編纂された。以後スペイン語，ポルトガル語，英語，フランス語に訳されていった（Laville 2014）。その後も毎年数回にわたり，連帯経済に関わる欧州とラテンアメリカの研究者たちは交流を続けている。WSFのプラットフォー

第Ⅰ部　ラテンアメリカにおける連帯経済の概念と民衆社会運動

ムにおいて，オルタナティブな経済，社会をめざす運動が地域を超えて交差する中で，ラテンアメリカの連帯経済とその運動もグローバルなネットワークを拡大し，国際世論と国内の政策提言に影響力を高めてきたと言える（フィッシャー・ポニア 2003；センほか 2005）。

おわりに

　本章では，まず，21世紀のオルタナティブな経済・社会をめざす連帯経済の理念と実践が，ラテンアメリカの1960年代以降の草の根の社会運動や，征服以後の脱植民地主義社会をめざす抵抗運動の歴史にも根づいていることを明らかにした。ラテンアメリカに導入された「連帯」の概念にはカトリックの倫理的価値観が関係しているが，1960年代当時のラテンアメリカ政治社会には，第二の宗教改革の影響が強く浸透し，それが民衆運動の思想的基盤となった事実はこれと無関係ではない。権威主義体制という時代背景下で，社会的弱者の生存をかけた抵抗運動と日常的な生存戦略に，カトリック教会の司牧活動を介した社会的行動の支援は不可欠であり，民衆教育の実践によって，連帯の精神性が受け入れられたと考えられる。

　次に，連帯経済の担い手も，抵抗の社会運動の担い手も，民衆であり，民衆が主体となってはじめてオルタナティブな経済と世界がめざされることが確認された。

　同時に，1990年代以降は，ラテンアメリカを取り巻く世界環境が，より通地域的な言説によって説明されやすくなったことに注目したい。例えばラテンアメリカ域内の動態が，国際的に共通する覇権主義的グローバル資本による開発とそれが生む社会的排除という図式で認識されるようになった。また，先住民組織による脱植民地主義運動も，多文化主義国家の認識も，世界的な先住民運動の高まりと可視化という文脈にあって実現されたと考えられる。

　その中でも，21世紀初頭の政治動向における左傾化と，多文化，多民

族主義国家の憲法における認知はこの時代のラテンアメリカに突出した動態であったと言える。連帯経済の制度化という点においては，こうした政治社会変容は決定的な意味を持った。注目されたのがブエン・ビビール，ビビール・ビエンの概念（第1章）であった。多民族主義国家を謳うボリビアでは共同体的経済を含む4部門からなる多元経済モデルが提唱された。エクアドルでは，ブエン・ビビールの概念と，自然の権利が憲法に謳われたが，これらはその後のラテンアメリカの連帯経済の概念形成をめぐる議論に影響力を持ったと考えられる[17]。

　第1章で取り上げたコラッジオの社会的連帯経済に関する理念体系の考察は，2000年代に入り，欧州の社会的連帯経済研究グループとの交流が進展したころに確立されたものである。連帯経済運動は，当時の覇権主義的市場中心の資本主義経済モデルによって大量失業の発生をはじめ，新たな社会的排除の深刻化を背景に進展した。反グローバル化，反新自由主義の運動が，欧米の脱開発主義論者とも交差し，世界的な市民運動につながった。この開かれた空間を可能としたのがWSFであり，地域を超えた大陸間のネットワーキングが，ラテンアメリカの連帯経済研究と実践の往還を深化させたと言える。

【注】

[1]　1960年代を起点とするのは，1959年のキューバ革命政権の成立が米州における冷戦構造とその後の政治体制を決定付けた一大要因と考えるためである。

[2]　カトリック教会の司牧活動の創成の基盤となった文書 *Gaudium et spes* では，「今日の貧者，特に苦しんでいるものたちこそが，キリストの弟子が引き継ぐべき人間の苦しみである」と謳われている（Bidegain y Sánchez 2015: 64）。

[3]　例えば1961年の教皇フアン23世（Juan XXIII）の回勅 *Mater et magistra sobre el cristianismo y el progreso social*，続く教皇パウロ6世（Paul VI）の *Populorum progressio* など。回勅における言説と「連帯」概念の関連性については，第1章のラセットの解説を参照。

4 ガドッティによれば，民衆教育には多様な起源があり，これらは20世紀初頭のアナルコ・サンディカリズム，自己管理型社会主義，ヨーロッパの急進的自由主義，パウロ・フレイレによって牽引された民衆運動に立脚するもの，そして神学に影響を与えた解放の理論（つまり，解放の神学）などである。しかし，これらに共通するのは，市民の参加と解放（emanication）を評価し，解放（liberation），自律，自己持続的な発展を求める闘いの歴史であると指摘する（Gadotti 2015：83）。フレイレの思想については，三田（2004），フレイレ（2011）も合わせて参照のこと。

5 ゲラは，教会の社会的教義とその司牧活動実践を，連帯経済の思想的基盤として位置づけ，それが旧約聖書時代における聖年（ジュビリー）における赦しや，ウスラ（高利貸しや利子の取り立て）の禁止に立脚する経済の共同体的価値と社会的正義による理念体系から発していると論じている。すなわち，連帯の概念は，神の前にすべて平等な兄弟のうち，困窮するものを助け合うという精神性である。債務からの解放もキリスト教の慈悲の思想に通ずると指摘する。

6 ブラジルの連帯経済は一般的に民主社会主義やPT（労働党）政権樹立後に発展したとみなされているが，シンジェル（Paul Singer）も，もともとはキリスト教会の社会的教義や解放の神学からの思想的影響と親和性が強いと指摘した（Singer y Shiochet 2015）。

7 ブラジルのファヴェーラを事例に，包括的市民教育という枠組みで民衆教育の展開を捉えた田村（2015：2017）は，オルタナティブ教育へのアプローチであり参考になる。

8 ここでガドッティが言うun nuevo modo de producer nuestra existencia とは，持続可能な発展を可能にする生産様式のことであり，労働の再生産も含んでいると考えられる。持続的な生活とはすなわち，ブエン・ビビールの追求であると述べている（Gadotti 2015：84）。

9 先住民の権利を保護し，社会的文化的独自性，慣習，伝統を尊重することと，社会的経済的格差の除去のための支援を定めた国際法。ラテンアメリカでは大半の国が批准している。

10 エクアドルの政変と先住民運動の政治運動への参入について，先住民運動と地域研究の観点からは新木（2007, 2014），比較政治学的考察からは宮地（2006, 2014）などを参照のこと。

11 正式名称は正義党（Partido Justicialista：PJ）。

12 当時のラテンアメリカ政治動向については，左傾化の内容を，チャベス・ベネズエラ率いる反米急進左派グループとルーラ・ブラジルが求心力を持つ穏健左派とに分けて議論する考察もあった。本章では，左派政権誕生の背景にあった民衆社会運動と，その後の連帯経済の制度化に焦点を置く。左傾化の政治分析については遅野井・宇佐

見（2008）を参照のこと。

[13] RELIESS は，「社会的連帯経済（ESS）に資する国際情報・支援センター」（centre de référence et de liaison international）という意味である。主として連帯経済の公共政策立案と推進を目的としている。現在のRELIESS のウェブサイトは2019年6月1日に閉鎖されている。今後は，Chantier de l'économie sociale のサイト（https://chantier. qc.ca/dossiers/international/）に統合される予定である。

[14] RIPESS ウェブサイトより。2005年コチャバンバ，2007年ハバナ，2008年モンテビデオ，2010年メデジン，2012年リオデジャネイロ，2015年にマナグアで開催された。

[15] Association pour la Taxation des Transactions pour l'Aiole aux Citoyens　市民の支援のために金融取引税（トービン税）の実現をめざす社会運動組織。

[16] サパティスタ運動については，山本（2002），柴田（2016）を参照のこと。

[17] エクアドル憲法については，新木（2009）を参照。

■引用文献

新木秀和（2003）「エクアドル―政治変動とネオリベラル経済改革」『ラテンアメリカ・レポート』Vol.20(2)，12-19頁。

新木秀和（2005）「グティエレス政権の崩壊とキト住民の反乱―エクアドルの政治危機」『ラテンアメリカ・レポート』Vol.22(2)，25-32頁。

新木秀和（2007）「エクアドル：コレア政権の政策課題」『ラテンアメリカ・レポート』Vol.24(1)，38-45頁。

新木秀和（2009）「エクアドル2008年憲法の概要」『ラテンアメリカ・カリブ研究』第16号，26-33頁。

新木秀和（2014）『先住民運動と多民族国家―エクアドルの事例研究を中心に―』お茶の水書房。

大串和雄（1995）『ラテンアメリカの新しい風―社会運動と左翼思想』同文舘。

岡田　勇（2009）「ペルーにおける天然資源開発と抗議運動―2008年8月のアマゾン蜂起から」『ラテンアメリカ・レポート』Vol.26(1)，49-57頁。

岡田　勇（2013）「モラレス政権下におけるボリビア鉱業のアクターと政策過程―強力な利益団体と政府の影響力関係についての試論―」『イベロアメリカ研究』第35巻(1)，23-42頁。

岡田　勇（2016）『資源国家と民主主義―ラテンアメリカの挑戦』名古屋大学出版会。

遅野井茂雄（2006）「先住民政権の挑戦―「新しいボリビア」の建設に向けた困難な道のり―」『ラテンアメリカ・レポート』Vol.23（2），36-44頁。

遅野井茂雄・宇佐見耕一 編（2008）『21世紀ラテンアメリカの左派政権：虚像と実像』アジア経済研究所。

重冨惠子（2014）「エルアルト市青少年の帰属意識と市民育成―ボリビア多文化共生社会構築の観点から―」『都留文科大学研究紀要』第79集，147-162頁。

〈http://trail.tsuru.ac.jp/dspace/handle/trair/657〉2018年4月30日閲覧。

重冨惠子（2015）「中央アンデスにおける調和体系の変容―「自然との調和」と「村落間の協調」の一体結合型体系から近代的連携へ―」『都留文科大学研究紀要』第82集，67-84頁。

〈http://trail.tsuru.ac.jp/dspace/handle/trair/715〉2018年4月30日閲覧。

柴田修子（2016）「サパティスタ22年の歩み」『ラテンアメリカ・レポート』Vol.33（1），41-54頁。

セン，ジャイほか（2005）『帝国への挑戦―世界社会フォーラム』（武藤一羊ほか 訳）作品社。（Sen, Jai et al. eds., *World Social Forum: Challenging Empires*, New Delhi: Viveka Foundation, 2004.）

高橋正明（1991）「チリにおけるポブラドーレス研究の展開」『アジア経済』第32巻第4号，33-55頁。

高橋正明（1993）「都市下層民の運動」松下 洋・乗 浩子 編『ラテンアメリカ　政治と社会』新評論，153-164頁。

田村梨花（2015）「ブラジルにおける包括的教育の実践に関する一考察」『ラテン・アメリカ論集』49号，61-78頁。

田村梨花（2017）「いのちを守る知恵　都市貧困地域のコミュニティで生まれる市民教育」小池洋一・田村梨花 編『抵抗と創造の森アマゾン―持続的な開発と民衆の運動』現代企画室，263-286頁。

ハーシュマン，アルバート・O（2008）『連帯経済の可能性―ラテンアメリカにおける草の根の経験』（矢野修一・宮田剛志・武井 泉 訳）法政大学出版局。（Hirschman, Albert O., *Getting ahead Collectively: Grassroots Experiences in Latin America*, Pergamon Press, c1984.）

幡谷則子（2007）「ラテンアメリカの民衆社会運動―抵抗・要求行動から市民運動へ―」重冨真一 編『開発と社会運動―先行研究の検討―』アジア経済研究所，123-159頁。

幡谷則子（2016）「資源開発ブームとその社会的インパクト」岸川 毅 編『アジア太平洋

時代のラテンアメリカ—近年の研究動向と課題』（ラテンアメリカ・モノグラフ・シリーズ第26号）上智大学イベロアメリカ研究所、43-59頁。

廣田 拓(2006)「グローバリゼーション下のアルゼンチンにおける市民社会の政治化—ピケテーロス運動に焦点を当てて」野村 亨・山本純一 編著『グローバル・ナショナル・ローカルの現在』慶応義塾大学出版会、69-94頁。

フィッシャー、ウィリアム・F / ポニア、トーマス(2003)『もうひとつの世界は可能だ—世界社会フォーラムとグローバル化への民衆のオルタナティブ』（加藤哲郎 監修）日本経済評論社。

(Fisher, William F., Thomas Ponniah eds., *Another World is Possible: Popular Alternative to Globalization at the World Social Forum*, London: Zed Books, 2003.)

フレイレ、パウロ(2011)『被抑圧者の教育学—新訳』（三砂ちづる 訳）亜紀書房。

(Freire, Paulo, *Pedagogia do oprimido*, Rio de Janeiro: Paz e Terra, 2005.)

三田千代子(2004)「二人のフレイレ」今井圭子 編著『ラテンアメリカ—開発の思想』日本経済評論社、107-125頁。

宮地隆廣(2006)「非妥協から協調へ—エクアドル労働運動の政治的学習」『イベロアメリカ研究』第27巻(2)、25-38頁。

宮地隆廣(2014)『解釈する民族運動：構成主義によるボリビアとエクアドルの比較分析』東京大学出版会。

山本純一(2002)『インターネットを武器にした＜ゲリラ＞—反グローバリズムとしてのサパティスタ運動』慶應義塾大学出版会。

Almeyra, Guillermo (2004) *La protesta social en la Argentina 1990-2004*, Buenos Aires: Ediciones Continente.

Arce, Moises (2014) *Resource Extraction and Protest in Peru*, Pittsburgh: Pittsburgh U.P.

Bebbington, Anthony (et al.) (2008) "Mining and Social Movements: Struggles over Livelihood and Rural Territorial Development in the Andes", *World Development*, 36(12), pp. 2888-2905.

Bebbington, Anthony (ed.) (2012) *Social Conflict, Economic Development and Extractive Industry: Evidence from South America*, New York：Routledge.

Bebbington, Anthony and Jeffery Bury (eds.) (2013) *Subterranean Struggles: New Dynamics of Mining, Oil, and Gas in Latin America*, Austin：University of Texas Press.

Bertucci, Ademar de Andrade, e Roberto Marinho Alves da Silva (orgs.) (2004) *Veinte años de economía popular solidaria: Trayectoria de Cáritas Brasilera de los PAC's a la EPS*,

第Ⅰ部 | ラテンアメリカにおける連帯経済の概念と民衆社会運動

Brasilia-DF: Cáritas Brasilera.

〈http://caritas.org.br/wp-content/uploads/2011/03/Livrofinal.pdf〉2018年4月30日閲覧。

Bidegain, Ana María y Juan Jennis Sánchez Soler（2015）"Justicia económica en la teología de la liberación y en los movimientos socio-eclesiales latinoamericanos", en José Luis Coraggio（organizador）*Economía social y solidaria en movimiento*, Quito: Instituto de Altos Estudios Nacionales（IAEN）, Centro de Gobierno y Administración Púbulica, pp.63-80.

Blondet, Cecilia（1990）"Establishing an Identity: Women Settlers in a Poor Lima Neighobourhood", in Elizabeth Jelin（ed.）, *Women and Social Change in Latin America*, London: Zed Books.

Calderón, Fernando（ed.）（1986）*Los movimientos sociales ante la crisis*, Buenos Aires: Universidad de las Naciones Unidas, CLACSO（Consejo Latinoamericano de Ciencias Sociales）e IISUNAM（Insituto de Investigaciones Sociales de la Universidad Nacional Autónoma de México）.

Coraggio, José Luis（organizador）（2015）*Economía social y solidaria en movimiento*, Quito: Instituto de Altos Estudios Nacionales（IAEN）, Centro de Gobierno y Administración Púbulica.

Duquette, Michel（et al.）（2005）*Collective Action and Radicalism in Brazil: Women, Urban Housing, and Rural Movements*, Tronto: University of Tronto Press.

Escobar, Arturo and Sonia E. Alvarez（eds.）（1992）*The Making of Social Movements in Latin America: Identity, Strategy, and Democracy*, Boulder: Westview.

Evers, Tilman（1985）"Identity: the Hidden Side of New Social Movements in Latin America", in David Slater（ed.）, *New Social Movements and the State in Latin America*, Amsterdam: CEDLA（Centre for Latin American Research and Documentation）, pp.43-71.

Fernándes, Apreciada L.（et al.）（2002）"Consideraciones sobre los movimientos sociales y la participación popular en Brasil", *Nueva Sociedad* 182, pp.139-154.

Gadotti, Moacir（2015）"Educación popular y economía solidaria", en Coraggio（org.）, pp.81-95.

Guerra, Pablo（2015）"La economía solidaria y sus prácticas pastorales en el marco del pensamiento económico de la Iglesia", en Coraggio（org.）, pp. 45-61.

Hataya, Noriko（2010）*La ilusión de la participación comunitaria: Lucha y negociación en los barrios irregulares de Bogotá, 1992-2003*, Bogotá: Universidad Externado de Colombia.

Laville, Jean-Louis（2014）"Solidarity Economy in the World: Its perspective in Latin America", 『イベロアメリカ研究』Vol.36(1), pp.1-8.

León Trujillo, Jorge（2003）"Ecuador en crisis. Estado, etnicidad y movimientos sociales en la era de la globalización", *Socialismo y Participación*, 96（octubre）, pp.103-124.

Lucero, Marcelo（2006）"Política social y movimientos sociales: la irrupción de las organizaciones piqueteras", *Espiral: estudios sobre estado y sociedad*, 12（35）, pp.11-30.

Rossi, Federico Matías（2005）"Aparición, auge y declinación de un movimiento social: las asambleas vecinales y populares de Buenos Aires, 2001-2003," *Revista Europea de Estudios Latinoamiercanos y del Caribe*, 78（abril）, pp. 67-88.

Schild, Verónica（1994）"Recasting 'Popular' Movements: Gender and political learning in neighborhood organizations in Chile", *Latin American perspectives*, 21（2）, pp. 59-80.

Singer, Paul（2005）"A economia solidária como ato pedagógico"., en Kruppa, Sonia M. Portella（org.）, *Economia solidária e educação de jovens e de adultos*, Brasilia: INEP/MEC, pp.15-20.

〈http://portal.inep.gov.br/documents/186968/484184/Economia+solid%C3%A1ria+e+educa%C3%A7%C3%A3o+de+jovens+e+adultos/5226fbd2-28a7-4a1c-a404-34dbe8f17cc7?version=1.2〉2018年4月30日閲覧。

Singer, Paul y Valmor Schiochet（2015）"La construcción de la economía solidaria como alternativa al capitalismo", en Coraggio（org.）, pp.97-124.

Slater, David（ed.）（1985）*New Social Movements and the State in Latin America*, Amsterdam: CEDLA（Centre for Latin American Research and Documentation）.

Valenzuela, J. Samuel and Arturo Valenzuela（1978）"Modernization and Dependency: Alternative Perspectives in the Study of Latin American Underdevelopment", *Comparative Politics*, Vol.10（4）, pp.535-557.

■ウェブサイト

RELIESS（International Reference and Networking Centre for Social and Solidarity Economy）
〈http://reliess.org/about/?lang=en〉

RIPESS（Red Intercontinental para Promoción de Economía Social y Solidaria）
〈http://www.ripess.org/continental-networks/latin-america-and-the-caribbean/?lang=en〉

Socioeco.org（Resource website of social and solidarity economy）
〈http://www.socioeco.org/page12_en.html〉

資 料

本書で扱われるラテンアメリカ7か国における連帯経済の制度化の進展状況

	メキシコ	エクアドル	ペルー
協同組合法・管轄諸機関	○ 1938年最初の協同組合会社一般法（Ley General de Sociedades Cooperativas）制定（メキシコの協同組合は憲法第25条に基づき社会セクターの経済活動として規定され，会社としての性格を有する）。 ○ その後，国家コーポラティズム（全国協同組合運動）のもと，協同組合が発展する。 ○ 現行法は1994年の協同組合会社一般法で，全国協同組合運動への加盟も任意とする自由化に大きな特徴がある（なお，全国協同組合運動の代表は同法で新設された協同組合運動最高審議会）。	○ 1937年，最初の協同組合法（Ley de Cooperativas）の制定。 ○ 1966年，新しい協同組合法が制定され，その後の改正（2001年）を経て現行法(Ley de Cooperativas)となる。 ○ 1937年当初の管轄官庁は社会福祉労働省であったが，1961年，同省下に国家協同組合局が設置され専管となった。省の名称は，民政移管の1979年に社会保障省へと変更され，さらに2007年にはコレア政権によって経済社会包摂省へと変更され，現在に至る。	○ 1964年，最初の協同組合一般法（La Ley General de Cooperativas No.15260）の制定。現行法は1981年政令No.085および1991年政令No.074-90-TRによる改正を経ている。

出典：当該国の事例を担当した各章の執筆者が作成。103頁まで同様。

資料：本書で扱われるラテンアメリカ7か国における連帯経済の制度化の進展状況

ボリビア	コロンビア	ブラジル	アルゼンチン
○ 1958年，最初の協同組合法（Ley de Sociedades Cooperativas）制定。 ○ 2018年，新しい協同組合一般法（Ley General de Cooperativas）が制定。資本主義に代わる経済モデルとして協同組合を推進すると同時に新設される「協同組合監査・管理局」（AFCOOP）による監察を強化。	○ 1931年に最初の協同組合法（法律第134号）制定。以降，貯蓄・貸付金融組合が発展。 ○ 1960年代の農地改革の施行によって農民の官製の組合組織化が推進されるが，同時に国家が労働者組織を統制するしくみとなった。デクレト755により1967年，農業省管轄下に「全国土地利用農民協会」（ANUC）が制定された。 ○ 協同組合法は，いくつかの改正を経たが，協同組合は，連帯経済法（1988年）が制定されることにより，連帯経済部門の中に位置づけられることになる。	○ 法律第5764号（1971年）によって協同組合基本法を制定し，代表組織ブラジル協同組合組織（OCB）を設立。その目的は協同組合主義の推進と協同組合の育成・支援。管轄機関は各産業分野の担当省。 ○ 1988年憲法は，協同組合の自由な組織化を保証し，OCBによる代表権の独占を排除。 ○ 法律第12690号（2012年）によって労働者協同組合の制度化。その定義は，労働能力，所得，社会経済的状況ならびに労働条件を改善する目的で，共同，自治，自主管理によって労働および専門的な活動をするための組織。協同組合法が定めるよりも少ない最低7人で組織され，組合員には法的な労働条件，社会保障が適用される。管轄機関は労働雇用省（現市民省）。 ○ アソシエーションについては法律第10406号（2002年）第53条によって規定。	○ 1926年最初の協同組合法（法律11388号）が制定。2015年現在有効な協同組合法は1973年の法律20337号。1973年法律第20321号により，互助会組織法が成立。 ○ 1996年国家協同組合・互助会運動院（INACyM）設立。 ○ 2019年現在，非営利で公共の目的に資するための市民アソシエーションは民法・商法第2章に規定されている。 ○ 2000年政令により，INACyMは社会開発省監督下の国家協同組合運動・社会的経済院（INAES）に改組された。 ○ 2019年現在，INAESは保健社会開発省管轄下にある。

	メキシコ	エクアドル	ペルー
連帯経済法・管轄行政機関	○ 2012年，社会的連帯経済法（Ley de la Economía Social y Solidaria）公布。同法に基づき，社会開発省主管の独立行政法人・全国社会的経済機構（INAES）が設立される。INAESは各地で連帯経済見本市を開催し，協同組合の設立を支援。しかし，制度的革命党（PRI）政権の復活とともに，INAESの規模は縮小され，2015年12月30日の社会的連帯経済法の改正にともない，2016年1月1日をもって社会開発省に吸収（名称はそのまま）。現在は2018年12月のロペス・オブラドール政権の誕生によって，福祉省（旧社会開発省）主管の独立行政法人。	○ 2008年憲法の第283条に基づき，2011年，民衆連帯経済・金融部門組織法（LOEPS）が制定される。 ○ 2009年，経済社会包摂省の付設機関として，「民衆連帯経済局」（IEPS）が設置される。2012年，連帯経済関連組織の管理統制を目的として，「民衆連帯経済監督庁」(SEPS)および「民衆連帯金融国家審議会」（CONAFIPS）が設立される。 ○ 研究教育の促進を目的として，2014年，国家高等研究所・大学院大学（IAEN）の修士課程に連帯経済関連研究コースが開設される。	○ 連帯経済法は成立しておらず，管轄する行政機関はない。例えば，有機農業生産振興のためのLey 29196（2012年）により有機認定基準をはじめとした種々の振興策が実施されており，またフェアトレードの民芸部門については国際通商観光省（Ministerio de Comercio Exterior y Turismo：MINCETUR）が観光産業資源の観点から関心を寄せているなど，個々の業種別でみれば所轄行政機関が連帯経済的な経済活動も含めて管轄し，既存の行政制度の枠内で対応をしている。

資料：本書で扱われるラテンアメリカ 7 か国における連帯経済の制度化の進展状況

ボリビア	コロンビア	ブラジル	アルゼンチン
○ 未成立。2008 年に生産開発・多元経済省（Ministerio de Desarrollo Productivo y Economía Plural）が連帯経済・フェアトレード運動(El Movimiento de Economía Solidaria y Comercio Justo)の管轄省となったが，支援推進するための特定部署などが設置されているわけではない。	○ 1998 年法律第454号「連帯経済法」が連帯経済部門を規定。それまで協同組合を促進，管轄していた協同組合国家管理局（Dancoop）が改編され，連帯経済部門の推進，強化，政策立案を司る連帯経済国家管理局（DanSocial）が設置された。あわせて連帯経済組織の諮問と参加を推進する連帯経済全国審議会（Cones）と監察と統制を図る連帯経済監察局(SuperSolidaria)が設置されている。DanSocial は 2011 年のデクレト（政令）4122号によって，「連帯組織特別行政ユニット」（UAEOS）に改編され，労働省の管轄下に置かれている。独立局であった前身のDanSocial と比較すると予算，人材配置ともに縮小されたことになる。	○ 連帯経済基本法は未制定。 ○ 労働党政権は法律第10683 号および大統領令第4764 号（2003年）によって，労働雇用省（MTE）内に，連帯経済政策の立案機関として国家連帯経済審議会（CNES）を，実行機関として連帯経済局（SENAES）を設立。 ○ 連帯経済を特定するためMTE通達第30号（2006 年)によって連帯経済情報システム（SIES）設立。 ○ 個別分野では，法律第11110 号（2005 年）によって零細金融を推進するため国家マイクロクレジットプログラム(PNMPO)を，大統領令第7358号（2010 年)によって公正取引の推進を目的に国家公正・連帯取引システム（SCJS）を設立。 ○ 2019 年に誕生したボルソナロ政権は，暫定措置第870号によって労働省を解体し，組織を新設の市民省に移し，SENAES は同省の国家社会包摂・都市生産局の一部局に格下げ。	○ 全国レベルの法律としては未成立だが，2014 年にアルゼンチン最大の州ブエノスアイレス州の州法(第14650 号）が，社会的連帯経済の推進と発展のための制度規定を行っている。

	メキシコ	エクアドル	ペルー
連帯経済概念に関連する現行憲法の条項	○憲法第25条改正により，公共セクターと民間セクターのほか，社会セクターが経済発展の役割を担うことを明文化し，社会セクター，すなわちエヒード，労働者組織，協同組合，共同体，労働者管理企業，その他の社会的に必要な財・サービスを提供する社会的組織が関連法によって規定されることを明記（2015年5月）。	○2008年憲法の第283条で，経済体制は民衆的かつ連帯的で，人間が主体となり，自然との調和の中で国家と市場のダイナミックでバランスのとれた関係を促すべきこと，そしてブエン・ビビールにつながる生産と再生産を保証すべきことが規定される。また，経済体制が公共，民間，混合，および民衆連帯，その他の各組織形態から構成されること，そして民衆連帯経済には協同組合，アソシエーション，およびコミュニティの各部門が含まれることが規定される。連帯経済と関連が深いブエン・ビビールに関しては，同憲法の第7編ブエン・ビビール体制（第340条から第425条まで）で，その概念・特徴や諸側面が詳述される。	○憲法（1993年）の経済体制に関する条項第58, 59では，民間のイニシアティブは自由であり，それは市場の社会的経済（economía social de mercado）において実現されるとしている。国家は，労働の自由ならびに企業，商業および産業の自由を保障し財貨増大を刺激し，不平等解消に向けて小規模企業の振興のための機会を提供する，としている。条項第60, 61において，企業および所有の多様な形態から国家経済が成り立っている，という点で経済の多様性を認め，そのため国家は自由競争を振興すると同時に独占を監視する。新自由主義という語句は使われていないが，市場経済を重視した経済体制であり，連帯経済に関する記述はない。

資料：本書で扱われるラテンアメリカ7か国における連帯経済の制度化の進展状況

ボリビア	コロンビア	ブラジル	アルゼンチン
○憲法（2009年）では多元経済体制が規定されている。経済体制に関する条項306において，これはブエン・ビビールをめざす体制であり，補完，相互扶助，連帯，再分配，平等，持続，均衡，公正などの理念を基盤とする経済組織による様々な経済形態と連携するものとされている。憲法は序文で，過去に存在したコロニアル時代や共和国時代の国家およびネオリベラル体制と決別すると明言し，第9条項で脱植民地主義化の上に搾取と差別のない，公正で調和的な社会を構築することを基本的目的としている。ただし連帯経済に関する記述はない。	○協同組合運動が制憲議会に働きかけ，1991年憲法に「連帯経済」の概念が取り込まれる。第58条「国家は財産の協同的，連帯的形態を擁護し，推進する…」，第68条「国家は専門的，市民，労働組合，コミュニティ，若者，受益者，または非政府の共通利益を目的とするアソシエーションをそれらの自律性を損なわずに組織化，推進と養成指導に貢献するであろう，それは行政に対する参加，協議，統制，監視などの様々な養成における（市民の）代表性の民主的メカニズムを構築するためである」，第333条「…発展の基盤である企業は，義務をともなう社会的機能をもつ。国家は連帯的組織を強化し，企業の発展を促進しなければならない…」など。	○1988年憲法は，第 I 編の基本原則で，共和国の基礎として，人間の尊厳とともに労働と創業の自由，貧困および周辺化の根絶，社会的および地域的な不平等の縮小を挙げた。次いで第 II 編の基本的権利と保障で，協同組合の結成は政府の許可を必要とせず，その活動に対する国家の干渉は禁止されるとし，第 VI 編の租税と予算の章で，協同組合が行う協同行為に対して適正な税の扱いをすると定めた。続く第 VII 編の経済と金融の秩序では，協同組合の規制と支援については，国家は協同組合活動その他の形態のアソシエーション主義を支援し奨励するものとした。特に鉱物採取活動については環境保護および鉱物採取人の経済社会的向上のため，協同組合の組織を奨励するとし，農業については農業政策の重点の1つとして協同組合運動を挙げ，信用組合を国家金融制度の1つとして位置づけた。	○1994年の改正憲法では，第14条補で広く労働者の保護・社会保障と労働組合の権利を保障している。第41条で環境権，第42条で消費者の権利を保障している。また第43条で，迅速な人権の保護を謳っている。

99

	メキシコ	エクアドル	ペルー
連帯経済または社会的連帯経済の定義	○社会的連帯経済法によれば，社会的連帯経済は経済の社会セクターとして位置づけられ，連帯・協同・互酬関係に基礎を置き，自発的に形成，運営される社会的組織による社会経済システムで，労働と人間を優先し，その構成員およびコミュニティのニーズを満たすことを目的とする。なお，社会的組織とは，エヒード，コミュニティ，労働者組織，協同組合，労働者が株式を独占もしくはその過半数を有する企業，一般に社会的に必要な財・サービスの生産・販売・消費に関わるあらゆる形態の組織をいう（同法第3条，第4条）。また，社会的組織は，①政治および宗教からの独立，②参加型民主主義，③労働の自主管理，④共益を原則として（同法第9条），①資本に対する人間と労働の優越，②自由意志に基づく参加と退出，③民主的・参加的・自主管理的な経営，④協同労働，⑤生産手段の社会的所有もしくは労使共同所有，等を実践しなければならない（同法第11条）。	○民衆連帯経済・金融部門組織法の規定によれば，民衆連帯経済は生産，交換，商品化，金融，財とサービスの消費の過程に関わり，連帯性，協力，互酬性の諸関係に基づき，ブエン・ビビールを志向する。民衆連帯経済は民衆連帯経済組織（OESP）と民衆連帯金融部門組織（OSFPS）の2つから構成される。前者の民衆連帯経済組織には生産協同組合，消費協同組合，住居協同組合，サービス協同組合，生産アソシエーション，コミュニティ組織の6つが含まれ，後者の民衆連帯金融部門組織には貯蓄貸付協同組合，貯蓄連帯金庫，中央金庫，コムーナ銀行の4つが含まれる。	○法制度上の連帯経済の定義はない。1997年に開催された国際シンポジウム「連帯のグローバリゼーション」ではリマ宣言が出されているが，それによれば連帯経済は既存の開発モデルとは異なるもうひとつの経済的政治的社会的プロジェクトである。

資料：本書で扱われるラテンアメリカ7か国における連帯経済の制度化の進展状況

ボリビア	コロンビア	ブラジル	アルゼンチン
○連帯経済を規定する法制度上の定義はない。連帯経済・フェアトレード運動の定義は，ネオリベラルシステムに対するオルタナティブをめざす運動。連帯経済は多元経済およびel vivir bienと緊密な関係にあるものとしており，連帯経済とフェアトレードは品質と人間的暖かさを模索するものであり，先住民由来の取引である，としている。	○法律454号は連帯経済を「社会経済的，文化的，環境的システムであり，経済の目的の行為者かつ主体者としての人間の統合的発展に資するため，連帯的，民主的，人道的で非営利な自主管理的実践によって特徴づけられる連合的形態に組織化された社会的力の結集によって形成されるもの」（第2条）と定義。同法では連帯経済の対象となる組織形態を協同組合；協同組合またはその他の連合的，連帯的組織を集合する上位レベルの組織体；連帯経済支援組織；コミュニティ事業；健康部門の連帯事業；プレ協同組合；従業員基金；互助会；協同組合形態で提供される一部の公的サービス事業；労働者協同事業からなる「連帯経済事業」と，その他の連帯経済の特徴を満たす基金，法人，アソシエーション，コミュニティ組織，ボランティア組織などからなる「連帯的発展のための組織」とを合わせて「連帯経済部門」とする。	○SIESによれば，経済活動（生産，流通，消費，サービス提供，貯蓄と信用）のうち，労働者によって，集団主義と自主管理に基づき，連帯して組織され実行されるものとされる。連帯経済の原理は，協力，自主管理，経済活動，連帯の4つ。協力とは，共通の目的を持ち，そのために団結して努力し，財産を完全にあるいは部分的に集団的に所有し，経済成果と責任を公平に与り負うこと。自主管理とは，労働過程，事業の戦略的・日常的な意思決定その他に自主的に参加すること。経済活動とは，集団的なイニシアチブをもって，生産，サービス提供，信用，販売，消費を実現するために努力し，資源，知識を動員すること。連帯とは，参加者の間で公平に成果を配分し参加者の生活条件の向上を実現し，健全な環境，地域コミュニティ，解放運動，労働者と消費者の幸福（bem-estar）について責任を持つこと。	○協同組合と互助会の監督やその拡大は，社会開発省監督下の国家協同組合運動・社会的経済院が実施している。ブエノスアイレス州の社会的連帯法では，社会的連帯経済を人権に基づく経済関係を推進・発展させることと規定している。そこでは人間の尊厳が優先されるとしている。アルゼンチンにおける連帯経済の実践は，コラッジオ（Coraggio）の理論に依拠するところが大きい。周辺的混合経済の中に位置づけられる。資本性的企業経済，公的経済および人民経済から構成される混合経済には，それぞれの連帯的要素があり，それらが交差するところに連帯経済が位置づけられる。

	メキシコ	エクアドル	ペルー
支援制度・組織, ネットワーク	○国家による支援制度としては, 社会的連帯経済法および社会開発一般法に基づく生産プロジェクト・投資・研修・技術・雇用促進・起業などへの支援。 ○ネットワークとしては, メキシコ連帯経済ネットワーク(https://www.economiasolidaria.org/taxonomy/term/1225), Túmin (地域通貨) (https://www.facebook.com/monedatumin/), メキシコ・フェアトレード協会(http://www.comerciojusto.com.mx), メキシコ・フェアトレード小規模生産者調整機構(https://www.facebook.com/coordinadora.mexicana/)など。	○連帯経済を支える組織としては, FEPP(エクアドル民衆進歩基金, 1970年設立, 2000年改称), Camari (商品化連帯システム, 1981年設立, FEPPの付属機関としてフェアトレードなどを担う), マキタ・クシュンチック財団(MCCH, 1991年設立, 商品流通ネットワークを担う) などがある。 ○2010年には, 連帯経済の実践団体や関係者をつなぐ組織として, エクアドル社会的連帯経済運動 (MESSE) が結成される。研究者・実践者などが結集して情報交換・相互支援・研究活動を推進する組織であり, チリやパラグアイとの国際研究プロジェクトも実施した。この組織は, 連帯経済を「文化間連帯経済圏」(CESI)ないし「連帯経済圏」(CES)という概念で捉えている。	○1997年リマにて, 国際シンポジウム「連帯のグローバリゼーション」が開催され, これを契機としてペルー連帯経済ネットワーク(GRESP)が結成された。NGOや社会組織グループ, 宗教組織(カトリック教会, 福音派教会, カリタスなど) や国際支援組織によるネットワークで, アソシエーションや経済における連帯的関係の促進をめざす。同ネットワークは2009年に連帯経済イニシアティブグループ(GIES) を結成。ペルー国内24地域に支部がある。

資料：本書で扱われるラテンアメリカ 7 か国における連帯経済の制度化の進展状況

ボリビア	コロンビア	ブラジル	アルゼンチン
○連帯経済・フェアトレード運動の管轄は多元経済省。有機農産物基準に関する監督機関は農村開発土地省。フェアトレードについては80年代前後から国際NGOや教会組織によって支援が始まっている。国内では共同体的通商全国ネットワーク（RENACC）が形成されている。 ○協同組合の管轄は労働・雇用・社会対策（防災）省。ILO, NGO などが支援。	○協同組合は全国組織連合（CONFECOOP）を結成。 ○地域レベルでは1960年代以降の協同組合活動をカトリック教会の司牧社会活動組織（Pastoral Social）が推進。 ○学術教育部門では，協同組合が高等教育機関（Universidad Cooperativa や La Fundación Universidad de San Gil など）を創設し，地域レベルで連帯経済の実践と教育を支援する。これらは研究者を主とする大学間連帯経済ネットワーク（UNICOSOL）を形成し，国内の連帯経済の実践事例のマッピングに着手するほか，和平構築をめざす運動ネットワーク（Red Pro de Paz）とも連携している。	○カリタス（Cáritas）などのキリスト教団体，土地なし農民運動（MST），中央統一労組（CUT）などが連帯経済運動を支援。重要な支援組織は1994年設立の全国労働者自主管理企業・株式参加アソシエ（ANTEAG）と，2000年設立の連帯協同組合・事業センター（UNISOL）など。 ○世界社会フォーラム（WSF）を契機に連帯経済ネットワークおよび政治的要求組織として2003年にブラジル連帯経済フォーラム（FBES）が設立された。 ○部門別の支援組織・ネットワーク：民衆協同組合技術インキュベータ・ネットワーク（Rede ITCP），社会技術ネットワーク（RTC），倫理・連帯取引フォーラム（Faces do Brasil），コミュニティバンクネットワーク（Rede Brasileira de Banco Comunitário）など。	○伝統的な労働者協同組合や近年の回復企業運動まで協同組合活動の全国組織として，「全国労働者協同組合連合」（CNCT）が存在する。 ○広く社会的連帯経済に関与する市民組織，アソシエーションや生産協同組合に開かれている全国ネットワークとして，2007年に「アルゼンチン社会的連帯経済全国スペース」（ENESS）が発足した。コラッジオはラテンアメリカにおける社会的経済・連帯経済を研究するラテンアメリカ社会的経済・連帯経済研究者ネットワーク（RILESS）を運営している。

103

第II部

コモン・グッドを追求する
連帯経済
──ラテンアメリカにおける実践

第3章

メキシコの連帯経済
―― 「共通善」としてのコーヒーのフェアトレードを中心にして

連帯経済のモットーは協同労働（TRABAJOS COLECTIVOS）（サパティスタ自治区にて）
（2016年, 筆者撮影）

第Ⅱ部 | コモン・グッドを追求する連帯経済

はじめに

　連帯経済を概念的・理論的にどのように把握するかについては論者によって大きな相違——単純化すれば，資本主義のオルタナティブと捉えるか，あるいは資本主義の歴史的現段階である新自由主義のオルタナティブとみなすといった考えやその中間的見解——がある。社会運動家のサンティアゴ（Santiago 2017）は連帯経済を資本主義の確かなオルタナティブと考えているのに対し，マルクス主義政治経済学者のマラニョン（Marañón 2013）は連帯経済に資本主義のオルタナティブの萌芽を見出し，組織論と行政学をそれぞれ専門とするララとマルドナード（Lara y Maldonado 2014）は資本主義の枠内での新たな開発モデルとして捉えている。

　連帯経済には多種多様な分野があり，活動現場から見る限り，このような大きな問いに留保をつけず即答することは難しい。そこで本章ではメキシコの連帯経済の中核的分野であるフェアトレード，そしてその主力商品であるコーヒーの生産・加工，交換・流通，協同・連帯の過程や関係に焦点を当て，何のオルタナティブをめざしているのかを検証する。というのも，本章の事例に見るように，メキシコのコーヒー生産団体の中には，単にコーヒー生豆の輸出だけでなく，メキシコ国内の認証制度や独自の販路を通じてメキシコ国内での焙煎豆のフェアトレードを推進する一方，支援者や支援団体の協力を得て，過去の失敗事例から生産団体には無理と思われていたコーヒーショップを経営するという6次産業化[1]によって大手多国籍企業からの自立＝従属的関係からの脱却に成功したビジネスモデルも存在し，その連帯性と先駆性が注目されるからである。さらに言えば，国際認証制度や国内認証制度に依存しなくとも事業を自立的に継続できるという意味で，「（認証ラベル付）フェアトレードから卒業した」とみなされるケースもあり，連帯経済が目標とする自律的経済の達成に一定程度成功していると思われるからである。

　ではなぜ，メキシコにおいて国内フェアトレードが誕生し，認証ラベル

108

付フェアトレードから卒業したと考えられるようなコーヒー生産団体が生まれたのだろうか。このような生産団体が所在する地域のローカルな歴史的背景・社会的環境はどのようなものか。生産団体はどのようなミッションを掲げ，どのような市場を獲得したのであろうか。そして結局のところ，それは，連帯経済がめざす新自由主義または資本主義のオルタナティブと言えるものであろうか。

　以上のような問いに答えるため，第1節でメキシコの連帯経済の歴史とアクターを概述したのち，第2節でコーヒーのフェアトレードについて論じ，問題の背景を説明する。次に，第3節でメキシコ最大のコーヒー生産地である南東部チアパス州の3つの異なる事例を紹介し，第4節で社会性と事業性に政治性を加えたトリプル・ミッション（詳しくは後述）という分析枠組みを用いて3事例を考察する。この分析によって，同じチアパス州でありながら，生産団体によってなぜ位相差とも言える差異が生じたのか，そしてこの位相差があり，単独ではその目的である共益を十全に実現することが困難なため，相互扶助・連帯という協力関係が生じたことを示す。最後に，市場には限界があることを指摘し，「資本主義の純化＝資本の論理の貫徹＝利潤の最大化」によって失われつつある市場の倫理性＝商道徳を再生するため，「共通善[2]」（common good）を導きの糸として，望ましい「公正な取引」や「公平な社会」についての管見を述べたい。

1．メキシコの連帯経済

(1)　メキシコの連帯経済の概要

　現在の連帯経済の前史と言える，互酬（相互扶助）に基づく経済活動の歴史は，16世紀のスペインによる征服以前，すなわちインディオ共同体における相互扶助活動[3]にまで遡る。その後，植民地時代の先住民による食料共同分配活動や職人組合の設立，宣教師による先住民支援活動などを

経て，独立後，ヨーロッパからの協同組合運動やユートピア社会主義の影響を受け，資本に対抗するため，政府から自立した近代的な協同組合が設立されるのは1870年代初頭である（Rojas Herrera 2014: 565-589）。

そして20世紀に入り，1910年に勃発したメキシコ革命を経て，1938年には協同組合会社一般法が制定されるが，協同組合は，国家コーポラティズムのもと，国家に包摂され，国家に従属するようになる。転機は1982年の経済危機に起因する構造調整で，新自由主義のインパクトによって家父長主義国家が崩壊し，社会セクターの「（国家からの）自由化」が起きる。翌1983年には憲法第25条が改正され，メキシコの経済体制は公的セクター，民間セクター，社会セクターの3部門から成る混合経済であることが明文化される。そして，紆余曲折はあったものの，2012年には社会的連帯経済法（Ley de la Economía Social y Solidaria）が成立する（山本 2017）。

しかし，後述するサパティスタ共同体における活動やコーヒーのフェアトレードを除き，実践的にも理論的にも，メキシコは連帯経済の先進地域とは言いがたい。また，地域格差のある点も指摘されている（廣田 2014）。すなわち，メキシコ北部は，安い人件費を求めて多国籍企業が工場を移転し，その関連産業で比較的経済的に潤っていることから連帯経済の取り組みは盛んではない。他方，中央部や南部は北米自由貿易協定（NAFTA）によって経済が空洞化し，若年層の雇用が不安定化していることから連帯経済が注目されている。特に先住民の多く住む地域では，民芸品や農産物などがフェアトレードを通じて販売され，地域（代替）通貨運動[4]も垣間見られる。

もっとも，連帯経済の現在の課題が実践に基づくその理論化にあるとすれば，サパティスタとフェアトレードの豊かな経験は，連帯経済論に新たな視座と展望を提供する可能性がある。事実，連帯経済活動は，新自由主義に基づく構造調整が断行された1980年代以降活発化している。その結果，メキシコの連帯経済に関する文献も徐々に公刊され，法律も整備されるようになっているのである。

法律とは前述の社会的連帯経済法で，2012年5月23日，経済の社会セ

クターに関わるメキシコ国憲法第25条7項の修正法として公布された。その目的（第2条）は以下のとおりである。
①　社会セクターの経済活動の組織化と拡大，ならびに国家による同活動の振興と推進の責任を図るメカニズムを確立すること。
②　社会セクターの組織化，振興，推進，強化に関わる規則を定め，国の社会的経済的発展や尊厳のある雇用の創出，民主主義の強化，所得の平等な分配，社会的資産の創出に資する有効なシステムを規定すること。

そして，社会セクターを振興する，経済省所管の独立行政機関として，全国社会的経済機構（Instituto Nacional de la Economía Social: INAES）が設立された。INAESは，全国各地に支局を有し，職員約800人で，協同組合のインキュベーターの設立や社会的連帯経済見本市を全国で開催している（廣田 2014）。しかし，制度的革命党（Partido Revolucionario Institucional: PRI）政権の復活とともに，INAESの規模は縮小され，2015年12月30日の社会的連帯経済法の改正に伴い，2016年1月1日をもって社会開発省の一組織になる（名称はそのまま）。そして現在は，2018年12月のロペス・オブラドール（Andrés Manuel López Obrador）左派政権の誕生によって，福祉省（旧社会開発省）所管の独立行政法人に戻っている。

社会的連帯経済法に関しては，草案段階で当時のカルデロン大統領（Felipe Calderón）と関係閣僚に対して意見陳述を行った，社会的企業バツィルマヤ（Bats'il Maya）経営幹部の1人が次のように語っている。「社会的連帯経済法の原案では，連帯経済活動を行

写真3-1
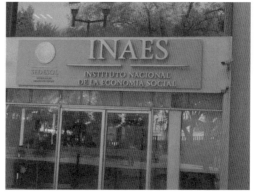
メキシコ市の全国社会的経済機構（INAES）本部
（2017年，筆者撮影）

う団体に特別の法人格を与えることになっていたが，最終的な法案は改変，骨抜きにされ，従来の協同組合法を超えるようなものにはならなかった」[5]と。

同氏が従来から存在する協同組合について懐疑的なのは，メキシコには革命以後の国家コーポラティズムの歴史があり，御用組合化するのを懸念しているからである。しかし，メキシコ協同組合運動史の第一人者で，この法律の制定にも関与したチャピンゴ自治大学（Universidad Autónoma Chapingo）ロッハス・エレーラ（Juan José Rojas Herrera）教授は，「たしかに後退はしたが，この法律に基づきINAESが設立されたのであり，同法はメキシコ協同組合運動の勝利の証である」[6]と断言している。

(2) メキシコの連帯経済の主なアクター

メキシコの連帯経済はほとんどが農村での経験である。これは20世紀後半から始まった，国家からの自立と自治を求める先住民および農民運動を反映しているからである。特に1980年代以降，先住民運動は共同体レベルでの民族自決をめざすようになり，オルタナティブな組織づくりによる反システム運動としての性格を持つに至る。例えばメキシコ南東部の場合，根源的な課題は生産と流通の管理であり，このため，国家に対して様々な支援（信用供与，技術支援，商品価格の調整，交通・通信等のインフラ開発）を要求する一方，独自の農民組織をつくり，資金不足の解消や中間業者による搾取の排除に努めている。

他方，1980年代後半以降，市民団体やカトリック教会の関連団体が，貧困削減のための支援を開始している。カトリック教会系の活動は，南米で生まれ，遅れてメキシコに伝播してきた解放の神学[7]の影響を強く受けており，貧者に対する考えも，彼らを単に支援や同情の対象にするのではなく，独自の歴史・文化を持つ主体として自らを解放するといったものに変化している。そして，解放の神学の施策であるキリスト教基礎共同体（Comunidades Eclesiales de Base: CEB）の組織化を図った。

CEBは都市と農村のもっとも貧しい地域で生まれた。都市部の場合，労働者や失業者を対象にして，社会正義，高賃金の仕事，電気水道等の公共サービス，司法制度の改善を求める活動が主体である。農村部の場合は，水利権の問題，カシーケ（cacique）[8]や汚職官僚，中間業者，腐敗司祭，政党その他の政治組織によるご都合主義的な操作から身を守る対策が主なものであるが，その背景にはメキシコ社会の構造的変化──ごく単純化すれば，国家というパトロンと労働者・農民というクライアントの関係の柔軟化──と，カトリック教会が社会の意思決定に参加するという新たなあり方がある。

メキシコの連帯経済を語る上で忘れてはならないもう1人の主役がサパティスタ国民解放軍（Ejército Zapatista de Liberación Nacional 以下，サパティスタ）である。サパティスタの登場によって先住民の自治権をめぐる闘争が活発化し，国家の支援を得ることなく，互酬に基づく経済を強化するための協同組合を設立し，一般市場ではない，生産者組織と市民社会の直接的連携による市場（連帯市場）を構築したからである。なお，サパティスタは国家から独立した自治区（共同体）をチアパス州内につくり，「共同体社会主義」とも言える体制を整えている。土地や生産手段は共有で，外部からの支援を受けつつ，食糧・電気・医療をほぼ自給している。そして労働は基本的に家事，協同組合事業，公共事業の3種で，協同労働（trabajos colectivos）が原則になっている。

フェアトレードも連帯経済を推進する役割を果たした。「フェアトレードとは，より公正な国際貿易をめざす，対話・透明性・敬意の精神に根ざした貿易パートナーシップのことを言う。フェアトレードは，とりわけ南（発展途上国）の弱い立場に置かれた生産者や労働者の人々の権利を守り，彼らにより良い取引条件を提供することによって持続的な発展に寄与する」（国際フェアトレード憲章）と定義されることから，フェアトレードは連帯経済の国際的側面──南北間の公正貿易──として位置づけられてきた（西川 2007）。事実，サパティスタもイタリアや米国との間で産消提携

113

第Ⅱ部 コモン・グッドを追求する連帯経済

によるフェアトレードを実施しているが，メキシコでは解放の神学の影響を受けたオランダ人神父ヴァン・デル・ホフ（Frans van der Hoff）が，オアハカ州のコーヒー生産者協同組合「イスモ地域先住民共同体連合」（Unión de Comunidades Indígenas de la Región del Istmo: UCIRI）の設立に関わり，その後国際的なフェアトレード認証制度（Fairtrade Labelling Organizations International: FLO。現在はFairtrade International: FI）を生み出す契機をつくったほか，コーヒーやカカオなどの生産国として世界で初めて国内市場を対象とするフェアトレード認証機構，すなわちメキシコ・フェアトレード協会（Comercio Justo México: CJM）が1999年に設立されたことが端的に示すように，フェアトレードがメキシコの連帯経済の中核的役割を担ってきた。

次に，メキシコの連帯経済でもっとも活発な活動を展開していると思われるフェアトレード，しかもその主力産品であるコーヒー[9]に焦点を当てて，その歴史と概況を紹介する。

2．コーヒーのフェアトレード[10]

(1) 世界におけるコーヒーのフェアトレード

コーヒーは，小麦やトウモロコシと並ぶ世界の主要輸出農産物で，一次産品としては金額ベースで原油に次ぐ。だが，先進国も生産に関わる穀物と異なり，「北」の需要に応じて「南」が生産し，「北」が取引市場を寡占的に支配，収益の大部分を手にするという意味で「南北問題」を象徴する商品作物であることは，その歴史が物語っている。しかも，1989年には米国が主導し，自国の輸出増を期待したメキシコによって後押しされた自由化推進の結果，国際コーヒー機関の輸出割当制度が廃止されて自由貿易が実現，即供給過剰となり国際価格（ニューヨーク市場）は暴落，2001年12月には1ポンド41.5セントという歴史的な安値をつけた。その後，価格

114

の変動は激しく，「市場の不安定性」が世界のコーヒー生産者の大半を占める5ヘクタール以下の零細家族経営の農民を苦しめている。さらに，近年はコーヒーの葉が枯れる赤錆病の影響などでメキシコの生産量は，2012年の年産25万トンから2016年には同15万トンへと激減しており，このことも生産者に深刻な問題を投げかけている。

メキシコでは，金融危機のあった1982年以降，世界銀行・国際通貨基金の勧告に従った構造調整政策がとられ，貿易・投資の自由化，財政収支の均衡化，公営企業の民営化等の措置が断行された。このため1989年にはメキシコ・コーヒー公社が保証価格による買上げと輸出業務を停止した。このような苦境下にあって，生産者の中には協同組合を結成し，独自の販路づくりや品質の改善に取り組む動きが活発化した。

他方，ヨーロッパでは1960年代半ば，「南」の生産者の生活改善を支援するため，彼らの商品を直接輸入するという運動が，イギリスのOXFAMを中心とするNGOによって開始された。この運動が現在のフェアトレードの母体と考えられ，1968年の国連貿易開発会議のスローガン「援助よりも貿易を」(trade, not aid) に共鳴したフェアトレード団体はその活動を活発化させ，1980年代末にはオランダのマックスハベラーという団体がラベル（ロゴマーク）を付けたコーヒーの販売に成功，これに倣う団体が相次いだ。そして1997年には，様々な団体がフェアトレードに関する統一基準をつくり，FLO（現在のFI）を組織するに至っている。このヨーロッパのフェアトレード運動とメキシコのコーヒー生産者協同組合が出会うことによって，メキシコは世界のフェアトレード・コーヒー市場の「先進国」となったのである。

⑵ メキシコにおけるコーヒーのフェアトレード

歴史を遡ると，メキシコでコーヒー栽培が始まったのは18世紀，アンティル諸島からメキシコ南部のベラクルス州やオアハカ州のプランテーション・大農園に栽培が広まった結果だと言われる。チアパス州には，19

図3-1 チアパス州地域区分

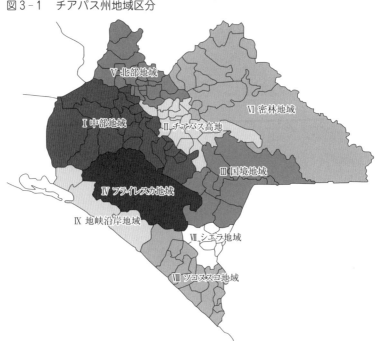

出典:http://www.ciepac.org/images/maps/regiones.gif（2001年8月24日閲覧）を参考に筆者作成。

世紀半ば，その多くが，隣国グアテマラでコーヒー栽培を経験したドイツとイタリアの移民によって太平洋沿岸地域の高地に持ち込まれた。チアパスのコーヒー生産が本格化するのは1893年，グアテマラとの国境が画定してからのことである。これを契機に，チアパス南部のソコヌスコ地域（図3-1参照）でドイツ人を中心とする外資のプランテーションが大規模に開発されたのである。だが，南部では労働力が不足していたため，州中央部のチアパス高地（図3-1参照）の先住民が低廉な季節労働者として雇われた。

20世紀前半のメキシコ革命後は農地改革の結果，ベラクルス州とオアハカ州では小規模コーヒー生産者が大量に生まれた。だが，農地改革の遅れたチアパス州では，南部のプランテーションで働いた先住民が隠して持ち帰ったコーヒー豆を自分の農地にまいたのが小規模生産の始まりで，その後政府による支援がこれを後押ししたと言われる。コーヒーは先住民が

住む高地（標高1,000〜1,800m）で栽培可能で，貧しい農民の貴重な現金収入源になったのである。1940〜1950年代の世界的なコーヒー需給の逼迫による価格の上昇も追い風であった。

　1960年代に入ると，メキシコは日本と同様，高度経済成長期を迎えるが，工業を重視，農業を軽視した開発政策の結果，1960年代後半から農業生産は停滞し，各地で農民運動が勃発した。そのため，政府は様々な農業振興計画を策定，1973年には，当初，研究・技術援助を目的として設立したコーヒー公社の業務に生産計画，融資，買上げ，輸出を含め，生産者に対する支援体制を強化した。これによって，地域によっては大農園を持つ地方ボスの力が弱まり，小規模生産者が台頭した。

　コーヒー栽培が急増したにもかかわらず，コーヒー公社による支援体制は長続きしなかった。1982年，金融危機に陥ったため，メキシコ政府が世界銀行・国際通貨基金の勧告を受け入れ，構造改革に着手，コーヒー産業も徐々に民営化かつ自由化されたからである。事実，1989年にはコーヒー公社が流通・販売業務から撤退し，技術支援・研究開発を縮小した。全国農村信用銀行による融資も激減した。さらに，1980年代を通じ，ソコヌスコ地域のコーヒー大農園で低賃金のグアテマラ農民を雇うようになったことが，チアパス高地の先住民にとって痛手になった。

　このような窮状を乗り越え，中央政府と地方ボスの権威主義的な支配を脱するため，全国の小規模コーヒー生産者は政府から独立した全国コーヒー組織調整機関（Coordinación Nacional de Organizaciones Cafetaleras：CNOC）を1990年に結成，1993年当時で全国7州の小規模生産者6万人ほど（全生産者の31.9％）がこれに参加し，相互扶助のネットワークを構築している。ヨーロッパのフェアトレード運動と出会うのもこの時期で，1985年にオアハカ州のUCIRIがドイツのフェアトレード団体との取引を開始している。また，1989年，UCIRIとオランダのNGOの協力によって，フェアトレード認証団体であるマックスハベラー・オランダ（FLOの母体）が設立されている。さらに1990年には，海外からの注文がUCIRIの生産量を上回る

ようになり，UCIRI はチアパスのラ・セルバ協同組合を紹介，チアパスの生産者組合もフェアトレード市場に参加するようになる。

　メキシコのコーヒー生産は「先住民生産システム」と呼ばれているが，それは，①コーヒー生産者の7割弱を先住民が占め，そのほとんどが作付面積2ヘクタール以下のコーヒー畑しか所有していない小規模生産者で，生産性が低い，②コーヒーが生産者にとっての中心的な商品作物である，③基礎的な生産設備・社会資本が欠如している，④共同体意識が強く，その意識はあらゆる生産活動・組織に浸透しているからである。

　全国の生産者は12州で約54万人，栽培面積76万ヘクタール，生産量は生豆に換算して約25万トン/年（金額ベースで200億ペソ）で，チアパスは最大の生産量（42％）を誇る。生産量の8割が輸出で，ほとんどが米国向けである。輸出するコーヒーの76％が生豆，23％がインスタントコーヒーなどの加工品で，焙煎豆はわずか1％にすぎない（以上は，2012年現在）。

　最後に，CJM とコーヒー生産者協同組合の関係について簡単に述べる。同協会に加盟しているコーヒー生産団体は11，いずれも大手組合で，政治的には政府からの援助を積極的に求める「政府寄り」の団体が多い。事例で紹介するチアパス州シエラマドレ山脈エコ農民協同組合（Campesinos Ecológicos de la Sierra Madre de Chiapas S.C. : CESMACH）もその1つである。他方，小規模な組合は政治力がないこともあり「独立系」で，後述する市民団体ヨモラテル（Yomol A'tel）（旧Bats'il Maya グループ[11]）のように，メキシコ政府からの支援をまったく受けず，国内外の支援者からの協力を主としている団体もある。

3．チアパス州の3事例紹介[12]

　メキシコ最大のコーヒー生産地であるチアパス州には20ほどの，フェアトレードを行っているコーヒー協同組合があるが，本節では規模，地域，属性の異なる3つの団体を取り上げ，その概要・経営理念・経営戦略を紹

介する。その3団体とは，①貧困州チアパスでも貧困度合いの高いチロン
（Chilón）行政区（図3-1のⅥ地区）とメキシコ市に本部を持つ，イエズス
会系NGOのYomol A'tel，②チアパス高地（図3-1のⅡ地区）に位置し，サ
パティスタ紛争がらみの虐殺事件[13]で有名になったアクテアル（Acteal）村
と，国際観光都市サンクリストバル・デ・ラス・カサス（San Cristóbal de
Las Casas　以下，サンクリストバル）市にそれぞれ，コーヒーの加工（精製）
工場と事務所兼焙煎工場を持つ，中規模組合マヤビニック（Maya Vinic），
③チアパス南部フライレスカ地域（図3-1のⅣ地区）の自然環境保護区エ
ルトリウンフォ（El Triunfo）に隣接する，高品質コーヒーを生産すること
で有名な地域の大規模組合CESMACHである。

　なお，いずれの団体も，コーヒー畑（土地）は組合員の私有で，加工工場，
事務所，焙煎工場などの施設とその用地（生産手段）が共有（組合もしく
は会社の所有）になっている。

(1)　Yomol A'tel（ツェルタル語で「協働」の意）

　イエズス会を後援者に持つこのグループは，①ツンバルシタラー
（Ts'umbal Xitalha'）というツェルタル語先住民生産者組合（2003年設立。
2017年現在の組合員は，66の村から340家族ほど），②同組合に対する技術指
導と保証価格による買い取りを行うバツィルマヤ（Bats'il Maya）という焙
煎会社（1993年設立），③同焙煎会社から焙煎豆を仕入れるカペルティッ
ク（Capeltic）というカフェを経営する株式会社（2009年設立。大学内に設
置したカフェをメキシコ市に2店舗，プエブラ（Puebla）市に1店舗，グアダラ
ハラ（Guadalajara）市に1店舗所有）を中心とする法人の連合体である。

　生産については，組合からの買い入れは20トン弱と少ないので，
CESMACHやMaya Vinicなど，他の組合から100トン以上購入し，年およ
そ150トンの焙煎豆をスペインへの輸出と国内販売している。輸出と国内
販売の比率は2：1で，生豆販売（輸出）はしていない。

　経営戦略については，FIやCJMには加盟せず，独自路線をとっている。

第Ⅱ部 コモン・グッドを追求する連帯経済

写真3-2

チロンのYomol A'tel「コーヒーの学校」(事務所・工場兼カフェ)
(2015年,筆者撮影)

独自路線をとるようになったのは、他の協同組合の失敗事例に学び、政府への依存体質を助長しない、6次産業化による高付加価値戦略を最初からとってきたためで、それは、生産者組合ではなく、この組合を組織したイエズス会宣教師と彼のブレーン(イベロアメリカ大学の教職員・学生、イエズス会系の経営者グループ)の考えである。すなわち、先住民零細農家の多いチアパスのコーヒー生産の主な問題が、①市場との不適合(顧客のニーズに応えていない)、②生産システムの陳腐化・老朽化、③低い生産性(1998年のデータでは、メキシコにおける大規模生産者の1ヘクタールあたりの生産量1,040kgに対し、チアパスの先住民零細農家は276kg)にあることから、生豆ではなく、焙煎豆や直営カフェでのカップという付加価値の高いコーヒーを提供することによって、栽培から加工(精製)、焙煎、カフェ経営まで、自前のバリューチェーンを構築することによって、より多くの利益を生産者に還元することを目標にしたのである。また、本部のあるチロンには、バリューチェーンの各工程を学ぶことのできる「コーヒーの学校」を設立している。工場の従業員はボランティア数名を含む15名前後で、村から選抜した、女性を含む先住民の組合員が働いている。

　経営に携わっている幹部は、サパティスタ運動に共鳴し、スペイン・モンドラゴン大学[14]で修士および博士課程で学んでいることから、連帯経済を強く意識し、その経営理念は、私益よりも共益、共益よりも公益に重きを置いている。そして、明確なビジョン(循環型農業の実践、高付加価値有

機商品による収益性の向上）と強固なミッション（環境保全，食糧自給，共同体の自治，社会正義の実現，生産者と消費者の関係強化）を有している。

(2) Maya Vinic[15]（ツォツィル語で「マヤの人」の意）

　Maya Vinic は，アクテアル村虐殺事件を契機として，同虐殺事件に関わったと考えられた，政府寄りの大手組合マホムツ（Majomut）から分かれ，1999年に設立された。サパティスタが掲げる理念（先住民の権利主張）には共鳴するものの，武器ではなく，平和的手段に訴えている点で，サパティスタとは一線を画している。FI加盟，CJM非加盟の中規模組合である。組合員数は2017年現在，45村600家族以上と比較的多いが，1家族あたりの栽培面積が狭いため（1ヘクタール未満），その生産量は年間150トン前後と少ない。輸出と国内販売の割合は2：1ほどで，目標とする半々に近づいている。JICA草の根技術協力事業[16]（以下，JICAプロジェクト）の支援を受け，2012年に人口20万弱の国際観光都市サンクリストバルに直営のカフェを開店，経営は順調で店舗を拡張し，2016年にはテイクアウト専門の2号店をつくった。組合員と幹部職員は全員先住民（ツォツィル語を話すエスニックグループが中心）で，コーヒーのほか，ハチミツ，自給用のトウモロコシとフリホール豆を栽培している。

　経営戦略については，経営アドバイザーとして白人およびメスティソ（白人と先住民の混血）の非組合員が顧問を務め，組合幹部（役員会）と協議して決定している。その顧問によると，Maya Vinic は，貧者の連帯という第1段階，外部の支

写真3-3

サンクリストバルの歩行者天国にある Maya Vinic カフェ
（2015年，筆者撮影）

援者との連携という第2段階から，現在は内部組織の強化という段階にある。JICAプロジェクト第1期[17]における日本研修で，改善や組織のあり方を学んだことが大きな契機になったという。その結果，現在では，4人の役員（組合長，財務担当，書記，監事）は有給（それ以前は無給）で，任期は2年から4年に延長，2年ごとに2名を改選し，非改選の2名から組合長が選ばれる。このような改選制度はメキシコの組合としては画期的なことで，仕事の引き継ぎがスムーズになり，経営が安定した。組織的な問題はジェネラルマネージャーがいないことで，企業で言えば，経営戦略は立てても，それを実行・管理する執行役員（責任者）が不在ということになる。

CESMACHと同様，協同組合であることからその経営理念は互助・共益，政府からの支援は拒まないが，サパティスタと距離をおくと同時に虐殺事件の真相解明を求めるため，政治的な中立性を守りたいとの方針を持つ。6次産業化の程度について言えば，高品質にこだわるCESMACHほど上流部門（コーヒーの苗木の育成，栽培から収穫，果肉除去，水洗，脱殻，選別，精製までの，生豆にまでする過程）に強さはないが，国内外に強力な支援者グループ[18]を持つことから高い販売力を有する。

(3) CESMACH

写真3-4

チアパス州都トゥクストラ・グティエレスのCESMACHカフェ
（2015年，筆者撮影）

CESMACHは1994年に設立された，FIとCJMに加盟する協同組合で，2017年現在，33村，620家族ほどから成る。家族数から言えば中規模だが，チアパス州の組合としては1家族あたりの栽培面積が広く（4ヘクタールほど），その生産

量は生豆ベースで1,000トン前後と多い。生産地は競争が激しく，スターバックス社の下請けをしている会社（Agroindustiras Unidas de México, S.A. de C.V. : AMSA[19]）がローカル市場を独占しようとしている。生産量のうち，95％が輸出（フェアトレードで有名な米国 Equal Exchange 向けが30％），3〜4％が焙煎豆の国内販売（CJM の認証ラベル付き），1〜2％が国内での生豆販売で，前述の2団体の影響を受け，2013年12月に州都トゥクストラ・グティエレス（Tuxtla Gutiérrez）にカフェを開き，順調な経営を行っている。

　なお，焙煎豆販売とカフェ経営は別組織（Sierra Verde de Chiapas S.C. de R.L. de C.V.）が行っているが，経営責任者の女性は CESMACH から派遣され，店長も女性である。女性が経営幹部になるのは，女性の社会進出をよしとしない先住民伝統保守意識の強い，前述の2団体では考えられないことである。役員は3年交替だが，ジェネラルマネージャーとして農学部卒の専任職員を置いている。組合員はメスティソが中心で，他地域から移住してきた者が多い。環境保護地区にあるため，主食であるトウモロコシやフリホール豆は自給自足できず，家計はコーヒーの販売収入に頼っている。

　その経営理念は互助・共益で，環境保護地区にあることから環境保全に高い意識を有する。政治的には政府からの支援を積極的に求める「政府寄り」，経営戦略は輸出指向ブランド化——有機栽培やマイクロロットによる「生産者の顔の見える」フェアトレード——をめざし，アンテナショップを兼ねるカフェでも米国のサードウェーブ[20]（高品質・高サービス化）を意識したハンドドリップのコーヒーを提供している。6次産業化の程度について言えば，上流部門（栽培・精製部門）に強く，下流部門（焙煎・カフェ部門）が弱い，という特徴を持つ。

4．事例分析

　細川（2015）によると，一般に，ソーシャル・ビジネスまたはエシカル・

第Ⅱ部　コモン・グッドを追求する連帯経済

表3-1　3事例のトリプル・ミッション

	Yomol A'tel	Maya Vinic	CESMACH
社会性	①先住民に対する自立支援（宣教師的態度あり）。 ②互助・共益から公益（社会益）をめざす。具体的には全国レベルでの持続可能な農村開発に貢献。 ③循環型農業（アグロフォレストリー）。	①互助・共益（貧困削減）。 ②支援者主導による国際および国内連帯（産消提携）市場の形成。 ③循環型農業（コーヒーのほか，フリホール豆，ハチミツ，マカデミアナッツ）。	①互助・共益（貧困削減）。 ②独自のマイクロクレジット制度や女性支援・家庭菜園プロジェクト。 ③環境保護地区にあることから，特に循環型農業と地球環境の保全に努力。
事業性	①国内販売に重点を置いた6次産業化（コーヒーのほか，ハチミツおよびハチミツを使った高付加価値商品の開発）。 ②国内および国際的なチェーン展開（仮想敵はスターバックスで，スタバを超えるスタバ流のカフェ）をめざす。 ③ターゲットは若者と高学歴者。	①輸出と国内販売の均斉化による安定的高収益の実現（コーヒーについては認証ラベルを必要としない「産消提携」が中心。ハチミツなど商品の多角化）。 ②カフェ展開の拡大（カフェの主力は焙煎豆販売）。 ③ターゲットは国内のカフェ・飲食店，観光客。	①コーヒー・モノカルチャーの特化＝高品質化・ブランド化による輸出拡大と女性重視（女性が栽培するコーヒーのブランド化）。 ②サードウェーブを視野に入れたメキシコ・コーヒー文化の変革。 ③ターゲットは国内外のスペシャルティ・コーヒー愛飲家。
政治性 （めざしている共通善や社会変革）	①州政府からの支援を受けず，最終的には資本主義の変革をめざす。そのため，イエズス会のネットワークを使った啓蒙活動を展開。 ②農村（生産地）と都市（消費地）を結ぶチェーン展開によって「売り手善し，買い手善し」の世界を築くと同時に，資本主義の変革という社会益（社会善し）が目標。 ③国家・官僚（公）と企業・市場（私）の侵食・支配によって衰退するローカルなコミュニティの再生をめざすため，「共」の組織を重視し，地域の資源に適した産業を内発的に発展させる戦略をとるという意味で，玉野井（1990）の「地域主義」に通じる。	①政治的には中立だが，州政府からの支援があれば受ける。 ②現在の資本主義市場に対して批判的であるが，市場の変革志向は明確でない。ただし，長年の信頼関係を持つ買い手をcliente solidario（連帯的顧客）と呼び，一見的な顧客と区別していることからもわかるように，連帯関係を重視。 ③コーヒーを先住民文化のひとつと位置づけ，その発信と先住民の権利主張・地位向上に努める。先住民共同体の価値と慣習を第一義にしているという意味で，共同体主義。ローカルな地域内の6次産業化によって「売り手善し，買い手善し，地域社会善し」の共通善を構築。	①政府寄りの立場だが，大手多国籍企業への原料供給に特化しようとする州政府のコーヒー産業政策には批判的で，生産者の立場を強化する市場変革をめざす。 ②生産者という売り手の立場を最重視しているが，そのための品質改善は買い手（消費者）にとっても利益となり，コーヒー文化の発展という社会益（社会善し）にもつながると考えている。 ③コーヒーショップの開店は最後になったが，6次産業化の先輩であるYomol A'telとMaya Vinicに学ぶとともに，出店地域を別にし，強みである高品質生豆をYomol A'telに供給するなど，共存共栄を図る。

出典：筆者作成。

124

ビジネスと呼ばれる事業は，社会性（公益性）と事業性（経済性）の両方を追求するデュアル・ミッションを持つ。社会性ミッションとは社会的な問題や環境的な課題の解決をめざすこと，事業性ミッションとは社会が要請する良質な製品やサービスを提供し，事業を継続的に発展させることである。だが連帯経済事業を評価するには，これに加え，その政治性，換言すればどのような正義に基づく社会・共通善をめざすのか，といったミッション（社会変革への志向）も問われる。したがって，本章では，社会性＋事業性＋政治性というトリプル・ミッションを分析枠組みとして事例を評価する。このため，各団体の社会性，事業性，政治性を比較した表を作成した。なお，この3つのミッションは，相互に独立した次元ではなく，社会性の環境保護が有機栽培による有機商品の商品化・事業化，そしてめざす社会のあり方・社会変革に通じるように，相互補完的な重なり合う関係にある。

(1) 社会性分析

　社会性については，内部の共益だけでなく，成功モデルをつくり，それを全国各地に普及しようとしていることから，Yomol A'tel が突出している。そして，チアパスに定住して30年にもなる指導者の神父と先住民組合の間は，住民が神父のことを tatic（マヤ先住民の言葉で father の意）と呼ぶように，強い信頼関係で結ばれている。事実，2011年のこと，組合員がコーヒー価格の再交渉のために事務所を訪れた際も，経営者のひとりは，前年に取り交わした契約書を盾に取ることなく，国際価格の上昇に見合った値上げに同意し，当時の売り先であった米国レストランチェーンに焙煎豆価格の変更を求めたほどである。また，Maya Vinic のカフェ開店に際しては，その従業員候補者の実地研修を自社カフェで引き受けるなどして協力するとともに，CESMACH からはコーヒーの栽培・加工・選別法などを学び，積極的な連携関係を築いた。しかし，その経営理念・戦略は先住民組合員との話し合いの結果ではなく，「上意下達」の印象がぬぐえ

ない。実際,「コーヒーの学校」をつくり,先住民組合員を工場に雇用するようにはなっているものの,重要な役職についている者はまだいない。

社会性には連帯性や信頼関係のネットワークも含まれるが,Maya Vinic については,2002年から17年以上も続いている北米の焙煎団体連合組織 Cooperative Coffees[21]（以下,CC）との関係が特筆される。すなわち,生産者とバイヤーというビジネス上の関係を超え,互いに訪問し合い,学び合いの場を設けている。このような信頼関係が構築できた要因としては,①小規模生産者と小規模焙煎者という立場が似ており,巨大な資本や市場に立ち向かうという問題意識を共有できたこと,②CC は,他の企業や団体とは異なり,内部の問題——メンバーの間にも思想的な対立があることなど——を包み隠さず打ち明けるという透明性があったこと,③単なるビジネスの付き合いではなく,Maya Vinic が困っている問題——例えば,焙煎技術,赤錆病対策,有機肥料生産——への支援が挙げられる。

CESMACH について特筆すべきなのは,組合経営の健全さと組織力・行動力である。例えば,資金調達をした場合,Maya Vinic では組合員に現金や現物を「平等に分配」ということがよく行われるが,CESMACH の場合,資金調達の目的が苗木の植え替えであれば,資金を直接分配するのではなく,必要に応じて苗木を分配し,組合員が資金に困っている場合には,組合から貸付を行うようにしている。Maya Vinic にこのような貸付制度はまだない。また,カフェ事業を開始する際には,2団体と積極的にコンタクトをとり,その経験に学んでいる。

(2) 事業性分析

Yomol A'tel は競争相手がスターバックスなどの大手チェーンであるとして店舗の拡大を図ってきた。そして競合他社に劣らない実績を上げてきた。しかし,問題がないわけではない。先住民居住地域ではプロテスタント系布教団体と競合することもあって,自らが組織した生産者組合を拡大し,コーヒー原料の自給自足を図るという当初の目的が達成できず,大手

チェーンと同様，第三者からの原料供給に大きく依存しているからである。また，嗜好品であるコーヒーを本当に愛しているのは，工場長と一部のスタッフだけで，経営幹部はコーヒーを愛するが故にビジネスにしたのではなく，貧困削減や社会変革の「単なる手段」としてしか考えていないと思われるのも，コーヒー企業としての存在理由や矜持が問われるであろう。自分たちの「伝統」「文化」であるコーヒー栽培・精製の実状を消費者に知ってもらいたいという思いも込めてカフェを開いたMaya Vinic の事業意識と比較すると，その違いは明らかになる。

　この点興味深いのは，CESMACH の「モノカルチャー」戦略である。モノカルチャーというとネガティブに思われるが，得意分野に徹し，その得意分野で他の追随を許さない経営理念・戦略は立派に成立する。そのため，特定の生産者の畑で栽培されたコーヒーのブランド化を図り，女性組合員の手によるコーヒーを「女性コーヒー」として販売している。

　Maya Vinic の，コーヒーだけに頼らない多角化戦略も，栽培面積の狭さと，コーヒーという嗜好品に特化するだけの専門的技術・意欲を持たないことから妥当と思われる。さらに，Maya Vinic で特筆すべきなのは，前項の社会性とも関連するが，FI 認証を受けた生産者でありながら，前述したCC が大規模生産者をも対象としたFair Trade USA[22]の路線や高額なコミッション（Fair Trade USA に対する手数料）に異議を唱え，同機構を脱退したため，最大の取引先であるCC とはFI 認証ラベルを付けない独自のフェアトレードを行っていることである。つまり，コーヒーについてはすでに認証ラベルを必要とせず，産消提携を中心に事業展開をしている。

(3)　政治性分析

　政治性については，CESMACH の「政府寄り」とMaya Vinic の「政治的中立性」は，それぞれの「生存戦略」とも考えられ，市民社会における資金力と人脈が豊富なYomol A'tel グループとは事情が異なるだろう。

　この点，同グループの経営幹部は明確に，「資本主義市場経済を外部か

ら変えるのは難しい。資本主義内部の亀裂に入り込み，そこから変革した
い」と，そのミッションを語っている[23]。なお，理念として，①現在の経
済システムのオルタナティブとしての連帯経済，②ツェルタルの宇宙観
（自然との調和，共生），③イエズス会創始者の理念（希望の道を探ること）
を挙げているが，これらは異なる文化を背景とするので間文化的
（intercultural）な対話による合意形成が重要で，実際，Yomol A'tel の最高
意思決定機関である会員総会には加盟3団体の代表者が出席し，外部の企
業家が顧問団を務めている。

　また，メキシコ政府によるコーヒー産業政策については，「メキシコは
現在，インスタントコーヒーの原料であるロブスタ種をベトナムから輸入
しているのでその代替をめざしているが，それはネスレ社のような大企業
を利するもので，小規模生産者の利益にはならない」と，CESMACH と
同じ見解を有している。

　Maya Vinic は政治的中立性を掲げているが，その母体である組織は先住
民の権利を主張し，政治的経済的社会的地位の向上を第一義に考えている
ことから，アイデンティティに基づく政治活動（アイデンティティ・ポリ
ティクス）の影響がないとは言えない。その結果，内部および支援者の間
で強い連帯意識を生む反面，外部に対しては閉鎖的になる傾向がある。実
際，かつて白人顧問をジェネラルマネージャーにする組織改革は拒まれ，
カフェの現店長も，非組合員から組合員になることによって認められたと
いう経緯がある。もっとも Maya Vinic がアイデンティティにこだわるの
は，仲買人や卸売商といった他者によって騙され，搾取されてきた歴史が
あるからでもある。

　CESMACH について言えば，CJM に加盟する他の大組合と同様，生産
者の立場強化をそのミッションとしている。ただし，小規模生産者の立場
を十分に汲んでいないとして UCIRI が FI に批判的であるのに対し，
CESMACH は FI に加盟し，そのネットワークを支える立場にある。

(4) 総合分析

　属性が異なるとはいえ，同じチアパス州でありながら3団体の間になぜこのような位相差が生じたのか，そしてこの位相差が段階性または発展性（進化）を示すものなのかという2つの問いに対する暫定的な回答（仮説）を簡単に述べ，今後の課題としたい。

　第一の問いに対する仮説は，各地域の初期条件（政治的経済的社会的文化的状況）と，生存もしくは開発戦略としてそれに対応しようとしたアクターの企図との相互作用で異なる経営戦略が生じた，というものである。具体的には，各団体は意識的もしくは経験的に，集合的主体――組合などの組織――を形成（育成）した上で，自分たちの領域（territorio）の実態――生態系，慣習，技術力，資金力，政治力など――を戦略的に把握し，それらの資源や潜在能力を活用する活動計画（経営計画）を策定し，実践，評価，計画の見直しというPDCAサイクル[24]を実行しているのである。

　第二の問いに対する仮説は，バリューチェーン（価値連鎖）の観点からは発展性として捉えることができるというものである。IT産業のスマイルカーブ[25]で端的に示されているように，現在の市場経済において高利益（率）が期待できるのは，バリューチェーン上流（企画・開発部門）と下流（流通・販売部門）だからである。現に，生豆輸出を主軸としてきたCESMACHも，多大の投下資金と経営ノウハウを必要とするためリスクは大きいが，他の2団体の経験から学び，商品の差別化と高利益が見込める国内市場向けのカフェ経営に乗り出して

写真3-5

JICAプロジェクト最終評価会議（Maya Vinic カフェにて）
（2013年，伊藤泰正氏撮影）

129

いる。また，反資本主義的な観点からは，生産過程から流通過程までを統合的かつ自律的に管理する本事例の6次産業化は，労働疎外と利潤第一主義を揚棄するという意味で，労働者自主管理企業と同様，資本主義システムのオルタナティブ——少なくともその萌芽——と言えよう。

　なお，このように初期条件と発展段階の異なる3団体の間で協力・連携が生まれた論理としては，「通常，個々の協同組合は生産，消費もしくは役務の提供を行う事業体として組織されるが，その社会的経済的状況に応じ，また，単独ではその社会的目的を達成することができないと認識することによって他の協同組合と連携，連合する」(Rojas Herrera 2014: 23) ことが考えられる。生産性の向上，付加価値の拡大という共通の課題があったからこそ，価値観の相違や発展段階に相違があっても，協力・連帯したと言えよう。そして，3団体がそのような認識を持つようになったのは，JICAプロジェクトの提案団体であるFTP (Fair Trade Project)[26]が，JICA・チアパス州政府と3団体をつなぐ中間組織として，その相互学習を促進する「触媒」の役割を果たしたからと思われる。2度にわたる日本研修や，10回以上に及ぶメキシコでのワークショップでの交流・対話，すなわち連帯経済の構築の鍵となる「学び合いとネットワーク化」が実現，機能したと推察される。

おわりに

　これまでの事例分析で見てきたように，一口にフェアトレードと言っても，資本主義のオルタナティブとして捉え実践している団体から，現在の新自由主義的グローバリゼーションに対抗もしくは適応しようとしている団体まで，多様であることがわかる。このような多様性こそ，経済的多元性を謳う連帯経済の内実を示すものだと思われる。しかし重要なのは，そのように異なる理念・戦略を持った団体の間でも，交流・対話（コミュニケーション）を通じた協力・信頼関係が醸成され，まさに連帯を原理とす

る経済活動＝連帯経済が展開されたことにある。先住民は，ハーバーマス（1985）の社会理論が想定するような自由な市民でもなく，資本主義市場を明確な対抗相手と考える集団でもないが，生活と協働を通して合意に基づく規範を構築していくコミュニケーション的合理性が機能したと言えるのかもしれない[27]。

　この点，反資本主義の立場からは，資本主義市場経済を前提としたチェーン展開や認証ラベル付フェアトレード，そして大企業のフェアトレード市場参入に対する批判（堀田 2006；Fridell 2007；Santiago 2017 など）があるので，筆者の考えを述べたい。

　たしかにスターバックス社やネスレ社のような大企業の参入は，それまでの「悪評」を糊塗する「クリーンウォッシング」の側面があることは否めない。ただ筆者は，フェアトレードの深化（産消提携）という意味で連帯市場の重要性を否定するものではないが，「ニッチ市場」と揶揄されるように，それだけでは貧しい生産者の所得改善に大きな効果はなく，フェアトレード運動がめざす現在の資本主義市場経済の変革にもつながらないと考えている。フェアトレードという言葉を現代に復活させたバラット・ブラウン（Michael Barratt Brown）が "In and Against the Market" と主張したように，資本主義市場経済を前提にフェアトレードを拡大して一般市場に参入し，市場の慣習・ルールを変更しなければならないと思うからである。前述したハーバーマスの社会理論に基づけば，「生活世界」（地域社会）を侵食する「システム」（国家と市場）に対して，国家への異議申し立てや市場の変革，そして古い閉鎖的な共同体原理ではなく，協同・協働の原理によって新たな「生活世界」の再建をめざすということである。そして，その際に重要なことは，ジェイコブズ（1998）が古今東西の商行為から導き出した「市場の倫理」（商道徳）を再生することにあるのではないかと考える。日本の商人道「三方善し（売り手善し，買い手善し，世間善し）」にも通ずるこの倫理は，見知らぬ他人に対する正直さ，誠実さがその中心的価値で，それによって商売が「生き残り」，長期的な利益をもたらす基

盤となる。なお，この商道徳は，共通の利益を守る慣行という意味で「共通善」と考えられる。

ここで問われるのは，「だれが，どのようにしてそのような共通善を実現するのか」である。それがフェアトレード（という制度とその推進者）の役割である，と言ってしまえばそれまでであるが，FIに加盟する組合の中には，「FIの基準を遵守することが高コストにつながり，協同組合は，どのような品質の豆でも高値で買うAMSAのような企業と対抗することができず，組合員の組合離れが進んでいる。(FI認証ラベル付) フェアトレード市場はアンフェアな市場になっている」[28]と批判する声もある。実際，コーラー（Kohler 2010）も，定量的な分析に基づき，(FI認証ラベル付) フェアトレードが「南」の貧しい生産者よりも「北」の企業の利益になっている——イメージを高めるクリーンウォッシングに使われている——と批判している。

現在のFIのフェアトレードは，貧しい生産者を支援し，市場を変革する，そして生産者の能 力 開 発と能 力 強 化を図るという本来の理念・原理から離れ，認証制度の維持が自己目的化して「生産者の自立＝認証制度からの卒業」を阻んでいるのではないのか[29]。すなわち，「共通善」の構築に失敗しているのではあるまいかと思わずにはいられない。そのためか，「北」寄りで「南」の生産者の実情を理解していないと批判されるFI内部においても，小規模生産者の立場を尊重し，その自立と連帯をめざす連合組織「ラテンアメリカ・カリブ海地域フェアトレード小規模生産者調整機構」（La Coordinadora Latinoamericana y del Caribe de Pequeños Productores de Comercio Justo: CLAC）が2004年に設立され，小規模生産者の認証ラベルであるSPP（Símbolo de Pequeños Productores）もスタートしている。

結局のところ，理論的には，自由で競争的な市場は資源の効率的配分をもたらすかもしれないが，取引者の間に品質等に関する情報の非対称性がある場合には資源の効率的配分は実現せず，そもそも市場メカニズムは公平な所得分配を保障しない。だからこそ公平性を担保しようとするフェア

トレードが必要とされるのである。さらに言えば，歴史的に見た場合，資本主義市場が暴力的に利潤原理を貫徹してグローバルに拡大深化し，特に第三世界と呼ばれる周辺国を政治的経済的文化的に従属させた結果，対等なパートナーシップを原理とするフェアトレードが求められるようになったのである[30]。19世紀〜20世紀にかけての市場社会の形成とその破壊性を文明史的に解き明かしたポラニー（2009）の言葉を借りるならば，（市場の暴力に対する）社会の自己防衛運動と言えよう。

　フェアトレードが弱い立場にある生産者の能力開発・能力強化や公平な市場の制度化，地域社会の再生を目標にしている以上，「南」が原料を輸出，「北」がこれを輸入，付加価値の高い加工品にして販売，利益の多くを手にするという植民地主義的構造，すなわち政治的権力と経済力の非対称性そのものを変革することが求められるのではあるまいか。そしてこのことは，生産者の立場を理解せず，安価な食品を求めがちな日本の消費者にとっても無関係ではない。米国の政治哲学者ヤング（2014）が主張するように，南北問題やスウェットショップといった構造的不正義——特定の国や企業の責任という単純な因果関係ではなく，貿易構造に埋め込まれ，不特定多数のアクターが関わっている不正義——が存在する場合，それは国際機関や当該政府，多国籍企業だけでなく，社会的歴史的構造という不正な結果を生む社会的プロセスに関わっているという理由で，私たちにもそのプロセスをより不正でないものに変革する政治的責任と道徳的義務があるのだから。

【注】

[1] 農林水産業などの1次産業が，2次産業である加工・製造部門，3次産業である流通・販売部門にも業務展開している経営の多角化を指す造語。なお，6次とは，1次＋2次＋3次の足し算で6次と言われたが，現在では単なる各産業の寄せ集め（足し算）ではなく，有機的な結合を計る掛け算であると提唱されている。

2　一般に「共通善」は、あるコミュニティの成員にとっての「共通の利益」を指すが、本章で言う「共通善」は、フランスのカトリック神学者ジャック・マリタン（Jacques Maritain）の思想に基づき、国民の福祉に役立つ公共財（道路・港湾施設・学校など）のほか、正しい法律や善良な慣習、賢明な制度、倫理的な「正義・友愛」といった徳も含むことから、国民国家の枠組みに限定されるものではなく、グローバルなコミュニティの「共通善」に発展するものと考える（菊池 2011: 25-26）。そして、「この善のなかで強調されるのは「友愛」という徳であり、個人的な善ではない、連帯や相互扶助のようなコミュニティの徳を生み出すものである。また、「正（義）」のような徳もこの「共通善」を前提としてはじめて存在する」（菊池 2011: 47）。この意味において、「公正としての正義」や「連帯」に基づく、ナショナルかつグローバルな制度として発展しているフェアトレードは、現代の「共通善」の1つと考えられる。

3　メキシコの先住民族アステカの自治共同体カルプーリ（Calpulli）は経済上の単位でもあり、土地を共同で管理していた。詳しくは石井（2008: 93-94）を参照。

4　代表的な事例として、ベラクルス州エスピナル（Espinal）市で誕生し、16州で展開されているトゥミン（Túmin：トトナカ語で「通貨」の意）がある。詳細については、https://elcomercio.pe/mundo/latinoamerica/mexico-tumin-moneda-alternativa-cumple-decada-240123　を参照。

5　2015年3月13日、メキシコ市での筆者によるインタビュー。

6　2017年1月10日、メキシコ市での筆者によるインタビュー。

7　1960年代から70年代にかけてラテンアメリカで生まれたカトリック教会の改革運動。解放の神学という名称は、ペルーのグスタボ・グティエレス（Gustavo Gutiérrez）神父の同名書に由来する。魂の救済＝解放は、貧困や抑圧からの解放でもあるとして社会変革を志向したが、変革がマルクス主義や共産革命に共鳴する急進的な立場に発展すると、教会内部からも批判されるようになり、80年代に入り運動は衰退する。その施策は農村や都市の貧困地域にキリスト教基礎共同体をつくり、聖書の教えを通じて民衆が置かれている貧困や抑圧状況の意識化を図るものであった。その影響は今なお根強く残っており、フェアトレード関連では、初期のラベル運動を推進したオランダのヴァン・デル・ホフ神父はチリ滞在中に解放の神学に接し、本章で取り上げるYomol A'tel の指導者もその影響を受けている。

8　はじめは征服されたラテンアメリカ先住民の首長や貴族たちに対する呼称であったが、のちに地方の有力なボス政治家を指すようになった。

9　金額ベースでは、2010年現在、世界のFIフェアトレード商品の34％を占め、第2位のバナナ（24％）を10ポイント上回る（Coscione 2012: 53）。

10 本節は山本（2006）の「はじめに」と「メキシコ・コーヒー産業小史」のデータを修正し，要約したものである。

11 Bats'il Maya グループについては，山本（2013b）を参照。

12 3事例とも，筆者がプロジェクトマネージャーを務めた，独立行政法人・国際協力機構（Japan International Cooperation Agency: JICA）草の根技術協力事業「メキシコ国チアパス州先住民関連3団体に対するコーヒーの加工・焙煎およびコーヒーショップの開店・経営に関する総合的技術協力事業」（2010～2013年）のカウンターパートで，基本的なデータは筆者の聞き取りによる。なお，同事業の総括と3団体の6次産業化（バリューチェーン展開）の詳細については，山本（2018）を参照されたい。

13 1997年12月22日，チアパス州チェナロー区アクテアル村の礼拝所で女性と子供を含む45名が武装集団に虐殺された。犠牲となったのは，Maya Vinic の母体である先住民組織ラス・アベッハス（Las Abejas）に所属する先住民で，襲撃したのは連邦政府と州政府の支援を受けたと言われる準軍事組織（paramilitares）。事件後，チェナロー区の元区長を含む民間人や軍人，元公安警察官が逮捕されたが，真相は謎に包まれている。なお，襲撃の背景には，平和的な手段ではあったが，サパティスタと同様に先住民の権利拡大を要求していたラス・アベッハスに対する敵視があったと言われている。

14 モンドラゴン協同組合グループの創設者であるイエズス会神父アリスメンディアリエタ（José María Arizmendiarrieta）によって設立された工科学校を母体とする協同組合大学で，スペイン内外から学生を受け入れている。モンドラゴン協同組合グループは，生活協同組合，金融機関などから成るヨーロッパでも有数の企業群である。

15 Maya Vinic の詳細については，山本（2013a）を参照。

16 JICA が政府開発援助の一環として行っている途上国支援の一形態で，その目的は途上国地域住民の生活改善や地域社会の発展に寄与すること。国際協力の意志のある日本の NGO・NPO や地方自治体，大学，民間企業等の団体が，その活動実績に基づいて JICA に提案し，提案が採択された場合，JICA が提案団体に業務委託して実施する共同事業である。

17 JICA プロジェクト第1期というのは，Maya Vinic のみをカウンターパートとして実施された，草の根技術協力事業「メキシコ国チアパス州チェナロー区マヤビニック生産者協同組合に対するコーヒー技術支援計画」（2006～2008年）のことである。

18 国内の販売協力者は12名ほどで，国外では米国とカナダの中小焙煎業者・カフェの連合組織（Cooperative Coffees）が単なるバイヤーではなく，焙煎や赤錆病対策などの技術支援も行っている。

19 1948年設立のメキシコ企業。最初は綿花，次にコーヒー，カカオ，穀物などの販売

第Ⅱ部 コモン・グッドを追求する連帯経済

に従事。コーヒーについてはスターバックス社などの多国籍企業の下請けも行っている。

[20] 米国におけるコーヒーブームのことで，ファーストウェーブは19世紀後半以降の大量生産によるコーヒーの大衆化，セカンドウェーブは1960～90年代におけるスターバックスを代表とするシアトル系カフェのエスプレッソ・マシンを使用した高付加価値化で，サードウェーブは2000年代に始まった，日本のハンドドリップとこだわりの喫茶店文化に学んだ高品質化・高サービス化である。

[21] 1997年設立の社会的企業。現在は同企業の構成メンバー（株主）である，米国とカナダに散在する23団体（中小焙煎業者とコーヒーショップ）がモントリオールに別会社を組織し，共同で世界10数カ国から毎年1500トンほどのコーヒー生豆を輸入，地域密着型のビジネスを展開している。

[22] 旧称Transfair USA（米国のフェアトレード推進機構）。FLO（現FI）傘下にあったが，Fair Trade for All の理念に基づき未組織農民や大規模農園をも対象にする方針に変更し，2011年にFLOを脱退した（Coscione 2012：126-127）。

[23] 2015年3月13日，メキシコ市での筆者によるインタビュー。

[24] 事業活動の改善を図る一手法で，Plan（計画）→ Do（実行）→ Check（評価）→ Act（改善）を繰り返すことによって生産管理や品質管理などの管理業務を円滑に行う。

[25] 電子産業では上流工程（商品企画・開発）と下流工程（流通・販売）の付加価値が高く，中間工程（組立・製造）の付加価値が低い。この付加価値の流れ（高さ）を上流から下流に向かって順に図示するとスマイル（微笑状の）カーブを描くことからそう呼ばれる。

[26] FTPの沿革，活動実績等の詳細については，山本（2009）を参照。

[27] ハーバーマスは，コミュニケーション（対話）を行為として捉え，了解を志向するコミュニケーション的行為およびそのコミュニケーション的合理性は，機能性と効率性を重視する現代社会の科学的合理性（道具的合理性）と，人々が日常を暮らす「生活世界」を侵食する「システム」（国家と市場）を批判し，これに対抗すると考える。詳しくはハーバーマス（1985）を参照。

[28] 2015年3月10日，オアハカ州の協同組合ミチサ（Michizá）での筆者による聞き取り。

[29] 鈴木（2011）は，FIのフェアトレードに「卒業」という基準・制度がないことを批判している。

[30] フェアトレードの歴史とその原理については，山本（近刊）を参照。

■引用文献

石井章（2008）『ラテンアメリカ農地改革論』学術出版会。

菊池理夫（2011）『共通善の政治学　コミュニティをめぐる政治思想』勁草書房。

ジェイコブズ, ジェイン（1998）『市場の倫理　統治の倫理』（香西　泰　訳）日本経済新聞社。
（Jacobs, Jane, *Systems of Survival: A Dialogue on the Moral Foundations of Commerce and Politics*, New York: Random House, 1993.）

鈴木　紀（2011）「フェアトレード・チョコレートと持続可能な開発」佐藤　寛　編著『フェアトレードを学ぶ人のために』世界思想社, 144-164頁。

玉野井芳郎（1990）『地域主義からの出発』（玉野井芳郎著作集3）学陽書房。

西川　潤（2007）「連帯経済の国際的側面」西川　潤・生活経済政策研究所　編『連帯経済──グローバリゼーションへの対案』明石書店, 233-262頁。

ハーバーマス, ユルゲン（1985）『コミュニケイション的行為の理論（上）（中）（下）』（河上倫逸ほか　訳）未来社。
（Habermas, Jürgen, *Theorie des kommunikativen Handelns*, Suhrkamp: Frankfurt am Main, 1981.）

廣田裕之（2014）「メキシコの社会的連帯経済について」
〈http://www.shukousha.com/column/hirota/3429/〉最終閲覧日2019年3月6日。

細川あつし（2015）「エシカル・ビジネス──「縁」を結ぶ組織, 「縁」を紡ぐ働き方」内山　節　編著『半市場経済──成長だけでない「共創社会」の時代』角川新書, 67-116頁。

堀田正彦（2006）「岐路に立つフェアトレードの現状と課題」『at』3号, 35-38頁。

ポラニー, カール（2009）『新訳　大転換──市場社会の形成と崩壊』（野口建彦・栖原　学　訳）東洋経済新報社。
（Polanyi, Karl, *The Great Transformation The Political and Economic Origins of Our Time*, Boston: Beacon Press, 2001. Originally published: New York: Parrar & Rinehart, 1944）

山本純一（2006）「コーヒーのフェアトレードの可能性と課題──メキシコ・チアパス州の2つの生産者協同組合を事例として」田島英一・山本純一　編著『協働体主義──中間組織が開くオルタナティブ』慶應義塾大学出版会, 141-171頁。

山本純一（2009）「開発支援とフェアトレードにおける中間組織の役割──FTPの活動を事例として」野村　亨・山本純一　編著『グローバル・ナショナル・ローカルの現在』慶應義塾大学出版会, 347-373頁。

山本純一（2013a）「メキシコ南部農村社会の内発的発展としてのフェアトレード──チアパス州先住民協同組合マヤビニックの成長の軌跡」『ラテンアメリカ・レポート』第30巻第1号, 74-83頁。

山本純一（2013b）「メキシコ南部農村社会の持続可能な発展としてのフェアトレード——社会的企業バツィルマヤ・グループのバリューチェーン構築戦略を事例として」厳網林・田島英一　編著『アジアの持続可能な発展に向けて——環境・経済・社会の視点から』慶應義塾大学出版会，119-138頁。

山本純一（2017）「メキシコの連帯経済について——資本主義のオルタナティブとしての可能性」『季刊　ピープルズ・プラン』77号，120-125頁。

山本純一（2018）「メキシコのフェアトレードコーヒー生産者のバリューチェーン展開——JICA-FTPプロジェクトの総括と提言」長坂寿久　編著『フェアトレードビジネスモデルの新しい展開——SDGs時代に向けて』明石書店，203-219頁。

山本純一（近刊）「フェアトレードと市場の『正義』」小池洋一・岡本哲史　編著『経済学のパラレルワールド——異端派総合・経済学入門（仮）』新評論。

ヤング, アイリス・マリオン（2014）『正義への責任』（岡野八代・池田直子　訳）岩波書店。（Young, Iris Marion, *Responsibility for Justice,* London: Oxford Univ. Press, 2011 .）

Coscione, Marco（2012）*La CLAC y la Defensa del Pequeño Productor*, Santo Domingo: Fundación Global Democracia y Desarrollo.

Fridell, Gavin（2007）*Fair Trade Coffee; The Prospects and Pitfalls of Market-Driven Social Justice*, Toronto: University of Toronto Press.

Kohler, Pierre（2010）*The Economics of Fair Trade Coffee: For Whose Benefit?*——*An Investigation into the Limits of Fair Trade as a Development Tool and the Risk of Clean-Washing*, Saarbrücken: VDM Verlag Dr. Müller.

Lara Gómez, Graciela y Minerva Candelaria Maldonado Alcudia（coordinadores）（2014）*Modelos Emergentes de Desarrollo en la Economía Social y Solidaria*, Universidad Autónoma de Querétaro, México: Miguel Ángel Porrúa.

Marañón Pimentel, Boris（coordinador）（2013）*La Economía Solidaria en México*, Universidad Nacional Autónoma de México, México: Instituto de Investigaciones Económicas.

Rojas Herrera, Juan José（2014）*La Formación del Movimiento Cooperativo en México: antecedentes organizacionales y momento constitutivo*, México: Universidad Autónoma Chapingo.

Santiago Santiago, Jorge（2017）*Economía Política Solidaria. Construyendo alternativas*, México: Ediciones Eón/Thousand Currents/DESMI Comité Regional Chiapas.

第 4 章

エクアドル・アンデス高地における連帯経済の実践
――サリナス・グループの事例を中心に

サリナスの中心部（2015年，筆者撮影）

第Ⅱ部 コモン・グッドを追求する連帯経済

はじめに

　エクアドルにおける連帯経済（economía solidaria）は，協同組合運動としては1930年代に遡る歴史を持つ。またアンデス地域では，先住民農民社会の共同体主義などとして連帯経済の特徴を備えた伝統的な慣行が継続してきた。しかし，従来それらの慣行は，公式に規定がなされないまま不可視化されていた。実際，2000年代になるまで連帯経済という用語が使われる機会はほとんどなかった。そして，20世紀末に新自由主義の潮流が強まって経済危機が深刻化すると，生活防衛の意識が高まったこともあり，民衆連帯経済（economía popular y solidaria）と称される一連の実践が国内各地で目立つようになった。その概念には経済体制や開発体制の新しいモデルを模索し，新自由主義に対するオルタナティブを提起しようとする政策志向が込められた。特に2007年にコレア（Rafael Correa）政権が成立して革新的な諸政策を打出し，連帯経済の制度化を進めると，各地の連帯経済の試みが国家政策に組み込まれ，それらを実践する集団間での交流も活発化した。

　本章では，このような経緯をおさえながら，エクアドルにおける連帯経済の現状と課題を論ずる。連帯経済の制度化について概観した上で，アンデス高地の農民共同体における実践例としてサリナス教区，特にその中心となる事業体サリナス・グループの組織と活動を取り上げて，その特徴を検討する。そして，アンデス高地における他の実践例に言及しながら連帯経済の条件と可能性について考察したい。

1．連帯経済の制度化とサリナス教区

(1)　コレア政権と連帯経済の制度化

　エクアドルの連帯経済はコレア政権（2007〜2017年）の下で制度化され

た。2008年憲法の第283条と第284条では，経済体制が公的部門，私的部門，混合部門および民衆連帯部門の4つから構成されると規定され，連帯経済が経済体制の柱の1つであると明示されたのである。この連帯経済はブエン・ビビール（Buen Vivir，善き生）[1]の実現をめざすものとされた。その後，憲法の規定を前提として連帯経済関連の法整備が行われ，2011年5月に民衆連帯経済・金融部門組織法（Ley Orgánica de la Economía Popular y Solidaria y del Sector Financiero Popular y Solidario：LOEPS）が制定された[2]。そこでは，民衆連帯経済は生産，交換，商品化，金融，財とサービスの消費の過程に関わり，連帯性，協力，互酬性の諸関係に基づき，コモン・グッド（共通善）の達成をめざすとされている。

　民衆連帯経済・金融部門組織法によれば，連帯経済は次のように分類される。すなわち，民衆連帯経済は民衆連帯経済組織（Organizaciones de la Economía Popular y Solidaria：OESP）と民衆連帯金融部門組織（Organizaciones del Sector Financiero Popular y Solidario：OSFPS）の2組織から構成される。前者には生産協同組合，消費協同組合，住居協同組合，サービス協同組合，生産アソシエーション，コミュニティ組織の6種があり，後者には貯蓄貸付協同組合，貯蓄連帯金庫，中央金庫，コムーナ銀行[3]の4種が含まれる。民衆連帯経済・金融部門組織法では，これらの諸組織を管理・振興する公的機関の設置が義務づけられており，順次設立された。国家民衆連帯経済局（Insitituto Nacional de Economía Popular y Solidaria：IEPS）は，経済社会包摂省の付属機関として，2009年4月に設立された。民衆連帯経済の発展のための政策や基準を策定することがその主たる任務である[4]。

　このような経緯を受けて，国家高等研究所・大学院大学（Instituto de Altos Estudios Nacionales-La Universidad de posgrado del Estado：IAEN）では連帯経済の研究教育を実施し，2014年に関連の修士課程（Maestría en Economía Social y Solidaria）が設置された[5]。

　また，コレア政権に続くモレノ政権（2017年5月発足）も，前政権の施策を受け継ぎ，連帯経済の振興を重要な政策方針としている。モレノ大統

領は2018年4月に発表した経済プログラムの一環として，生産再活性化と
経済的包摂の中心軸として民衆連帯経済の振興を促すことを明らかにし
た。そして，同年5月には，民衆連帯経済のアクターたちが資金を得やす
いように，保証基金の創設を検討することを表明した。

　他方，連帯経済を支援する組織は国家機関や公的組織にとどまらず，民
間組織にもわたっている。民間組織で注目されるのはエクアドル社会的連
帯経済運動（Movimiento de Economía Social y Solidaria del Ecuador: MESSE）
である（Vázquez y Jiménez 2013）。2007年に設立され2010年より本格的活
動を開始した組織であり，研究者・実践者などが集まり情報交換・相互支
援・研究活動を推進してきた。MESSE は，連帯経済の形成と展開，強化
につながる戦略的提案として，「文化間連帯経済圏」（circuitos económicos
solidarios interculturales: CESI）あるいは「連帯経済圏」（circuitos económicos
solidarios: CES）という独自の概念[6]を提唱してきた。そして，共同体や地
域社会という固有の領域（territorios: テリトリー）を連帯経済が展開する場
とみなし，様々な実践を通じたブエン・ビビールの達成をめざしている。

　MESSE の見解によれば，連帯経済の多くの実践は相互に連結されるこ
とがないため，連帯経済部門の強化につながっていない。むしろ，孤立し
分断された状態に置かれるため，個別の実践は脆弱であり持続可能性に乏
しい。それゆえ，既存の連帯経済の諸実践を相互に結びつけるべく，「文
化間連帯経済圏」の構築が図られる。そこでは消費・生産・流通・金融な
どの諸部門間の連結，人間と自然環境の相互関係の増進，文化間の交流の
促進といった要素が不可欠となる。「文化間連帯経済圏」は経済分野だけ
に集中するのではなく，他の複数領域，つまり生態，社会，文化，政治な
どの複数分野に関わる。それらの領域や分野は，連帯性（solidaridad），互
酬性（reciprocidad），相補性（complementariedad），生活の質を保つための生
活保護（cuidado de la vida）などの諸原則に基づいて機能している[7]。

第4章　エクアドル・アンデス高地における連帯経済の実践

(2)　連帯経済の成功例としてのサリナス教区

　このようなエクアドルにおける連帯経済の制度化に応じて注目を集めたのが，アンデス高地部におけるサリナス教区の経験である。その事例は連帯経済を扱う研究書や報告書で必ずというほど取り上げられ，エクアドル政府によって連帯経済の「成功例」として言及されることが多い（SEPS 2013: 39-40)[8]。実際，サリナスの経験は地域住民の参加と自主管理による「共同体発展」(desarrollo comunitario) の例として知られ[9]，1970年代以降の過去40年間に及ぶ発展の「歴史＝物語」(historia) として語られる (Vaudagna 2012)。住民自身が各種印刷物やウェブサイトを通じて「連帯経済の土地 サリナス」(Salinas, Pueblo de Economía Solidaria) という表現で自己アピールを図っている。ただ注意すべきは，1990年代から2000年代に連帯経済という用語が広まるまで，サリナスの事例は共同体発展や農村開発という文脈で注目されても，まだ連帯経済という名称は使われていなかったという事実である。コレア政権によって連帯経済が公式化される過程で，実践例の可視化や再発見がなされるにつれて，連帯経済の成功例とされるようになったものと考えられる。

　サリナス教区の歴史は，「外部者（カトリック教会，NGO，ボランティアなど）と地域住民（中心は先住民農民）の協力を通じて，植民地時代以降の土地農園主による支配や極貧状態から脱し，多業種にまたがる生産・販売・輸出や文化社会面の拡充を通じて発展軌道に乗った事例である」といった内容で語られる。近年では，コレア政権の経済社会包摂省や国家民衆連帯経済局から支援や評価を受け，政権と友好関係を維持してきた。

　筆者がサリナス教区に注目する理由には，次の3点が挙げられる。1つ目は，アンデス高地の寒村を中心とし，複数の共同体をつなぐ教区を拠点としながら，農牧製品から工芸品までの多種多様な小規模事業体を集積かつ連携させてきたことである。2つ目は，カトリック教会やNGOの支援を受けて国内外に販売網を広げながら，連帯経済の諸要素を持つ諸活動を

143

展開してきたという特徴が挙げられる。そして3つ目は，長年に及ぶそれらの斬新的な試みが地域社会の活性化や社会問題の解決につながってきたからである（藤岡 2012）。

　ここでは，サリナス教区の事例を中心として，連帯経済という概念と実践が生成してきた紆余曲折の過程を，この教区と国内外の経済社会動向との相互関連を視野に入れながら考察する。

2．サリナス教区における連帯経済の形成
──小規模事業体の連携による内発的発展

---

(1)　サリナス教区の概観

　エクアドルの中部アンデス高地に位置するサリナスは，ボリバル県（Provincia de Bolívar）の北部グアランダ郡（Cantón Guaranda）に属する教区（Parroquia）[10]の名称である。グアランダのサリナス（Salinas de Guaranda）と称されることが多い。

　サリナス教区は，アンデス山脈の高地と低地にまたがる多様で豊かな生態系に恵まれ，海抜4,200メートルの冷涼な高地（パラモと呼ばれる）から海抜600メートルの亜熱帯低地までの大きな高度差を有する。中心部（cabecera）[11]は海抜3,000メートルの高地に立地し，教区全体の平均高度は3,600メートルに達する。このような高度差に応じて生態環境は変移し，多種多様な農牧産品がもたらされる。それらの生産物は，高地と低地を結びつけながら互酬と再分配の原理[12]によって，教区内の住民の間で交換の対象となってきた。サリナス教区の面積は約440平方キロメートルで，教区の周辺部（recintos）[13]には2019年現在32の共同体が立地している[14]。

　スペイン人の到来以前，現在のサリナスは先住民の地として岩塩の利用で知られていた。植民地時代から独立後の19世紀と20世紀前半までの共和国時代には，塩の生産が唯一の経済基盤であった。そして1960年代ま

第4章 エクアドル・アンデス高地における連帯経済の実践

図 4-1　サリナス教区の地図

出典：サリナス・グループの公式サイト（salinerito.com）より転載。

では塩鉱による岩塩の産地として知られ，サリナスという地名はスペイン語の塩（sal）に由来する。1884年に正式に教区となったが，岩塩抗からの塩の採掘も含めた地域の社会経済関係は，コロンビア出身の大地主であるコルドベス（Cordovez）家が所有するアシエンダ（伝統的な大農園）によって支配されていた。20世紀半ばにサリナス教区の土地はコルドベス家に加え，グアランダ司教区[15]と先住民農民共同体であるコムーナ（Comuna）の計三者によって所有されるようになった。岩塩の採掘と塩の精製は労働条件が厳しく低収入だったので，都市部に出稼ぎに行く住民が多かった。エクアドルの多くの農村部と同様に，このサリナス地区は貧困と対外的孤立によって特徴づけられ，1970年の幼児死亡率は45％，非識字率は85％と高かった。実際，この地域では基礎インフラが欠乏し，当時は電気も水道も医療機関もなかった。エクアドルを南北に縦断する幹線道路（パンアメリカン・ハイウェイ）から離れたサリナス教区は，そこから集落に続く道路が開通するまでは，ボリバル県やアンデス高地の諸都市との連絡が困難で，孤立的な状況に置かれてきた[16]。また，教区内の大きな高度差が共同体間の人的交流を阻害し，零細農業に従事する先住民農民を周縁的存在

145

としていた。他方，白人とメスティソ（白人と先住民の混血）や先住民の間で人種民族間の対立や差別が激しい他地域の農村部に比べると，サリナス教区では人種民族間の紛争や反目は少なかった。そのため，先住民とメスティソの間にはある程度の協力や連帯の機運が存在し，それが農村共同体の開発にとって有利な初期条件になったと考えられる（Bebbington et.al.1992: 36, 39; North 1999: 154; North 2001: 15）。もちろん，そのような人種民族間の関係を理想化すべきではないが，1970年代半ば以降になって先住民農民とメスティソとが協働する余地は十分あったと言える。

　前述のように，教区は中心部（cabecera）とその周囲に広がる周辺部（recintos）の2つに分かれ，人口の割合はおよそ1対9である。前者には先住民とメスティソが混在して居住し，後者には先住民が住む合計32の共同体が存在する[17]。2001年および2010年の人口センサスによって，サリナス教区の人口はそれぞれ5,551人（男性2,838人，女性2,713人），5,821人（男性2,944人，女性2,877人）と集計された（INEC 2001, 2010）[18]。2010年のデータによって教区全体の人口構成を人種民族別に見ると，ケチュア系先住民が70％，残り30％が混血（メスティソ15％，モントゥビオ[19]15％）であると推計されている[20]。同様に，2010年の統計によれば，住民の活動業種は農業65％，製造業8％，商業4％，教育3％，その他（運輸，建築，観光，行政など）となっている（INEC 2010）。

(2)　共同体発展から連帯経済の形成へ

　サリナス教区の歴史的発展は，①1970年代の共同体発展期，②1980年代から1990年代の生産多角化による組織発展期，および③2000年代以降のサリナス・グループ結成による連帯経済の発展期の3つに分けることができる。ここでは時代ごとに特徴を概観する。

1970年代──初期の共同体発展
　サリナス教区の40年にわたる発展の歩みが始まる1970年代は，エクア

ドルにおける第二次農地改革[21]のもとで土地の再分配が進められた時期であった。1960年代には共同体が塩田の所有権の獲得や信用貸付組合の組織化を試みたが，土地所有者の抵抗や共同体内部の対立が生じて失敗に終わった。この挫折をばねにして，1970年代からは共同体の段階的発展につながる動きが見られた。共同体発展の大きな要因は，1960年代〜1970年代にかけて社会改革に着手したカトリック教会による農村支援の対象がエクアドルのアンデス高地に達し，サリナス教区が有力候補地の1つになったことに求められる。グアランダ郡を管轄するカンディド・ラダ司教（Mons. Cándido Rada）（初代グアランダ司教で，後述するように，エクアドル民衆進歩基金（Fondo Ecuatoriano Populorum Progessio: FEPP）[22]の創始者）[23]の求めに応じて，1971年にサレジオ会（Misión Salesiana）とマットグロッソ・オペレーション（Operación Mato Grosso）[24]のイタリア人ボランティアが到来した。その後に重要な存在となるサレジオ会では2人の神父がサリナス教区に関わった。アルベルト・パネラティ神父（Padre Alberto Panerati）とアントニオ・ポロ神父（Padre Antonio Polo）[25]である。特に，1971年に到来したポロ神父は，住民の信頼を獲得しアドバイザーとして経済多角化につながる新たな事業を提言し，それらの実現を図った。神父は長年にわたりサリナス教区の主任司祭を務めてきた。そして，教会関係者やボランティアの尽力を背景として，1970年キト市に設立されたばかりのFEPPから資金と技術面の支援を得られたことが，サリナス教区の離陸につながった。すなわち，サリナス教区における共同体発展の主な要因として，カトリック教会とNGO，つまりサレジオ会とFEPPによる指導や支援の存在を挙げることができる[26]。

　このように，カトリック教会やボランティアなどの外部アクターからの支援やアドバイス，FEPPや金融組合による資金やサービス，人材育成機会の提供が共同体の構成員に安心と信頼をもたらし，新しい事業展開や生産技術と商品のネットワーク化を可能にさせたのである（North 1999：160）。サレジオ会とポロ神父は，女性住民の組織化に尽力し，1974年のサ

リナス繊維工芸品社会開発協会（Asociación de Desarrollo Social de Artesanas Texsal Salinas: TEXSAL）設立をはじめ女性グループの結成を支援した。植林プログラムに関わる森の剪定やキノコ収穫などの活動が，女性にとって現金収入の道になった。そして，教区の中心部では連帯企業や各種組織でリーダーシップを発揮する女性も現れた。

　1970年代初めの段階では，サレジオ会が支援する貯蓄貸付協同組合（Cooperativa de Ahorro y Crédito: CAC，ポロ神父とホセ・トネロ神父のイニシアティブで1970年に設立）が中心となって共同体の製塩業などを主導していた。1977年に若者グループが設立されて，食品加工業に従事するようになり，続いて1982年には後述のサリナス農民組織財団（Fundación de Organizaciones Campesinas de Salinas: FUNORSAL）が結成され，サリナス発展の中軸となって現在に至る。やがてこのFUNORSALを中心として住民による自主的な経済運営が進められる基盤を築いた。このように，1970年代以降にサリナス教区の発展が開始されると，多様な農牧産品とそれらの加工品や森林資源が土地の経済社会を支えることになった。

　今日，サリナス教区はチーズ製品の産地として名が知られているが，その起源は1970年代に遡る。最初のチーズ工場はスイス政府の資金援助を得て1978年に設立された。エクアドル農業省とスイス技術協力省（Cooperación Técnica Suiza: COTECSU）の間で「農村チーズ計画」（Proyecto Queserías Rurales）の合意が結ばれ，スイス人のドゥバッハ技師（Joseph Dubach）が到来してチーズ生産の技術指導を担当した。当初5名の生産者が毎日53リットルの牛乳をチーズに加工した[27]。サリナス産のチーズはやがて，国内スーパーマーケット網を活用してキト市やグアヤキル市で「サリネリト」（Salinerito）ブランドとして販売されるようになった。1978年にキト市に，1989年にグアヤキル市に「ボリバルのチーズ製品」（Queseras de Bolívar）という商標で専門店が開かれた。このように，初期段階において，サリナス教区では貯蓄貸付協働組合が形成され，チーズ工場を軌道に乗せるまでの進展を見せた。しかし，経済組織としての基盤が固まるのは，

次の時代を経て，1990年代以降まで待たねばならなかった。

1980年代と1990年代──生産多角化による組織発展

　サリナス教区では1980年代になると，協同組合を基盤としつつ，他の諸組織を束ねて統合的な組織体を結成しようという構想が打ち出された。こうして1982年にサリナス組織連合（Unión de Organizaciones de Salinas: UNORSAL）が結成されたのである。この組織は後に改組されて前述のFUNORSALへと発展していく。

　前述のように，1970年代の全国的な土地分配の中で，サリナス教区の土地は司教区，コルドベス家，農民の3者によって分割されていたが，1980年代〜1990年代には，司教区とコルドベス家が土地を売却したため，農民はそれらを低利で購入することができた。この過程で土地を所有する中規模の農民層が増加した。こうして1980年代〜1990年代には，農業や牧畜業が振興されるとともに，農牧産品の加工に従事する小規模事業が展開され始め，それらの商品を国内各地に販売するためのネットワークの拡充が見られた。それがさらなる多角化を刺激して雇用創出につながった。投資資金は産業のみならず教育や職業訓練にも向けられた。特に中核となるチーズ産業では，後述する農牧生産組合エル・サリネリト（Cooperativa de Producción Agropecuaria El Salinerito: PRODUCOOP）を中心として，1999年に，チーズ生産者を結びつける連合組織である農村共同体チーズ生産者組合協会（Fundación Consorcio de Queserías Rurales Comunitarias: FUNCONQUERUCOM）が結成されることになる（Lara 2014: 4）。

　サリナス教区における住民の状況を利益分配という点で見ると，先住民共同体における互酬と再分配などの伝統的慣行が残る中，カトリック教会の影響下で社会発展を遂げてきたこの地域には，当初から「利益の個人的分配を優先しない」という倫理的原則が存在していた。そのため，事業体の形成を通じて営利活動が次第に活発になっても，利益の個人的独占には一定の歯止めがかけられており，収益を組合員で分配することや地域社会

に還元することに大きな配慮が払われてきた。といっても、事業収益がすべての住民に対して均等に分けられたとは限らない。教区全体で見ると、人口の9割が住む周辺部に比べて人口の1割を抱えるに過ぎない中心部へと集中する傾向も見られた（North 1999: 164）。

多くのラテンアメリカ諸国と同様にエクアドルでは1980年代になると対外債務危機の表面化などによって国内の経済状況が悪化していたが、それとは対照的にサリナス地区では生産協同組合活動が軌道に乗って雇用状況が改善したことで、それ以前に職と生活の安定を求めて教区を出ていた人々が帰還するという現象が見られた（Bebbington 1992: 55 ; North 1999: 165）。実際、教区の中心部の人口は1980年の400人から1990年の500人へと増加しており、教区全体でも同期間の人口減少は食い止められていた。

サリナス教区では1980年代〜1990年代にかけて生産の多角化が進められた。チーズ生産に続き、1980年に精肉加工ソーセージ工場が、1985年に乾燥キノコ工場が、1987年に紡績工場が、1990年にタグア[28]とクルミのボタン工芸工場が、1992年にはホテル「エル・レフヒオ」（El Refugio）が相次いで創業された。1980年代半ばにはチョコレート工場が創業され、1990年代にはトゥロン[29]やマーマレードの工場が設置され、養殖も開始された。1995年にはコミュニティ・ラジオ局が開設された。1990年代の経済自由化で、競争力のある農牧生産業、特にチーズやソーセージ、乾燥キノコなどは収益を伸ばしたが、市場が飽和状態で競争が激しい繊維部門（前述のTEXALが従事する繊維工芸品加工や紡績など）では困難が表面化した。1999年の金融経済危機下では、それまで好調であったチーズ部門が在庫を抱え、ソーセージ部門が生産減少を余儀なくされた。従業員の削減や労働時間の短縮が見られたが、農牧部門では最低水準の維持に成功し、総じて経済不況の打撃を最小限に抑えることができたのである。

2000年代以降——サリナス・グループの結成と連帯経済の発展

連帯経済としての自覚が進み、コミュニティ・ツーリズムやフェアト

レードが展開された。次節で述べるように，2006年にサリナス・グループが結成されると，組織基盤強化が進んでいく。チーズ生産部門では，チーズ生産者を結びつける連合組織として1999年に前述の農村共同体チーズ生産者組合協会（FUNCONQUERUCOM）が結成された。この協会には2014年時点で70のチーズ生産者が参加するようになる（Lara 2014: 4）。

　サリナス・グループでは2008年から毎年『年報—社会経済的バランス』（Anuario: Balance Social y Económico）を刊行して，各種事業の活動報告を公表するとともに，インターネットを活用して公式サイト「サリネリト」（http://www.salinerito.com/）を運営することで多様な情報発信に努めている。

　これまで見てきたように，連帯経済の拡大とともに，サリナス教区は大きな変貌を遂げた。2010年のセンサスによれば，教区住民の活動業種は農業65％，製造業8％，商業4％，教育3％，その他（運輸，建築，観光，行政など）となっている（INEC 2010）。農業就業人口比率が高い水準で維持されつつ，他の業種に従事する住民も一定程度いるという事実は，農牧産品を中心としながら他の業種にも活動分野を広げてきたサリナス・グループの多角的発展に帰するところが大きいと言えよう。

3．サリナス・グループの組織と活動

　サリナス教区の共同体発展はサリナス・グループ結成と連帯経済の発展に結実した。次では，グループ結成の過程と組織の様態および活動内容についてまとめよう。

⑴　サリナス・グループの結成と組織構成

　サリナス教区の発展を支えたのは「サリナス・グループ」（Gruppo Salinas）である。2006年11月の法的承認以降の正式名称はCorporación de Desarrollo Comunitario Gruppo Salinas だが，イタリア語表記のまま Gruppo Salinas（スペイン語ではGrupo Salinas）と称されることが多い。この組織体

は多業種にまたがる小規模事業体ないし共同体企業と，各共同体の生産者組合を集約する組織体となっている。

　サリナス・グループは次の6組織から構成される。3つの財団（Fundación），2つの協同組合（Cooperativa），および1つのアソシエーション（Asociación）である。

1. 財団（Fundaciónes）

■FUNORSAL（Fundación de Organizaciones Campesinas de Salinas，サリナス農民組織財団）

　　前身はサリナス組織連合（UNORSAL，1982年設立）であり，教区内の32共同体にある協同組合の調整組織として1988年に結成された。サリナス・グループの基軸をなし，27の組織を束ね，30の生産事業体を傘下に収める。会員数は約3,000家族に達する。

■FFSS（Fundación Familia Salesiana Salinas，サリナス・サレジオ家族財団）

　　1995年に設立され，2002年に法人格を取得した。サレジオ会が運営する組織であり，当初からFEPPとの連携を継続してきた。活動は布教，社会貢献，教育，環境厚生の4分野にわたる。

■FUGJS（Fundación Grupo Juvenil Salinas，サリナス若者グループ財団）

　　1976年に設立され，1995年に財団になった。生鮮食品と保存食（缶詰，乾燥キノコやドライフルーツなど）の生産に取り組み，コミュニティ・ツーリズムの運営，ホテル（エル・レフヒオ）の経営，コミュニティ・ラジオ放送の運営にも従事する。

2. 協同組合（Cooperativas）

■COACSAL（Cooperativa de Ahorro y Crédito Salinas Ltda.，貯蓄貸付組合サリナス有限会社）

　　アシエンダへの従属を脱して製塩業の自主管理を行うために，サレジオ会の指導の下，1972年に15会員によって結成された。当初の名称はCAC（Cooperativa de Ahorro y Crédito）であった。1978年に酪農製

品の生産販売を開始し，2006年にはマイクロクレジット事業を開始
した。

■PRODUCOOP（Cooperativa de Producción Agropecuaria El Salinerito，農牧
生産組合エル・サリネリト）

　農牧部門，特に乳製品の生産に従事する協同組合である。2006年
のサリナス・グループ結成に伴い，COACSALから分離独立し，同年
に法人格を取得した。チーズの生産販売に従事し，近年は植林などの
環境関連事業にも参加する。「サリネリト」はこの協同組合の生産物
商標として全国的に知られている。

3.　アソシエーション（Asociación）

■TEXSAL（Asociación de Desarrollo Social de Artesanas Texsal Salinas，サリ
ナス繊維工芸品社会開発協会）

　女性の労働社会参加を促進するため，1974年に女性会員15人で結
成され，2003年に法人格を取得した。羊毛やアルパカ毛の工芸品の
生産に従事する。2007年に共同体金庫（caja comunal）という名称でマ
イクロクレジット事業を創設し，また2013年には組織の定款（規約）
を整備した。

　サリナス・グループには，これら6つの事業体に加えて，商品化
（comercialización）を担う2つの事業体が存在する。1つは「サリネリト」
ブランド品の国内販売に特化した事業体CONA（Comercialización Nacional,
国内商品化事業体）であり，もう1つはその国際販売を担う事業体（Centro
de Exportaciones，輸出センター）である。

(2)　サリナス・グループの活動内容

　このように，上記の6組織を束ねるサリナス・グループを中心として，
サリナス教区全体で32の共同体が協働し，合計で100近くの小規模事業
体を支えている。それらの小規模事業体ではチーズ，チョコレート，腸詰

め，トゥロン，マーマレード，乾燥品（ドライフルーツや乾燥キノコ），その他のおよそ150品目に及ぶ多彩な製品が生産されている。それらの商品は周辺地域の市場で販売されるほか，「サリネリト」ブランド名で，後述する商品化連帯システムCamariの販売網を活用したフェアトレードを通じて，国内各地（キト，グアヤキル，クエンカ，グアランダ，アンバト，コタカチ，オタバロ，サントドミンゴ各市の直営店など）やイタリア，ドイツ，スイス，米国，日本などの諸外国に向けて輸出される。また，パン屋，薬草販売店，織物工場，ホテル，レストラン，コミュニティ・ラジオ局，共同体観光（コミュニティ・ツーリズム）のオフィスなどの店舗や施設が運営されている。

　前述した2つの商品化事業体（CONAおよびCentro de Exportaciones）の実績を見ると，2009年にサリナス・グループによる全生産物の65％が国外（特にヨーロッパ，そして日本など）への輸出向けで，35％が国内市場向けとなっている。このように，国外向けの輸出品が3分の2と高率を占めることがサリナス・グループの特徴である[30]。この点に，付加価値を高めつつ国内だけでなく国外へと独自の販路を開拓してきたサリナスの連帯経済の主要な特徴が浮かび上がってくる。

　またサリナス・グループを構成する6組織における2009年時点の会員の性別構成を見ると，男性65％，女性35％であった。TEXSALのみ会員の100％が女性[31]だが，他の事業体では7〜8割が男性会員で，女性会員の割合は2〜3割にとどまっていた（García 2014: 11, 68）。この比率は一見すると女性の雇用が制限されているとの印象を与えるが，しかし，サリナス教区全体でもサリナス・グループ構成組織においても，エクアドル農村部の平均的状況に比べると，農牧業やサービス業から製造業までの多種多様な職種において女性の就労比率やリーダーシップの度合いは決して低い水準ではない。連帯経済の形成と展開がサリナス教区に地場産業として一定の貢献を果たしてきたと言えるであろう。

写真4-1

写真4-2

世界に輸出されるチョコレート
（2015年，筆者撮影）

連帯経済の店という表示（2015年，筆者撮影）

4．サリナス・グループを支える連携支援組織

　連帯経済では個別の実践を外部と結びつけ，あるいはそれらの実践を相互に連結させるメカニズムの構築が見られる。農牧産品の商品化，金融貸付，観光などの諸部門において全国的なネットワークが築かれており，輸出やフェアトレードを通じて国際的ネットワークを広げる場合もある。そのような形で連帯経済活動を展開する組織は連帯経済ネットワーク組織として捉えられる。連帯経済の個別の実践が持続性を確保するために，そうした組織の存在が不可欠となっている。

　サリナス・グループの維持発展を支える連携支援組織として次の3者がある[32]。このうちRELACCは，FEPPやCamariを通じてサリナス・グループと連携している。

155

第Ⅱ部 コモン・グッドを追求する連帯経済

■FEPP（Fondo Ecuatoriano Populorum Progressio，エクアドル民衆進歩基金）

　エクアドル司教会議（Conferencia Episcopal Ecuatoriana）が支援する財団である。1970年に設立され，マイクロクレジットの供与などを実施してきた。2000年以降はGrupo Social FEPPと改称している。

■Camari（Sistema Solidario de Comercialización del FEPP，商品化連帯システム）

　FEPPの付属機関として1981年に設立された。小規模生産者による農牧産品と工芸品の商品化を進める全国組織である。フェアトレードを中心に連帯経済を進め，国際ネットワークも構築している。

■RELACC（Red Latinoamericana de Comercialización Comunitaria，ラテンアメリカ共同体商品化ネットワーク）

　1991年に設立され，キト市に本部を持つ。ラテンアメリカ14カ国の「共同体商品化」組織の地域ネットワークとしての役割を担う。エクアドルの中心組織はマキタ・クシュンチック財団（Fundación Maquita Cushunchic Comercializando como Hermanos：MCCH）およびエクアドル共同体商品化ネットワーク（Red Ecuatoriana de Comercialización Comunitaria：REDECC）である。

5．サリナス教区の経験をどう捉えるか
──アンデス高地における位置づけ

(1)　アンデス高地における他の実践例

　ラテンアメリカの通例にもれず，エクアドルでも連帯経済の試みとして捉えられる事例がいくつも存在してきた[33]。それらは，都市部や農村部の諸集団によるローカルな共同体を基盤とする生活防衛的な生存戦略が中心である。カトリック教会やNGOから支援を受ける場合が多いが，政府からの支援を受けることもあった。

156

第4章　エクアドル・アンデス高地における連帯経済の実践

前述のMESSE は，連帯経済の試みを，1）連帯事業体，2）文化的アイデンティティ，3）都市的アイデンティティ，4）ネットワーク組織，の4つに分類している（Vázquez y Jiménez 2013）。このうちサリナス教区の事例で顕著となる「連帯事業体」の試みは，アンデス高地の他地域でも類例が見られる。北部におけるカヤンベ地区クイ（天竺ネズミ）飼育販売女性協会（Asociación de Mujeres de Cuyes de Cayambe: APROCUYC），中部におけるシミアトゥグ地区刺繍民芸品生産販売財団（Federación Artesanal de Simiatug），南部におけるロハ県オーガニック製品・民芸品製造販売（Finquero de Loja）などの事例である。

サリナス教区が立地するアンデス高地はアンデス山脈に沿って南北に高地が広がり，そこに農村部が連なって都市が点在している。一般に，アンデス高地の農村部や都市周辺部で観察される連帯経済の実践は，自然環境の多様性を活用したアグロエコロジー製品[34]や民芸品などの生産販売に関連した試みであり，物々交換が繰り広げられる交換市場の試みもある。そのような実践例としては，北部カヤンベ地区におけるアグロエコロジー製品の市場（ミンガ[35]，コミュニティ・エコツーリズムなどを含む実践の一環），パキエスタンシア共同体（Comunidad de Paquiestancia），北部インバブラ地区におけるアワ（Awa）民族アグロエコロジー製品生産販売協会（Productores de Lita），北部ピマンピロ地区におけるアフロ系と先住民の間の交換市場（Trueque Afro-Kishwa Pimanpiro），北部インバブラ地区におけるナタブエラ民族の祝祭（Fiesta Pueblo Natabuela）[36]，中部グアモテ地区におけるジャガイモ生産販売財団（Federación Paperos de Guamote），南部クエンカ地区における農産物と民芸品の日曜市であるラ・ミンガ市場（Feria La Minga de Cuenca）などが挙げられる。しかし，これらに比べると，サリナス地区の連帯経済ではアグロエコロジーや交換市場の要素はほとんど見られず，むしろ酪農の比重の大きさが目立っている点に特徴がある。

エクアドルでは，サリナス教区と並ぶ連帯経済の成功例として，北部コタカチ郡（Cantón Cotacachi）における実践例が注目を集めてきた。コタカ

チ郡では，先住民のアウキ・ティトゥアニャ（Auki Tituaña）知事の統治（1996〜2009年）のもとで，環境都市宣言を行い，住民自治を基盤とする一連の社会経済改革が実行されてきたが，それらの多くは連帯経済の特徴を備えていた。コタカチ郡の熱帯低地であるインタグ地方ではアグロフォレストリー（森林農法）によるコーヒー栽培や外国企業による鉱山開発への抵抗運動が行われ[37]，都市部では参加型予算や地域通貨の試みが進められてきた（Municipio de Cotacachi 2002, Ramírez 2001）。これらの事例には，もちろん協同組合などの組織基盤や手工芸品の生産販売など，サリナス教区との共通点はあるものの，先住民政治家による強力なリーダーシップ[38]という点も含め，サリナスの場合とは異なる特徴が多く見られる。すなわち，コタカチや他の事例に比べると，サリナス教区の場合は，農牧製品の加工販売という事業を強力に推進する中で，関連事業体の組織多角化と販売網の確立・強化という経済活動の推進に向かった。この意味でサリナス教区の状況は，コタカチ郡の事例との共通点よりもむしろ，コタカチの近隣にあるオタバロ（Otavalo）の先住民が，織物や民芸品などの生産販売を地場市場から国際的ネットワークまで拡大してきた過程の方と類似点を持つように思われる[39]。

(2) サリナス教区の経験と特徴を連帯経済に位置づける

サリナス教区の実践例は，連帯経済という枠組みでどのように理解できるであろうか。サリナス教区の発展が最初から連帯経済の枠組みで捉えられてきたわけではない。「連帯経済」という概念がエクアドル国内でいつから使用され始めたのかを特定することは難しいが，さほど長い年月を経過していないのは確かである。中央政府が公式に使用したのはコレア政権下であり，国家による制度化は最近のことにすぎない。

カナダ人研究者リサ・ノースはサリナス教区の事例を「農村開発のコミュニティ戦略」として論じる。コミュニティ組織（organizaciones comunitarias）ないしコミュニティ企業（empresas comunitarias）として着目し，エクアド

ル・アンデス高地における生産多角化の成功例の1つとして取り上げている。ミクロ地域発展の成功例（experiencia exitosa de desarrollo microregional）とも表現し、コミュニティに基盤を置いた農村事業（empresas rurales de base）の成功例であるとして、農村開発におけるNGOや国家の役割に言及する。そして、サリナス教区の場合、農地改革の不徹底や度重なる経済調整と新自由主義政策を背景として国家が農村開発に大きな役割を果たして来なかった反面、カトリック教会やNGOなどが重要な役割を担ってきた成功例である、と指摘する（North 1999など）。

サリナス・グループの大きな特徴は、統合的な組織構成や公平かつ持続的な組織運営にあると評されている。そして、グループは次の6つの競争的実践を行っていると指摘される。すなわち、①社会的責任を持って働くこと、②事業体自体に再投資すること、③近親者間で連携すること、④戦略的同盟を結成すること、⑤手工芸的要素をおろそかにせず生産過程の技術化を図ること、⑥エクアドル製の商品を提供しかつ品質を優先しながら広報を行うことである。また、サリナス・グループに見られる連帯経済の構成要素としては、自主管理、連帯性、経済的利益の追求という3つが指摘されている（González 2016: 33-38）。

これらの評価に基づき、サリナスの経験からいくつかの特徴と条件を導き出せば、次のような点を指摘することができる。

1）農牧業の発展に必要な土地分配が農地改革を通じて一定程度実現されていたこと。

2）周辺部に住む先住民農民だけでなく中心部に住む混血中間層にとっても、事業展開やその事業多角化にあたり、資金面や技術情報面で外部支援を得られたこと。

3）協同組合を結成して住民間の協力や連帯を確立し維持したこと。それが、住民参加の生産活動を軸とする地域経済を成立させ、事業の多角化につながったこと。

4）付加価値を付与しつつ製品の販路を開拓するために技術や情報の面

で外部支援を得ることができ，市場ネットワークへのアクセスが開かれていたこと。

5）技術改良と収益性の向上に努めつつ，収益の一部を設備投資や地域社会事業や文化教育環境整備面に還元できたこと。

6）同時に，FUNORSAL を軸とする組織体サリナス・グループを形成することで，水平的および垂直的な統合を進めて事業とコミュニティの連携を深めながら，外部支援への依存を調整しつつ自律性を高め，コミュニティ発展の経路を構築することができたこと。

このように整理すると，先住民共同体を基礎とするサリナス教区においては，小規模な事業体が徐々に形成されて相互の連携を強める中で，生産と組織化が地元の農牧業事業者によって担われてきたことが分かる。それは地域住民が自立を図る過程である。逆に言えば，外部者であるカトリック教会やNGO は支援組織となってきたが，かといって教区の外部から企業家や経営者が参入してきたわけでも外部の企業が誘致されたわけでもない。この意味で，生産チェーンの構築には内生的で自律的な性格が明確である。同時に，生産物の販路拡大には，利潤が教区や共同体の内部に再投資される仕組みを築くことが不可欠であった。

実際，販売による利益が新しい生産活動に再投資される仕組みがつくられると同時に，サリナス教区の内部に向けて生産チェーンが形成されて雇用増につながる流れと，外部つまり国内の主要都市部への販売網の形成が進められる流れとが生まれた。教区の中心部だけでなく，周辺部の貧困地区や先住民共同体を巻き込んで，農牧生産や他の新しい生産活動を展開する方向性が構築されたことが，サリナス教区が内生的発展を遂げる大きな要因になった。前者について見ると，例えば，チーズ生産工場だけの雇用者数は4〜8名と小規模にとどまったが，乳製品の生産に必要な乳牛の飼育と搾乳という関連業務が，周辺部に住む多くの農家に雇用機会と安定収入をもたらし，教区の中心部と周辺部の間で連関効果が生まれたのである（North 1999: 159）。

第 4 章　エクアドル・アンデス高地における連帯経済の実践

おわりに──連帯経済の可能性

　サリナス教区の事例を中心に，エクアドルの連帯経済の実践における可能性と課題をまとめたい。2000年代以降のラテンアメリカ諸国における社会運動や左派政権の経験の中で，エクアドルでも連帯経済と呼び得る実践の例が各地でいくつも見られるようになった。それは先住民あるいはアフロ系住民の社会的文化的慣行に根差した試みや，都市住民の生存戦略に密着したものまで多様であり，多くの場合ローカルな場における局所的経験となっている。同時に，各地の試みを結びつけるネットワーク型の実践も散見される。それら民衆連帯経済の実践には資本主義へのオルタナティブを模索する志向が見られるものや，資本主義の枠の中で市場原理を適切に取り込みつつ地域社会や人間集団の連帯性と持続性を高めようとする試みも多く存在している[40]。

　その中でサリナス教区における連帯経済の実践は，発展の軌跡と結果が比較的明瞭であるため「成功例」として注目されやすい。しかし，単線的発展を示したわけではなく，挫折や困難に直面しつつそれらを乗り越えてきたことが分かる。サリナス教区の場合は，先住民農民の伝統を持つ地域を舞台として共同体間の連携を構築し，多様な生態環境と原材料などの好条件を活かしつつ，同時に外部の支援とネットワークを活用することで事業の多角化や統合を図り，自律的発展を達成してきた。40年に及ぶ歴史を縦糸とすれば，それが事業多角化やネットワーク構築という横糸と交わり，連帯経済の形成による自律と発展を実現できたという強みがある。それは，長年をかけて地場産業に連帯性と協同性を埋め込んできた結果であり，サリナス教区では，倫理的配慮を含む連帯経済の要素と市場原理とを適切に組み合わせながら，自律化と自主運営を可能にしてきた。その経験と挑戦から学ぶべきことは少なくない。

161

【注】

[1] ブエン・ビビールは先住民言語（キチュア語のsumak kawsay）に由来し，アンデス先住民の宇宙観を反映する概念である。自然と調和しつつ社会成員の生活向上を図る代替的な社会発展の理念とされ，到達目標として中央政府の国家政策に取り込まれた。ブエン・ビビールの概念や議論，背景についてはAcosta（2013），新木（2014: 239-244）を参照。

[2] 2012年2月には民衆連帯経済・金融部門組織法の細則が定められた。

[3] コムーナ銀行（banco comunal）とは，最小の行政単位である先住民農民共同体コムーナ（comuna）においてマイクロクレジットなどの小規模融資を行う地域金融機関である。

[4] 2012年6月に民衆連帯経済監督庁（Superintendencia de Economía Popular y Solidaria：SEPS），同年12月には民衆連帯金融国家審議会（Corporación Nacional de Finanzas Populares y Solidarias：CNFPS）がそれぞれ設置された。前者は民衆連帯経済組織の管理・監督を担う公的技術機関であり，後者は民衆連帯金融部門組織（Organizaciones del Sector Financiero Popular y Solidario：OSFPS）に対して金融サービスを提供する公的機関である。

[5] ラテンアメリカの連帯経済に関する代表的研究者であるアルゼンチン出身のホセ・ルイス・コラッジオ（José Luis Coraggio）は，このIAENで教鞭をとりながらエクアドル政府へのアドバイザー的役割を果たしてきた。彼は民衆経済や労働経済の分析に長年取り組み，民衆連帯経済（economía popular y solidaria）という表現よりも社会的連帯経済（economía social y solidaria）という表現を使用することが多い。経済は生産・分配・流通・消費の過程の制度であるとし，諸原則として5つの要素を指摘している（Coraggio 2011: 377-382）。

[6] 連帯経済の代表的研究者チリのルイス・ラセット（Luis Razeto）が提唱した概念である。

[7] 類似の概念として「連帯経済ネットワーク」（redes de economía solidaria）という表現もある。それは連帯経済が「関係の空間」（espacio de relaciones）を構築するという見方に立つ。

[8] 2009年に産業生産性省がサリナス教区は他に適用すべきパイロット・プロジェクトだと宣言した（Marcillo Vaca y Salcedo Aznal 2010: 178）。また，2012年11月にこの地を訪問したドリス・ソリス・カリオン（Dolis Solíz Carrión）経済社会包摂大臣は，サリナス教区の経験は民衆連帯経済の法的規範と制度化における成果として模範的共同体かつ基本的礎石であると評した。

第4章　エクアドル・アンデス高地における連帯経済の実践

9　「微小地域の発展（desarrollo microregional）」（North 1999）という表現がなされ，
また貧困，失業，出稼ぎというアンデス高地農村部を取り巻く困難な状況を視野に入
れ，局地的な「発展の島（isla de desarrollo）」（García 2014: 44）と捉える見方もある。

10　エクアドルではパロキア（教区）は最小の行政単位である。もともとはカトリッ
ク教区として導入されたが，現在では同時に行政の最小単位ともなっている。本稿で
は，パロキアという語を教区かつ行政単位として用いる。

11　山深いサリナスの集落は寒村とった雰囲気で，カトリック教会や公園，飲食店が
ある中心部とその周り広がる傾斜地に，住居や連帯経済の事業所などが点在している。

12　この原理は，アンデス高地の先住民が植民地時代以前より維持する伝統的慣行と
される。

13　農業生産に従事する人口が多いことから，農村部としても捉えられる。

14　それらの共同体は1970年代から1990年代にかけて創設された。

15　司教区とは，カトリック教会の組織運営において司教によって管轄される区域を
指す。サリナス教区を管轄するのはリオバンバ司教区である。

16　首都キト市からサリナス教区の中心部まで行くには，バスで5時間以上かけてパン
アメリカン・ハイウェイを南下し，最寄りの地点から通りがかりの車両に乗せても
らって集落まで道路を登っていく必要がある。1ドルを払って30分くらいかかる。そ
の道路が開通する以前，集落を訪れる手段は徒歩に限られていた。

17　エクアドルの先住民組織は三段階に応じて存在する。①共同体レベルの基礎組織
（comuna, centro, cooperativo が含まれる），②これを構成員とし教区レベルの広がり
を持つ二次レベル組織（Organización de Segundo Grado：OSG, asociación, unión,
federación），③郡や県レベルの広がりを持つ三次レベル組織（Organización de Tercer
Grado：OTG）の3つである。サリナス・グループの構成組織は二次レベル組織であ
り，グループ自体は第三次レベル組織となる。三次レベル組織は地域レベル組織を経
て全国レベルの先住民組織（例えばCONAIE）の傘下に置かれる。

18　サリナス・グループによる年報（anuario）や公式サイトの情報では，サリナス教
区の人口は約1万人だと公表されており，国家統計との差が著しい。

19　モントゥビオは2001年の人口センサスで承認された新しい混血民族集団である。

20　2010年の人口センサスでサリナス教区の人口は5,821人と集計された。自己申告に
よる人種民族構成は，メスティソ3,344人（男性1,719人・女性1,625人，人口比57％）
と先住民2,278人（男性1,118人・女性1,160人，人口比39％）の合計で全体の96％を
占める。他は白人86人（男性53人・女性33人），アフロ系64人（男性33人・女性31
人），モントゥビオ19人（男性11人・女性8人），ムラート21人（男性8人・女性13

163

第Ⅱ部 コモン・グッドを追求する連帯経済

人)，黒人3人（ネグロ，男性2人・女性1人）などとなっている。

[21] エクアドルでは1960年代前半に農地改革が行われ，1970年代前半にも農地改革が実施された。前者を第一次農地改革，後者を第二次農地改革とみなすことが一般的である。

[22] FEPPは，農民社会の発展に資する社会活動を推進するために，カトリック教会のイニシアティブを受けて1970年に設立されたエクアドルのNGOである。Populorum Progessioという名称の部分は，1967年にローマ教皇パウロ6世が発布し，開発問題を取り上げた同名の回勅『ポプロールム・プログレシオ』（諸民族の進展）に由来している。

[23] 1905年チリ生まれ。1951年エクアドルに到来し，1958年ローマ教皇からグアランダ司教区の担当を命じられ，1970年に司教に昇格。貸付を通じた零細農村共同体の社会開発を目的として，1970年にFEPPを創設した。

[24] ブラジルの貧困者を救済するために1967年にイタリアで設立されたボランティアのNGO。アンデス諸国（エクアドル，ペルー，ボリビア）でも活動を続ける。

[25] 1939年ベネチア生まれ。1970年よりエクアドルで司教活動と社会経済活動に従事する。長年サリナスに暮らし，サリナス教区司祭（párroco de Salinas）を務める。

[26] その他，米州開発銀行（Inter-American Development Bank：IDB）などの国際金融機関からも支援を受けることができた。

[27] 2006年頃には牛乳生産量は日産6,750リットルに増加し，チーズ生産も1,200家族が従事するまでに拡大した（Lara 2014: 4）。

[28] タグア（tagua）はエクアドル太平洋沿岸に自生する熱帯性高木で，果実が天然ボタンに加工される。種子の色と硬さから象牙椰子とも呼ばれる。

[29] トゥロン（turrón）は焙煎したアーモンドやナッツと蜂蜜，砂糖，卵白を混ぜ合わせて板状に加工した菓子である。スペインやラテンアメリカなど各国でクリスマスやそれ以外の時期にも食べられる。

[30] 例えばTEXSALの場合，2009年の製品販売先は観光客への販売52％，イタリアへの輸出26％，日本への輸出16.63％，ドイツへの輸出2.14％などであった（Aldás 2014: 99）。

[31] TEXSALの会員数は1980年に50人，2003年に89人，2014年に292人と増えてきた。

[32] その他，エクアドルの連帯経済ネットワーク組織として次の組織が挙げられる。①Red Nacional Tierra y Canasta "Soberanía Alimentaria para una Sociedad Solidaria（大地と食品バスケット全国ネットワーク「連帯社会への食糧主権」）：食糧安全保障の観点からアグロエコロジー生産者や消費者組織を結集した全国組織，②RENAFIPSE

164

（Red Nacional de Finanzas Populares y Solidarias del Ecuador，エクアドル民衆連帯金融全国ネットワーク）：地域金融組織を統合する全国組織，③FEPTCE（Federación Plurinacional de Turismo Comunitario del Ecuador，エクアドル・コミュニティ・ツーリズム多民族連合）：100以上の組織を結集。

[33] IAENにおける連帯経済研究の成果の1つである『社会連帯経済入門』（Introducción a la Economía Social y Solidaria）（Jácome 2014）では，地域ごとまたは全国レベルで多数の事例を表（pp.48-63）にまとめている。重複もあるが，把握された実践例の総数は225に及ぶ。

[34] アグロエコロジーとは，エコロジー（生態系）の概念と原則に基づく農業の実践であり運動である。近年では，エクアドルを含むラテンアメリカ各国で実践されている。

[35] ミンガ（minga）はアンデスの先住民農民共同体で伝統的に行われる共同作業を指す。

[36] ナタブエラはアンデス北部に居住するキチュア系の先住民であり，エクアドルにおける先住民運動の活発化によって民族的自覚を高めた集団の1つである。農耕にまつわる祝祭を年に何度か行うが，それらの実践は民族文化の再創造を目的とした文化社会活動として，広義の連帯経済の実践例に含められる。

[37] インタグ地方では，鉱山開発（銅・モリブデン）に対し，環境保全団体DECOIN（インタグの生態系の防御と保全）を中心とする抵抗運動が続けられてきた。

[38] エクアドルでは先住民首長による自治的地域発展の代表例として，コタカチ，オタバロ，グアモテなどの場合が知られる。

[39] ただ後者の場合，先住民というアイデンティティを強烈に打出すオタバロの男女が，自ら行商人として国内各地や国外まで出かけていった点が特徴的である。

[40] 2010年から2013年にかけてコレア政権は，国際社会や市民社会の協力の下，東部アマゾン低地のヤスニ国立公園における油田開発を放棄するというヤスニ―ITTイニシアティブの実現を模索した。失敗に終わったが，このイニシアティブをグローカルな連携に基づく連帯経済の試みとして位置づけ，その限界と可能性を考察することができるであろう。

■引用文献

新木秀和（2014）『先住民運動と多民族国家―エクアドルの事例研究を中心に』御茶の水書房。

藤岡亜美（2012）「サリナス―自立発展のモデル地域」新木秀和 編『エクアドルを知る

第Ⅱ部　コモン・グッドを追求する連帯経済

ための60章』明石書店，第2版，274-279頁。

Acosta, Alberto（2013）*El Buen Vivir. Sumak Kawsay: una oportunidad para imaginar otros mundos*. Barcelona: Icaria.

Aldás Pinzón, Jéssica Rubí(2014)"Crítica de la participación de la mujer en el proceso comunitario de la parroquia de Salinas de la provincia de Bolívar, caso Texsal". Tesis de grado para la obtención del título de Ingeniería Empresarial en la Escuela Politécnica Nacional.

Bebbington, Anthony et.al.（1992）*Actores de una Década ganada: Tribus, comunidades y campesinos en la modernidad*. Quito: COMUNIDEC.

Coraggio, José Luis（2011）*Economía social y solidaria: El trabajo antes que el capital*. Quito: Abya-Yala.

García García, Mónica Amparo(2014)"Relaciones de género en el mercado laboral de la economía solidaria: el caso de la fábrica de hongos". Tesis para obtener el título de maestría en ciencias sociales con mención de sociología. Quito: FLACSO Sede Ecuador.

González Villafuerte, Verónica（2016）"Economía popular y solidaria, un eje para el desarrollo económico y social, caso PRODUCOOP（Cooperativa de Producción Agropecuaria "El Salinerito"）período 2006-2014". Disertación previa a la obtención del título de Economista. Pontificia Universidad Católica del Ecuador.

Gruppo Salinas（2012）*Anuario: Balance Social y Económico*. Salinas de Guaranda.

INEC（2001）*Censo de Población y vivienda 2001*. Quito: INEC.

INEC（2010）*Censo de Población y vivienda 2010*. Quito: INEC.

Jácome, Víctor（2014）*Introducción a la Economía Social y Solidaria*. Quito: IAEN.

Lara Santamaría, Mariana Yamel（2014）"Modelo de marketing estratégico enfocado en fortalecer el posicionamiento de la marca El Salinerito en el distrito metropolitano de Quito". Trabajo de titulación previa a la obtención del título de ingeniería comercial. Quito: Pontificia Universidad Católica del Ecuador.

Marcillo Vaca, César y Alejandro Salcedo Aznal（2010）*Economía Solidaria: Teoría y realidades de éxitos comunitarios; Historias de superación en Ecuador y Castilla La Mancha*. Barcelona: Fundación Iberoamericana para el Desarrollo.

Municipio de Cotacachi（2002）*Plan de desarrollo del Cantón Cotacachi: un proceso participativo*. Cotacachi-Ecuador: Asamblea de Unidad Cantonal ［3ª ed.］.

North, Liisa（1999）"El Programa de Salinas, una experiencia de desarrollo micro regional" en Manuel Chiriboga y colaboradores comps. *Cambiar se puede: Experiencias del FEPP en el desarrollo rural del Ecuador*. Quito: Abya-Yala.

North, Liisa（2001）"Estrategia comunitaria de desarrollo rural en un contexto de política neoliberal: el caso de Salinas desde una perspectiva comparativa" en Giuseppina Da Ros ed. *Realidad y desafíos de la economía solidaria: Iniciativas comunitarias y cooperativas en el Ecuador*. Quito: Facultad de Economía- Pontificia Universidad Católica del Ecuador, Abya-Yala.

Ramírez Gallegos, Franklin（2001）*La política del desarrollo local: inovación institucional, participación y actores locales en dos cantones indígenas del Ecuador*. Quito: CIUDAD, FORHUM.

SEPS（Superintendencia de Economía Popular y Solidaria）（2013）*II Jornadas de Supervisión de la Economía Popular y Solidaria: Supervisión diferenciada, Balance social y Experiencias cooperativas exitosas*. Quito: SEPS.

Vaudagna, Maurizio（2012）*El evangelio y la quesera: Historia del desarrollo comunitario en Salinas de Guaranda*. Quito: Abya-Yala.

Vázquez, Lola y Johnny Jiménez coordis.（2013）*Economía Solidaria, Patrimonio Cultural de los Pueblos*. Quito: Abya Yala［2a.ed.］.

第5章

家政の自立を支える連帯経済活動
―― ペルーおよびボリビアの都市民衆による実践例から

ボリビア，ラパスにて。商売繁盛または店を開く夢をかなえるミニチュア店舗。新年の祈願祭アラシータでは，縁起物としてミニチュアが販売される（2016年1月，筆者撮影）

はじめに

　私たちの生活を直接つかさどる家政の領域では，世帯を構成する家族の内だけでなく親族の中での助け合いや協力，また他の世帯との相互扶助といった連帯的な行動がよく見られる。相互扶助は連帯経済の中核を成す重要な要件である。連帯経済活動には民衆による経済活動から発展したものがあり，民衆経済活動は家政経済と深く結びついている。しかしだからといって，家政は連帯経済の一形態だとは言えない。ラヴィル（Jean-Louis Laville）が述べているように連帯経済は，家政が位置する「私的領域のロジックをはみでるもの」（ラヴィル 2012: 327）であり，「取り組む問題を公的領域において社会化しようとする点で家政経済ともインフォーマル経済とも一線を画している」（ラヴィル 2012: 328）からである。第1節で整理するが，資本主義体制において現状見られる家政経済の多くは，市場主義経済や搾取的経済体制を下支えし発展させる役割を果たしている。これらの体制の中で窮状にある人々はお互いに助け合いながら，体制に反抗したりあるいは迎合したりして生活を維持している。一方，これらの体制により恩恵を享受している上流階級や支配階級の人々もまた，自分たちが所属するコミュニティにおいて情報を共有し，必要なニーズを満たすために助け合いを行っている。富者にしても貧者にしてもそれぞれが属する人間関係の中で助け合ったり連帯したりして自分たちの家政を営んでいるのである。

　では家政と連帯経済とはどのような関係にあるのか。連帯経済活動へと発展した家政経済あるいは家政に根ざす経済的活動を取り上げ，その活動に見られる連帯の特質を整理しながら，家政と連帯経済の関わりについて考察したい。取り上げるのはペルーの首都リマで実践されているコミュニティ菜園，そしてボリビアの連帯経済運動を牽引してきた民芸品フェアトレード企業の事例である。どちらも首都郊外に形成された都市民衆居住区において，農村から都市へと移住した人々による世帯維持のための経済活

動として展開されてきたものだ。

　ペルーとボリビアとでは人口，産業構造，経済規模など随分と異なる。とりわけ新自由主義経済をめぐっては親和的なペルー政府に対してボリビア政府は反対的であり，政治面でも大きな違いがある。しかし一方で植民地主義を引き継ぎながら近代化してきた歴史と，これにより培われた社会的特質や排除のメカニズムなど，社会の根幹を構成する部分では共通するところが多い。また，都市民衆層の形成プロセスや連帯経済運動が発展してきた経緯も似ている。経済的政治的に異なる状況にはあるが，連帯経済活動の実践における助け合いや協働の内実を見ていくことで，2つの事例に共通する連帯の特質は明らかにできると思われる。事例を取り上げる前に，首都近郊に暮らす民衆の家政の特徴，次いで両国の連帯経済運動の特徴と政治経済体制について概説する。本章では考察を進めるにあたり，主にラヴィル編著『連帯経済』（ラヴィル 2012）で展開されている連帯経済に関する議論を手がかりにする。

1. 都市民衆層の家政

(1) 家政と市場主義経済

　家政は，世帯を構成する家族の日々の生命維持と生活の存続を担保するためのやりくりの総体であり，再生産の中核を成している。自らと自らの属する集団の生存に直接的に必要な物財とエネルギーについて自らが採取や生産を含めた調達を行い，加工し，提供するという自家経済が家政経済である。家政が何よりも必要とするのは，食料に代表されるような生活と生命を直接的に支える物質と，これを手に入れたり加工したりするためのエネルギーとサービスである。したがって，家政においてはソディ（Frederick Soddy）の言う「実質的富」（河宮 2010: 186-187）に価値が置かれる。食料や飲み水が手に入らない状況では財布や通帳にいくらお金が入っていても

171

役に立たない，つまり貨幣は「実質的富」の入手手段として価値があるのである[1]。また例えば食については，高価な食材が価値あるものと判断されるのではなく，価格よりも栄養面の方が重視される。すなわち家政は貨幣的価値ではなく非貨幣的価値に依拠して営まれるものである。

　衣食住の全般にわたって重きが置かれるのは物質そのものである。とはいえ過食も拒食も健康にとって良くないように，生命体としての私たちが摂取し排出する物質の量や質は，ある適正な範囲においてバランスのとれたものでなければならない。同様に衣服や住居についても，生活を営む地域の環境と調達に費やす労力とを無視するわけにはいかない。また衣のために食住を犠牲にできないように，家政では生活全般にわたって必要な様々な物質についてバランスをとって適正にやりくりすることが求められる。加えて，あらゆる物質は劣化と腐食の原理を有している。保存食にしても一定期間有効なのであって永遠に保存が効くわけではない。溜め込むことよりも，必要な時に必要な種類，質および量を調達し提供するというフローが重要なのである。家政を適正に営むためには，その時々の状況に応じて柔軟に対応できる様々な選択肢を有していなければならない。ただし一世帯で必要なニーズ全部を賄うことは稀であり，他の世帯との連携が行われる。それは物々交換であったりサービスの交換であったり協働作業であったりする。そのため他世帯とのつながりを保つための場づくりや交流機会を作ることも家政の重要な仕事になる。必要に応じて使えるやりくりの手法や選択肢が豊富であることと同時に，家政の裁量が発揮され続けられるような環境が維持されることも不可欠なのである。

　ところが現在の私たちの生活は雇用，生産，福祉，消費などすべてにわたって貨幣的価値に依拠した経済システムに依存しており，貨幣を得ることが最優先課題となっている。貨幣を使わない限り物資調達ができない環境においては，本来家政にとって必要な物財入手のための「手段」にすぎないはずの貨幣こそが，調達すべき対象となる。また通帳に印字され数値化された貨幣は腐らない。有限である物質界の法則に縛られることなく，

預金制度と利子という人間が決めたルールのもとで貨幣は貯め続けられ増やし続けられる。金銭や価格に換算した価値あるいは換算し得る価値である貨幣的価値に，市場主義経済は依拠する。その中では，非貨幣的価値に基づく多様な選択肢を活用していた家政は裁量域を狭めていかざるを得ない。世界では近代化の進展とともに職人による伝統的な生産が工場生産に変わり，農村を離れた人々が労働者となり工業化を支え，貨幣的価値に依拠する市場経済が発展すると同時に勤労者社会が形成された。貨幣を軸とするやりくりの中で勤労者の再生産を担う家政は，消費拡大の役割も果たして，勤労者社会と市場経済部門の拡張に貢献してきた（ラヴィル 2012: 56-58）。生産や自家調達の機能を有していた自家経済は縮小され，家政においては貨幣を使い消費を拡大することにより必要ニーズを満たしていく方法をとらざるを得なくなるのである。また家事一般を含めて家族成員の世話や衣食住の保全に関わる家庭内労働は生命の維持と再生産に必要な自家サービスなのだが，金銭的報酬を伴う勤労者の生産労働に比して子どもや女性が担う副次的な労働として位置づけられるようになる。非貨幣的価値に依拠した労働の重要性は，貨幣的価値に依拠する経済体制においては評価されないからである（ラヴィル 2012: 52-53）[2]。自律的に発揮できる家政の裁量域が小さくなると同時に，家政は市場主義経済体制への従属性を強めていくのである。

(2) 都市民衆居住区の誕生と相互扶助

　ペルーでもボリビアでも20世紀後半には農村から都市へと移住する人々が急増した。ペルーでは1965年頃，ボリビアでは1985年頃に都市人口が農村人口を上回った。都市に移住した農村出身者たちは，国有地や空き地などを集団で占拠し，住民主導の自助建設により新興居住地を形成していった。ペルーでは1970年代初頭には都市民衆による大規模な街づくりが始まっている。都市民衆居住区は，無計画に個々人が勝手に住みついた結果として形成されたものではない。土地占拠の前に住民組織は形成さ

れており，また街づくりのための開発計画も用意されている。事前に開発計画や市街設計図を用意できなかった場合でも，占拠後速やかに都市開発を専門とするコンサルタントやNGOと接触して計画が策定される。計画や設計図に基づいて道路整備が行われ，占拠参加者の住居場所が確定され，インフラ整備や土地登記などの行政との折衝が進められるからだ。

　ただし，農村出身者らにより短期間のうちに都市を取り囲むように郊外に形成された巨大な新興居住区域は，旧来の都市市民からの差別と偏見の対象となった。歴史を振り返るならばスペイン帝国の支配下において先住民は収奪型の経済と統治による植民地帝国の繁栄を提供し支える存在であったが，彼らは帝国臣民すなわち帝国の正式な構成員とは認められなかった。独立や革命を経てもなお，都市主流社会と先住民文化を受け継ぐ山岳地方や熱帯地方の農村社会との関係には植民地主義的色合いが濃く残っており，対等な立場にあるとはみなされていない。それが旧来の都市市民と農村出身の新住民との関係にも反映されることになり，差別視および差別的体制のもとで，歴史・社会・文化・政治・経済的に主流とされる都市市民社会とは異なる社会として「農村からの移住者を中心とした都市民衆層とその社会」が位置づけられることになったのである。

　都市民衆は都市主流社会からは排除される枠組みの中で，出身社会の人的紐帯に基づく互助活動を手がかりに都市で生き残るための活動を展開させていった。居住地形成に際しては土地占拠や造成に始まって区画割り，道路普請，上下水道管敷設，電線整備，集会所や学校，保健所の建設など，街の基盤整備は住民たちの共同作業によって実現される。土地登記や学校認可などをめぐる行政との折衝，電力会社や水道局，バス会社との調整や折衝も住民が行う。これに伴い，住民集会も頻繁に開かれ，情報の共有と意思決定がなされて街づくりが進んでいくのである。家政も同様に，食材や建築資材の入手から仕事に関する情報入手や口利きまで，伝統的な人的紐帯と相互扶助に基づいて営まれている。都市民衆居住区で実践される連帯は，共通する問題を解決するために行う協力や協働といったものが主で

ある。

　無論，排除される枠組みの変革を試みる社会運動にも民衆は参加したのであり，それはボリビアでは2006年の先住民出自の大統領の誕生へとつながり，ペルーでは2011年からの社会的包摂政策実施へとつながっている。ただし市場主義経済との関係で言えば，ペルーの都市民衆は既存体制に包摂されて都市市民化することを前提としていると言えよう。ボリビアでは国営・公営企業による経済を重視した政治経済体制にあり，都市民衆も資本主義や市場主義には批判的である。とはいえ貨幣的価値に依拠して消費を増大させていく都市的な生活については問題視しているわけではなく，貨幣経済の拡張に迎合的である。

(3)　都市生活と家政

　上述した都市民衆居住区の市街化設計は，勤労者世帯を念頭に置いたいわゆるベッドタウン形成に典型的な空間設計となっている。稀に工業区が設けられる場合もあるが，おおむね街は商業区，住宅区，公共区に区分けされる。商業区は生産空間であり店舗や家族企業規模の工場などが配置される。住宅区は居宅のための再生産空間と位置づけられ，公園や広場，公民館，教育施設などは市街内に点在する公共区に配置される。勤労者は居住区の外に働きに出て収入を得るものであり，また，各世帯がそれぞれに収入を増大させて豊かさを享受するという貨幣経済拡大の理念が，市街開発設計理念の基底にある。そして都市民衆居住区でも，都市生活のための基盤が整った後は個々の世帯に合わせた経済活動に重点が移っていき，移住初期には居住地全体に見られた共同作業や助け合いも徐々に不活発になっていく。

　ところでそもそも都市という存在は，農村や生態系など都市域以外のところから様々な物資やエネルギーを絶え間なく取り込み，そして都市域内で生じた廃棄物と廃棄エネルギーを域外へと送り出すことで成り立っている。都市の華やかで豊かな生活は大量消費によって可能となり，これを支

える大量生産は同時に大量の採取と大量廃棄を伴う。ペルーの首都リマはスペイン帝国副王都として植民地支配の頂点に君臨した都であり，ボリビアの主都ラパスも植民地支配の要衝地として栄えた都である。都市は農村と自然に依存した脆弱な存在ではあるが，しかしそこが権力の中枢であり，供給地域および廃棄先の地域の都合を無視して収奪的採取と強制的廃棄のフローを断絶させない支配と強制力を持っている場合には，極めて安定した場ともなる。

　無論，収奪を続けて自然資源が枯渇し農村が疲弊すれば結局のところ都市も存続し得ない。都市発展のための経済活動に不可欠な物質とエネルギーは地球の生態系システムに依存しているのであり，自然環境への負荷を考慮せずに経済成長を続けようとすると，やがて経済拡大により得られる便益よりも経済成長を続けるためのコストの方が大きくなり，「不経済な成長」となる（デイリー・枝廣 2014: 4-16）。しかし例えば，木材輸出のための森林過剰伐採を原因とする土砂災害や大規模農園での低賃金労働など，経済成長のためのコストが農村や自然に転嫁されていると，収奪体制の中で恩恵を受ける側にいる者はコストが大きくなっていることに気づきにくい。都市民衆の多くは農村出身者であるにもかかわらず，都市の経済成長を支える収奪的枠組みの中では，否応なく農村や自然に対して収奪する側にまわることになる。都市民衆の家政もまた，搾取されつつ搾取する側の成長に貢献するという従属性を強めていくのである。

2．連帯経済運動の展開

---

(1)　代替マーケットを求めて

　ペルーとボリビアの連帯経済運動は，民衆経済の諸実践が連帯経済理念と結びつく中で展開されてきた。また運動の推進にフェアトレード団体が大きく関わっていることも共通している。農村部では1970年代〜1980年

代にかけてヨーロッパからの技術支援や資金提供を受けて有機農業の取り組みが始まっていた。食，流通，消費，環境をめぐってオルタナティブ・フード・ネットワークを構築しようという世界的潮流[3]と，より良い発展を模索していたペルーやボリビアの小規模農家たちの試みが連動したのである。その代表例がペルーではコーヒー生産者団体，ボリビアではカカオ栽培組合による有機栽培とフェアトレードである。どちらも連帯経済運動推進の中核を担っている存在だ。

　同時期に都市民衆居住区においては市街化整備や生活改善を中心にNGOや教会などが住民への支援を開始しており，女性を対象とした収入向上と貧困緩和のための民芸，手工芸プロジェクトも実施され始めていた。女性の地位向上やエンパワーメントも含めたこの経済的自立支援活動は，やがて活動の安定的発展のために独自のマーケットの開設を必要とするようになった。そうした中で1991年，既存の市場にかわる流通の仕組みを作り出すことを目的とする共同体的通商ラテンアメリカネットワーク（La Red Latinoamericana de Comercialización Comunitaria: RELACC）の設立とともに，生産者と消費者の距離を縮める連帯マーケットの理念がボリビアとペルーにも導入され，国際会議や会合を通して相互に情報や経験が共有されながら，連帯経済運動が進展していったのである。

　もともと中央アンデス地帯の伝統的経済体系は広範な交易および交換によって成立していたのであり，家政における生活必需品の入手も，共同体を超えた広域での物財とサービスの交換に依拠していた。したがって，勤労者社会から排除される枠組みにおいて発達した民衆経済が，代替マーケットの創設と結びつけて連帯経済運動を展開するようになったことは自然の流れとも言えよう。

(2)　ペルーの連帯経済運動

　ペルーでは1997年に設立されたペルー連帯経済ネットワークグループ（El Grupo Red de Economía Solidaria del Perú: GRESP）が連帯理念の導入と

普及の中心的な役割を果たしている。生産者組合，社会組織，NGO，宗教団体，大学，その他市民団体のネットワーク組織であり，重点的に代替市場の形成活動に関わってきた。国内24地点において地域経済発展に取り組む連帯経済イニシアティブグループ（Grupos de Iniciativa de Economía Solidaria: GIES）を形成する一方，大陸間社会的連帯経済推進ネットワーク（Red Intercontinental de Promoción de la Economía Social Solidaria: RIPESS）の設立にも関わり，国内外で連帯経済活動の促進にあたっている。RIPESSは1997年にリマで第1回目の会合を開催，その後4年ごとに世界大会を開催する世界規模のネットワークである。

　協同組合活動については，コーヒーなどの小規模生産者による農業協同組合がフェアトレード運動の推進役となった他，都市民衆層では居住地形成に際して行われた住民活動が契機となって誕生した生産共同組合もある。軍事政権（1964～1979年）のもとで体制維持のための組織となるよう統制強化された経験があり，現在は国家による統制や圧力を警戒しつつ，社会連帯運動を重視する協同組合主義運動が展開されている。

　学術面での牽引役は国立サンマルコス大学社会科学部の社会的，連帯的，民衆的経済セミナー（Seminario de Economía Social, Solidaria y Popular）とその観測研究室（Obserbatorio）が担っている。女性の経済的権利を重要視しながら社会的経済，民衆経済，連帯経済についての調査研究が進められている。調査研究やプログラム実施にあたっては，ボリビアの国立サンアンドレス大学とボリビア連帯経済・フェアトレード運動（El Movimiento de Economía Solidaria y Comercio Justo）やエクアドル社会的連帯経済運動（El Movimiento de Economía Social y Solidaria del Ecuador）とも連携している。2017年に出版された"¿Otras Economías?"（もうひとつの経済？）はこれまでの調査研究を取りまとめたもので，コーヒー生産者組合，マイクロクレジット団体，リマ大衆居住地区の協同組合などペルー国内7つの連帯経済事例が取り上げられている（Montoya 2017）。

⑶　ボリビアの連帯経済運動

　ボリビアでは，前述したRELACCに対応する国内組織として，ボリビア共同体的通商全国ネットワーク（La Red Nacional de Comercialización Comunitaria de Bolivia: RENACC）が1991年に設立され，ここを窓口として農業生産，牧畜，食品加工，手工芸その他の分野で流通支援や連帯マーケットについての教育や研修が行われていった。2005年頃からフェアトレード認証制度を確立すべく，国家に対して支援政策や法整備を求める動きが展開されるようになり，2008年に生産開発・多元経済省（Ministerio de Desarrollo Productivo y Economía Plural）が連帯経済とフェアトレードの管轄省となった。連帯経済・フェアトレード運動を担っているのはカカオやキヌアなどの有機農業フェアトレード従事団体と民芸品フェアトレード従事団体，そして先住民団体やこれを支援する連携団体である。運動ではフェアトレード推進のための法案の制定に向けた働きかけや政策形成支援，連帯経済やフェアトレードに関する研修への参加，国内のネットワーク強化，国際連携などが行われている。

　調査研究分野の要は国立サンアンドレス大学（Universidad Mayor de San Andrés）大学院開発学研究科（El Postgrado en Ciencias del Desarrollo: CIDES）である。ボリビアの連帯経済の諸実践がミクロ社会集団内の現象にとどまるのか，より大きな社会集団の再生産に寄与するのか，実態把握のための調査や事例研究が進められている。主都ラパスに隣接するエルアルト市（Gobierno Autónomo Municipal de El Alto）で実践されている連帯経済活動に関する調査の他，多元経済を規定する法的枠組みの分析を踏まえて「もうひとつの経済」を求める社会運動が直面する問題についても議論されている。

3．政治経済体制

　市場主義経済と新自由主義をめぐっては，これに親和的なペルー政府に

第Ⅱ部 コモン・グッドを追求する連帯経済

対してボリビア政府は反対姿勢を明示しており，両国政府の姿勢は異なる。しかし再分配政策を重視している点，また経済開発政策は生産増大と経済成長をめざすものである点は共通している。両国とも貧困削減が進んでおり，都市部で顕著である。

(1) ペルーの政治経済体制

ペルーの経済政策は1980年代の民政化以降継続して新自由主義に基づく経済成長をめざしてきた。貧困層からの支持を受けて誕生したウマラ（Ollanta Humala）政権（2011～2016年）は，経済成長の恩恵を広く国民に還元するための回路として社会的包摂・開発省（Ministerio de Desarrollo e Inclusión Social）を設置した。社会的包摂・開発省は，困窮者への直接給付や障がい者年金などの給付型支援政策と，社会開発協力基金（Fondo de Cooperación para el Desarrollo Social: FONCODES）などによる資金援助政策の実施により社会保障の充実をめざしている。社会的平等と統合の促進を掲げる社会的包摂政策は，貧困層や社会的弱者に対する再配分をより積極的かつ明示的に行おうとする政権の姿勢を表したものである。2016年に誕生したクチンスキー（Pedro Pablo Kuczynski）政権においても新自由主義的経済政策と社会的包摂政策は引き継がれるが，重点を置いているのはインフラ整備と税制改革および財政運営の透明化である。都市市民の生活環境に直結する道路や高架鉄道の整備と拡充など，特にリマ首都圏を中心にインフラ整備が進められている。税制改革は企業活動の正規化と納税対象者の拡大により財政の健全化を図る目的がある。加えて税金の運用についてより透明性を高めることによって政権の公正さを示す狙いがある。2018年の汚職疑惑を受けてクチンスキーが辞任した後は，ビスカラ（Martín Alberto Vizcarra Cornejo）副大統領が大統領に就任し政権を引き継いでいる。

(2) ボリビアの政治経済体制

ボリビアではペルーと異なり，2006年に誕生したモラレス（Evo Morales）

政権は脱植民地化，反新自由主義，反資本主義，多様性と多元性の尊重，自然との調和，社会間の友愛などを国家理念として掲げている。国が依拠する経済モデルは，経済的社会的共同体的生産的モデル（Modelo Económico Social Comunitario Productivo）とも呼ばれる「多元経済」（Economía Plural）モデルである。国家（Estatal）経済部門を構成する国営・公営企業が余剰を創り出し，この余剰を国家が収入・雇用創出部門へ振り分ける。同部門は民間（Privada）経済部門，社会協同組合（Social Cooperativa）部門，共同体的（Comunitaria）経済部門により構成される。同時に給付型社会政策により貧困削減を行うというモデルである（MEFP 2011:9-12）。ただし共同体的経済については，連帯経済関係者からは民衆の経済実態に即していないと批判があがっており，具体的にどういう経済活動を指しているのか不明である[4]（López 2012: 120-122）。

多元経済モデルはネオリベラルモデルのもとで生じた様々な社会問題を徐々に解決し，経済余剰の適切な分配のための基盤を固め，社会主義的生産や社会主義へ移行するためのモデルであると説明されている（MEFP 2011: 4-5）。このモデルの中では連帯や公正が重要視されてはいるが，連帯経済については明示的には言及されていない。

国家開発計画は生産拡大方針を全面に出したものである。開発の実態については，例えば農業の大規模化が進められる一方で土壌回復や生態系保全のため政策は後回しにされるなど，生産および収益の増大による経済成長が追求されている。新自由主義の企業に替わって，国家部門の国営・公営企業が経済成長を担うということなのである（Colpari 2011: 157-165）。

4．連帯経済活動の事例

最初にペルーの首都リマで実践されているコミュニティ菜園の事例を取り上げる。都市化の進展に伴い農村との交流が希薄化しているリマにおいて，家政にとって最も重要な「食」のニーズを満たすための自家菜園活動

第Ⅱ部　コモン・グッドを追求する連帯経済

から発展した連帯経済活動の事例である[5]。次いで，ボリビアの連帯経済運動を牽引している民芸品フェアトレード企業の事例を見る。資本主義経済による歪みの是正をめざす経済体制において，先住民の文化やアイデンティティを肯定しつつ国際市場と結びつくことで所得向上を図り，貧困削減を目的とする活動の事例である。

(1) リマ首都圏のコミュニティ菜園

都市農業の展開

ペルーでは1980年代からの経済悪化に伴う貧困増大を背景とし，「食の危機」に直面したリマの都市民衆は「食の安全」を図る活動を展開するようになっていた。その1つが自家菜園である。もともと農村出身の移住者たちにとって庭先で野菜や香草を育て，家禽類を飼育することは馴染みのものであり，都市定住に伴い自発的な形で実践されていた。第1節で述べたように，都市民衆居住区形成のための市街設計では宅地区は家屋建設のためのスペースに限定されており，菜園用の裏庭などは設計に組み込まれていない。そのため別の区画を耕作用に新たに購入して自家菜園が営まれている。自家菜園での生産物は自家消費の他に，親戚や近隣住人あるいは母親クラブなどの住民団体に提供して臨時収入源にもされる。自家菜園はあくまで住民による個別の自発的な実践であるが，2000年頃からはこれに加えて国連食糧農業機関（Food and Agriculture Organization: FAO）が，有機農業普及と連動させた都市農業[6]プロジェクトとして普及活動と技術支援を始めるようになった。自家菜園が食の安全と食の尊厳に寄与している点が重視されたのである。同時に環境NGOや地域開発NGOそして貧困緩和をめざす自治体などによっても同様のプロジェクトが展開されるようになり，都市民衆層の中に農村とは異なる新たな有機栽培生産者と生産者団体が誕生することになったのである。

都市農業の展開は有機農産物の市場の開設をもたらした。統一した呼び名はなく市場ごとに名称は異なるが，バイオロジーやエコロジーという単

語に定期市を意味するフェリアという単語を組み合わせた「ビオフェリア」(bioferia) や「エコフェリア」(ecoferia) などが使われている。有機農産物市場は週末に開かれる定期露店市の形式をとり，農村の小規模農家と都市の中・上流層の消費者との間で成立している。生産者が直接販売をするため，消費者は直に有機栽培方法や生産地についての情報を得ることができる。有機栽培現場視察の機会もあり，食材の安全性や健康に関心を持つ中・上流層は，生産者との直接交流によって生産地方の伝統的な食材や調理法さらには農村の食文化も知ることができる。植民地主義的文化が残るリマにおいては，農村の先住民文化を引き継いだ伝統的な文化は軽視されてきたが，都市上・中流層の消費者は有機農産物市場を介して，食文化のみならず先住民文化に対する差別や偏見をも是正する機会を得ることができるのである。有機農産物市場は，野菜や果物などの生鮮食品分野で有機農業を促進するために不可欠な国内拠点である。同時に，農村の生産者と都市の消費者との関係が新しく結び直されるという点でも大きな意義を持つ場となっている。一方，都市民衆層による有機栽培の実践は，生産は農村部で消費は都市部，といったような地域分業的な発想を超えたものである。

コミュニティ菜園

　リマ首都圏の南部に位置するビジャ・マリア・デル・トリウンフォ市 (Municipalidad de Villa María del Triunfo)[7] は1999年頃から住民の「食の安全」確保と貧困改善のための戦略として都市農業振興に着目，2004年に都市農業課を設置して市内の菜園活動支援を開始し，2007年から貧困対策，食の尊厳，生活改善を目的とした「ビジャ・マリア，暮らしのための種まき」(Villa María sembrando para la vida) プロジェクトを開始した。このプロジェクトには570世帯，約2,850人が参加した。参加家庭の83％が月収152ドル以下の世帯収入しかなく，また約半数の家庭が上下水道サービスへのアクセスができていない状況にあり，参加家庭の多くは貧困状況にあった (Soto y Palomino 2007: 6-9)。プロジェクトは5年間で終了し，市長の交代

第Ⅱ部　コモン・グッドを追求する連帯経済

とともに都市農業課も廃止されたが自家菜園活動自体は継続されている。

　自家菜園活動は栽培地の保有主体ないし耕作主体によって，①私有型の家庭菜園，②共同調理活動団体[8]が運営する共有菜園，③学校や教会など公的性格を有する組織が管理ないし運営する菜園，④町会用地や市の保有地において耕作者の共同運営により実施されるコミュニティ菜園の4つに分類される。コミュニティ菜園は日本の市民農園の形態に近いが，町会や市が管理運営を行うものではなく，あくまでも耕作者たちの共同自主運営を旨とする。同市にコミュニティ菜園は13か所あるが，ヌエバ・エスペランサ（Nueva Esperanza）地区にあるコミュニティ菜園「都市農業センターパラカス」（Centro de agricultura urbana PARACAS，以下パラカス）は，大企業と連携した形で住民が耕作を行う稀な事例である。「パラカス」の耕作地は町会や市が保有する公共用地ではなく，送電会社ペルーエネルギーネットワーク（Red de Energía del Perú S.A.：REP）が保有する高圧電線下のおよそ2ヘクタールの空き地である。REPが企業の社会的責任として行っている社会活動の1つに高架線下コミュニティ菜園への支援がある。高架線の下はゴミの不法投棄地となりやすく，野犬がうろつくなど不衛生な地

写真5-1　　　　　　　写真5-2　　　　　　　写真5-3

写真5-1：放置されたままの高架線下。生ゴミや廃棄物が不法投棄されている。
写真5-2：高架線下の菜園。トマト，ナス，ニンジン，ハーブ，バナナなど，参加者は自分や家族の好みとニーズに合わせて栽培している。
写真5-3：共同苗床と実験観察用に使う野菜壇。
（写真3点とも2017年3月，筆者撮影）

帯でもあり，また街灯がないため治安が悪く犯罪も発生しやすい。地域社会の中で問題視されてきた空間をコミュニティ菜園にしたことは，保安や衛生など社会環境面での改善および緑地化効果の点から社会的な評価を高く受けた。ただし同企業のイニシアティブによって菜園活動が立ち上げられたというわけではない。コミュニティ菜園活動を実施するにあたって高架線下の空き地に目をつけたNGOや住民たちが会社側と交渉し，土地利用が許可される形で始まったものである。

　「パラカス」は2008年に1菜園グループ12名からスタートし2017年には12菜園グループ，参加耕作者60名に拡大している。菜園は均等に分割された栽培区画を耕作者ないしその世帯で運用する形態をとっており，作付けは各家庭の必要性や好みに応じて大きく異なる。野菜栽培が最も多いがサトウキビやハーブ，珍しい品種の野菜栽培も見られるなどバラエティーに富み，必ずしも自家消費だけが目的ではない区画もある。12菜園グループの内11グループが有機農産物市場，地域市場，共同調理活動団体などと連携しており，栽培作物の6～7割を自家消費用にして残りは販売にあてている。有機無農薬栽培であることは菜園グループのメンバーになるための必須条件であり，また通路を含めた区画周辺の管理や隣接する区画への配慮などに加えて各菜園グループの管理運営責任も負わなければならないが，何を栽培し，どう活用するかは耕作者の自由である。

　グループは週1回の定例会の他に必要に応じて集会を開き，また掲示板を利用した情報の共有も図られる。グループ毎に運営委員が選出され「パラカス」全体の運営にも関わる。堆肥や苗づくり，簡易灌漑の敷設，資機材の調達などの共通するニーズには協働してあたる。作付け量や種類は耕作者の自由ではあるが，人間の都合ばかりが優先されるというわけにはいかない。植物本来のリズムに合わせて作付け計画を立てなければならないし，連作障害への対応や防虫の工夫などもする必要がある。有機栽培に必要な知識や技術は日々耕作者同士の間で交換されるが，NGOや大学，有機農業支援組織らと連携して技術研修や講習会が実施され，実験栽培など

第Ⅱ部｜コモン・グッドを追求する連帯経済

も行われている。

　2017年6月3日に「パラカス」を会場として「ビジャ・マリア・デル・トリウンフォ，都市農業の日」が開催された。午前9時半に始まり午後1時半に終了した半日のイベントであったが，菜園区画内での農作業体験，講習会，交流会，有機栽培作物販売などが行われ，来場者250名以上にのぼる盛況となった。イベントの主眼は都市農業や菜園活動への理解促進と普及，そして環境教育の実施と意識改善である。同じ民衆居住区ないし近隣の住民たちの集いである点で，地方の小規模農業者と都市中・上流層の消費者とを結ぶ有機農産物市場とは異なっている。農作物販売は，同様の生活条件にある住民同士の間での経済的な助け合いでもあり，食べものに対しては消費者でしかなかった住民たちの中に有機栽培実践者，生産者を育成する動機づけにもなる。このイベントに限らず，「パラカス」には頻繁に見学や体験のために地域内外の子どもたちが訪れており，「都市農業センター」という名にふさわしく，有機栽培，都市農業の実践と普及，意識改革と環境教育の拠点となっている。REPも有機農産物の流通販売を支援するために技術支援や研修を行うほか，環境教育支援も行っている。またREPの従業員たちによるコミュニティ菜園の作業手伝いなどのボランティア活動や，彼らの子どもたちによる菜園見学や作業体験も行われている。民衆層による自家菜園活動の拡大は，直接的には，都市域内に有機栽培を行う生産者が増えるということを意味する。一区画90〜100平方メートル程度の面積で物足りなくなれば，もとより市内に農業用地は少ないのであるから，近郊農業地帯あるいは親や祖父母世代の出身地である地方へと移動していく農村回帰の可能性も開ける。実際にビジャ・マリア・デ・トリウンフォ市のはずれに位置する丘陵傾斜地では1万平方メートル規模の家族菜園が広がりつつある。

　小さな自家生産空間の集合体であるコミュニティ菜園は，情報伝達と交換，教育，販売や普及の場であり，家政と直結した住民の実践が民衆層の中で共有され，さらなる新しい実践を生み出すための契機になっている。

歴史的に地方を搾取することで繁栄してきた首都リマで，農村出身者による生産緑地の回復とコンポストやリサイクルなどの域内循環の実践が始められた。そしてこのささやかな動きは，民衆居住区の住民同士の協働と交流の場によって支えられ広がっている。

(2)　ボリビアの連帯経済運動を牽引する民芸品フェアトレード企業

沿革，組織概要

　ボリビア民芸品協会セニョール・デ・マーヨ（Asociación Artesanal de Bolivia, Señor de Mayo: ASARBOLSEM）は，エルアルト市で1989年に設立された編み物を中心とするフェアトレード企業であり，ボリビアの連帯経済運動を牽引してきた代表的団体である。製作担当専務であるアントニア・ロドリゲス（Antonía Rodríguez）は団体形成の中軸となった人物で，2010年から1年間生産開発・多元経済大臣を務めた。先住民言語であるケチュア語を母語とし，1970年代にラパスへ地方から移住してきた彼女は，先住民文化の色濃い農村出身の女性たちに典型的な経歴の持ち主である。アンデスの伝統的な農村部では女性が羊などの家畜の世話をし，糸を紡ぎ機織りに従事することはよく見られるが，彼女たちが都市に出てくると糸紡ぎと機織りに代わって編み物をするようになる。狭い室内でも，バスの中でも，路上で商売しながらでも，そしておしゃべりをしながらでも手軽にできるからだ。また貧困削減や地域開発に取り組むNGOや女性の自立を支援するNGOなども手工芸分野での技術支援を広く行っており，編み物の技術研修を受ける機会は多い。

　しかし編み上げたセーターを売る際に大きな壁にぶつかった。民芸品を扱う小売り業者や問屋がその場で買いあげることはなく，多くの場合，商品が売れた後で代価が支払われる掛売りの形態がとられる。しかも，難癖をつけられて当初の予定額を下回ることは珍しくなく，仲介業者や密輸業者などが関わっていれば，代金の支払いを踏み倒されるリスクはさらに高まる。店舗を構えた小売りや問屋，輸出業者などフォーマル経済の担い手

である都市市民が横暴な振る舞いをしても，先住民出自や農村出身という烙印によって劣位に置かれた女性たちは往々にして泣き寝入りするしかない。差別的体制の中でフォーマル経済への参入機会や雇用機会そのものが奪われているのであり，法的な救済もない。それが植民地主義的な文化に支配された当時の都市では当たり前の日常だったのである。その中で先住民系の女性たちは活路を見出さなければならなかった。

こうした背景の中，30人ほどが集まりお金を出し合って編み物製作販売グループ，セニョール・デ・マーヨを立ち上げ，エルアルト市内の広場を拠点に直接販売を開始した。その後ASARBOLSEM として体制を整え1998年に国際オルタナティブ・トレード組織連盟（International Federation for Alternative Trade: IFAT）に参加し，加盟グループ19を数えるフェアトレード団体に成長した（Guerra 2012: 50-53; AVINA 2008: 11-16）。商品はセーターやストール，マフラー，帽子，手袋などの手編み製品が主軸であるが機械編みや織物製品もある。また刺繍，楽器，陶器，装飾品も製作し販売している。編み物については，自然染料で染めた製品も化学染料で染めた製品も両方とも製作しており，また先住民の文化と伝統を守りつつ消費者ニーズに応えるためにデザインにも工夫を凝らすようにしている[9]。

ASARBOLSEM は組織形態は協会（アソシエーション）であるが，自らを社会的企業であり自主管理運営企業であるとしている。団体運営については，理事5名からなる理事会と代表取締役および製作担当専務が具体的な管理運営や経営責務を担っている。本章はこれらを便宜上「事務局」と記載する。理事は最高意思決定機関である総会において選出され，総会は各加盟グループから4名ずつが出席して開催される。

ASARBOLSEM の目的は働き手の収入改善による貧困脱却であり，企業活動理念においては自主経営，透明性，社会的貢献，環境配慮などを重視している。2017年時点でおよそ300人いる加盟員の95％が女性であり，シングルマザーも多いことから女性の自立促進や立場の改善を重視している。国連開発計画による女性の経済的エンパワーメントプログラムへの参

加をはじめとして家庭内暴力やマチスモに対する研修に参加し，ジェンダー平等と女性のエンパワーメントのための運動にも関わっている。

　製作販売については事務局が原材料の毛糸を調達して加盟グループに配給し，グループが仕上げた製品は，規定の品質基準に適合していることや消費者のニーズを見て選別されて出荷される。事務局からグループに対しては技術研修や情報提供が行われる。販売価格は，セーター1枚の製作にかかる毛糸などの原材料費と道具などの必要経費を約6割，作成費を約4割とし，この総計の約25〜30％を運営費として加算して決定される。例えば原材料費16ドルと必要経費2ドルの場合，合計18ドル（56％）に対して編み子が手にする作成費は14ドル（44％）となり，合計32ドルの25％である8ドルを運営費として加算して，そのセーターの販売価格は40ドルに決定される。

　毛糸の調達先であるラクダ科毛糸製造会社（La Compañía de Productos de Camélidos S.A.: COPROCA）は社会的企業の1つで，ラクダ科家畜であるアルパカやリャマを育てる牧民との連帯の観点から設立されており，

写真5-4　　　　　　　　　　　　　　　写真5-5

写真5-4：ASARBOLSEM事務局内で行われたグループNの会合開始直前の様子。室内右端でセーターのチェックが行われている間，奥では参加希望者に対する説明が行われていた。
写真5-5：グループNが持参した編み物製品のチェックの様子。
（写真2点とも2017年3月，筆者撮影）

ASARBOLSEM も出資者である。各グループは直接COPROCA から毛糸を調達することもでき，またCOPROCA以外の業者から調達することもできる。ただし後者の場合，調達する毛糸の品質がCOPROCA と同等であることに加えて，その業者が，牧民との関係も含めて連帯経済活動を行う企業または社会的企業であることが条件となっている。品質管理や信頼性の維持が重要視され，社会的企業同士の連携による製品づくりが行われているのである。

活動の成果

　差別されてきた先住民系の女性たちが経済的困窮状態の中で始めた自主的な活動が，その後，多数の加盟員を有する社会的企業，フェアトレード企業へと成長した成功例として，ASARBOLSEM は注目されてきた。女性のエンパワーメントへの貢献，フェアトレード運動や連帯経済運動その他の社会運動への貢献，また草の根資本主義的観点からも高く評価され，2007年にはボリビア輸出商工会議所から優秀な輸出業者であるとして「社会貢献・先進的活動優秀協会賞」(el Premio a la asociación o cooperativa boliviana más emprendedora y de mayor labor social) を授与されている。ロドリゲス製作担当専務は，大企業に混じって評価されることや注目されること自体は嬉しいことだが，自分たちが考える成功の基準は，団体の規模拡大や収益増大，加盟員の増加ではないと述べていた[10]。逆に，そもそも「仕事を占有してはならない」のであるから，「加盟人数が減ったこと」が成果なのだとも述べている。加盟員数は2000年に400人に達し，その後100人にまで減ったのであるが，ASARBOLSEM を去った300名は経験を積んで離れた，すなわち人材育成ができたのであり，それが成果なのだという。なぜなら社会や地域がこれによって活性化するからであり，財源や資金的なことよりも人的資源こそが大事だからなのだとしている[11]。「人々の能力の広がりを求めながらも，民衆経済では零細企業家，小さな労働者グループの段階にとどまることが重要視される。その目的は事業体の規模を

無限に拡大することではなく，『人間的な』規模を保ちつつ他の人々に労働をもたらすことにあるからである。零細企業家が自身の責任をもつと感じる部門の強化のために，『内包的な道』（同一組織体の中での成長）よりも『外延的な道』（セクター内での生産組織体の数の増加）を指向することもあり得る」（ラーラエチェア・ニッセン 2012: 187）という指摘が当てはまる事例のようだ。ただし，必ずしも離脱したグループや個人が経験を活かして別の経済組織を形成し，フェアトレードセクターを拡大するということが期待されているわけではない。ASARBOLSEM での経験は，それぞれの家庭や地域の文脈の中で異なる形で発揮される新しい能力のベースとなる。経験や能力は個別の集団，すでにその個人が埋め込まれている集団の状況に応じて個々人が柔軟に活用できる新しい選択肢を作り出す。そして集団としても様々な戦略を展開するための選択肢を増やすことになり，地域が活性化し発展していくということなのだ。したがって ASARBOLSEM にとっての発展や成長，成功の評価の軸は「外延的な道」よりも，「編み物」と「フェアトレード」という具体的な技能と商売の仕方に基づいた，個々人およびグループと地域の「経験」「能力」「選択肢」の拡充と増加にこそある。

仕事の手配

ロドリゲス専務は「仕事を専有しない」ことに加え「仕事の手配」が重要だと強調していた。改めて民芸品製作について整理しよう。エルアルト市内にあるグループ N は毎週木曜日に ASARBOLSEM の事務所で会合を開く。その際に持参された製品の品質チェックが行われ，次の製作についても事務局と打ち合わせが行われる。定期会合の他，月1回開かれる総会でグループとしての意思決定がなされる。

事務局は海外からの注文や売れ行き状況を見ると同時に各グループの特徴や状況を把握して製作を打診する。製作に応じてどのような製品をどのくらい提供するかは，そのグループの決定に任される。おおむねリーダーが編み子各人の得意，不得意，それぞれの家庭の事情，働ける時間などグ

第Ⅱ部 コモン・グッドを追求する連帯経済

ループ全体の力量と，稼ぎたい額，グループ運営に必要な額，技術を向上させる機会などを考慮しながら判断する。ただしリーダーの判断は製作者である編み子全員の了承が前提である。新しく加盟した編み子がいた場合については，未経験者でも大体3週間でできるようになることを目安にして，彼女たちの力量に合わせた製品づくりが行われる。とはいえ個々人が作りたいものを作っていくのではなく，あくまでもグループに対して製作依頼があるのであって，それに応えていく責任が求められる。新参者は実際に編みながら腕を磨くことになるが，不安がある場合には事務局を通して技術指導を受けることができる。

　製作品のメニューはグループが用意する。例えば淡い色調のざっくりした手編みものを得意とするグループはそれをグループの「売り」，いわばブランドにして製品をつくる。無論のことグループの「売り」は，編み子各人が得意とすることを総合した結果である。とはいえ製品は消費者の好みや注文と合致していなければならないから，グループが提供できる製作品のメニューについては事務局，グループリーダー，編み子全員の合意のもとに調整が行われ，その中で消費者のニーズに応えるための品揃えが決定される。新しい作品づくりに挑戦することもあれば，手慣れたものを作って依頼に応える場合もある。それぞれに「売り」を持つグループ同士が競争関係にも助け合う関係にもなる中で，製品づくりが行われる。事務局はこれらを勘案して最適な采配を振らなければならない。「仕事の手配」とは消費者のニーズを見ながら，編み子やグループの自律性に基づいて製品作成ができるような製作依頼をするということなのである。そのため事務局はグループの能力発揮に必要な原材料の調達，確実な販売代行，能力向上のための研修，その他必要な情報の提供と合意形成の場の確保などの責務を負うのである。

　ASARBOLSEM は加盟員の収入の増大を目的に掲げているが，編み子を雇用しているのではない。編み子はそれぞれ民芸作品を作る自立した製作者である。製品の種類や数，デザインをグループとして決定し，原材料や

道具もグループ単位で調達される。いわば協同製作とも言えるこの製品作りは，編み子各人が作り上げた完成品の持ち寄りによって実現される。したがって，労働力提供への対価や賃金として「編み賃」があるのではなく，作成費は編み子の立場からすれば自分が作った作品の売値なのである。製品の販売価格は，それぞれの編み子たちが抱える事情に基づきながらグループとして自己調整して作り上げた製品の提供に正しく見合った形としての，消費者に求められる対価である。そしてその前提には，提供された製品が消費者の生活にとっても良い結果をもたらすことがある。関係者双方にとって良い結果になるように，正しく見合った交換により「公正」となる取引を行うという発想はASARBOLSEMにとってフェアトレードの基本であるが，同時に先住民社会における物財の交換取引の伝統を受け継いだものでもある[12]。ASARBOLSEMで「仕事の手配」の重要性が強調されていたのは，公正な取引が成立するためには，編み子やグループの自立性に依拠した製品づくりが不可欠であり，そのような製作依頼をしていかなければならないからである。

5．連帯経済活動における連帯の特質と家政

　連帯とは「自」と「他」の関わり方に他ならない。取り上げた事例について，どのような関わり方によって活動が成立しており，家政とどのようにつながっているのか整理したい。

(1)　自立性の尊重と間接支援

　コミュニティ菜園の事例における「自」と「他」の関係を論じるにあたって，まずは耕作者と作物の関係を見る必要があろう。作物は植物という自立した生命体である。生態系は植物が動物および微生物とともに相互依存（共生）的関係を形成することで成り立っており，植物が健全に生きていくためにはウイルスなどの病原微生物も含めて微生物や動物との不断の交

流が不可欠である（明峯 2017: 291）。その交流の中で植物は置かれた環境に合わせて自らの生理や形態を変化させるのであるが，その際，植物自らが保有している数多くの選択肢の中から最適なものを自発的に選び実行する（明峯 2017: 270-274）。有機栽培が無農薬を志向するのは人間の健康のためだけでなく，病害虫や益虫とともに育つということが作物の健全さに不可欠だからだ。「耕す」あるいは「栽培する」とは，土壌と微生物群と作物との関係が健全なものであるよう気を配り，作物が自らの力を発揮して病害と共生し得るよう，その環境をつくることなのである。それは人間から作物に対して行われる，植物の自立性を尊重した働きかけであり，作物の生活をケアすることはその作物が関わり合っている生態系へのケアにもなる（明峯 2017: 284-292）。とはいえ作物が人間の都合を考えてくれることはおそらくない。したがって作物の自立性に依拠しつつ，耕作者は家政のニーズに応えてくれるよう働きかけを行わなければならない。この作業はいわば人間と作物との交渉とも言えよう。

耕作者同士はコミュニティ菜園「パラカス」を共同で運営する仲間であり，資機材の調達やコンポストづくり，苗づくり，種子の保全，技術研修や相談といった共通するニーズに対して，協働して対応する助け合いの関係にある。家政に必要な食材を直接提供し合うという助け合いではなく，耕作者同士の交流によってそれぞれの家庭の事情に見合った作物の栽培ができるように環境を整えることで，間接的に支援し合うものなのである。

ASARBOLSEM の編み子たちも家政のやりくりの1つとして編み物という生産活動を行っている。編み子同士は，最終的には消費者のニーズに合致するように協同で製作する仲間同士の関係にある。ただし製作はあくまで個々人が行い，その成果品を持ち寄ることで関係者全員のニーズに応えるというものである。どういう製品をどのくらい製作するかは編み子たちがグループとして話し合いながら自分たちで決定する。品揃えをめぐる調整は当人，グループ，ASARBOLSEM の3層において双方向的に行われるが，調整の軸となるのは収益や利潤ではなく，編み子各人が抱える事情である。

第5章　家政の自立を支える連帯経済活動

グループを構成する仲間の状況をよく理解し，その状況に合わせて個人と
してもグループとしても納得できる製品作りのための調整が行われる。編
み子たちの間の助け合いも「パラカス」の例と同様，家政で必要な物財を直
接調達し合うという助け合いや連帯ではなく，それぞれの家政の自立に依
拠し，これを助けるような場と機会を通して支援し合うというものである。

(2)　選択肢の拡充

「パラカス」では耕作者は互いの交流によって情報や技術を得て，作物
の種類を増やしたり栽培方法を工夫したりしているが，それは限られた面
積という条件の中で，家政にとっての調達の選択肢が増えるということに
他ならない。集団作業で作物を量産し利益を分配するという方法と比べる
と，雑多で細分化された栽培活動の寄せ集めにも見える。しかし家政が必
要とする選択肢を増やすため，また生物の多様性を保持するためには最適
な方法なのである。

ASARBOLSEMの編み子に求められる力とは，編む技量だけではなくグ
ループの売りとなるデザインやテイストを創り出し素材を吟味するなど
の，協同製作を実現する上で必要な諸能力である。その能力を高め広げる
ことが，関係する全員のニーズに応えていくために必要とされる。ただし
編み子の流動性はASARBOLSEMでは前提事項であり，編み子の能力向
上については，ASARBOLSEMを離れた編み子がその能力や経験をもとに
して地域社会全体の活性化に貢献できるという点からも重要視されている。

編み物作業も菜園活動も，編み子や耕作者それぞれが背負っている家政
のために必要な直接ニーズに依拠して実施されるが，ニーズは各世帯や所
属集団によって異なり，その時々でも変化する。家政を営む各人の個性を
活かしながら，当人が使える能力や選択肢を増やしていくことで，ニーズ
の充足に必要な千差万別の対応が可能となる。すなわち家政の裁量域が拡
大するのである。

無論，市場主義経済体制の中でも個人の能力の増大や市場の変動に対応

第Ⅱ部 コモン・グッドを追求する連帯経済

する選択肢の拡充は重要視される。ただしそれは貨幣的価値に基づく収入獲得能力を上げることであり，他の人々や存在とは競争関係にあることが前提である中で，自己や自分たちだけを優先して豊かさを追求するためのものである。同じ「選択肢の拡充」という言葉であっても，意味するところは異なる。家政の自立性に依拠し，そのやりくりの幅を広げるために支援を行う連帯経済活動においては，個々人の選択肢の拡大は，自の利だけでなく他の利に役立つカードを用意できるという意味で他者との調整の幅を広げ，同時に他者の家政の選択肢を増やすことにつながるのである。

⑶　「場」の共同運営

　耕作者の連合体である「パラカス」は作物栽培という生産の場を創り出しているが，それは同時に耕作者や有機農業関係者，専門家，消費者など様々な人が集まることを可能とする場であり，情報の交換と共有，そして発信と運動展開の場であり，個々の耕作者の生産活動が豊かになる場であり，環境教育の実践の場でもあり，いろいろな生物が生きる場でもある。そのような重層的な場である生産拠点を耕作者たちは共同で維持運営している。

　企業であるASARBOLSEMもまた，グループ毎の協同製作を保障し支援する場としての側面を持つ。そのため民芸品製作に必要な原材料や道具の調達，技能取得機会の確保，商品開発支援，販路開拓，情報伝達などは事務局の責務となる。持ち寄られた成果品について取引が行われるという点では市場の様相も帯びている。同時にグループもまた，情報，知識，能力，技術などの交換と取得が行われる場であり，加盟員同士が互いの状況を把握する場であり，総意形成の場である。協同製作現場の共同運営およびこれを支援する場の共同運営という2重構造になっているとも言えよう。「パラカス」もASARBOLSEMも，耕作者や編み子がそれぞれの家政に基づいて行う生産活動の集合体としての生産拠点である。と同時に，その生産活動を支援する場でもあり，また重層的なネットワークにおける結束点でもある。家政を適正に営むために必要な他の世帯との連携は交流や

交換の場が存在してはじめて可能となる。2つの連帯経済活動の事例においては，家政の裁量発揮に必要な，生産，協働，交流，交換などを含む重層的な場そのものが共同で維持運営されているのである。

おわりに

　家政の裁量域は市場主義経済体制では縮小される。これに対して連帯経済活動の事例においては，まず個々の家政に根差す自立的な生産活動を軸として，個別の事情や状況に即して自立性を尊重しながら調整や交渉が行われ，ネットワークの拠点であり重層的な場である生産拠点が形成維持される。その中で個々人の選択肢が増やされ，家政の裁量域の維持拡大につながっていた。

　しかし同時に課題も残る。食材の確保という点で家政と直結する有機栽培による自家菜園活動については，本来，生態系をケアすることを考えて営まれるべきものなのだが，自家菜園は規模が小さいため，耕しすぎたり，益虫が寄りつく間を与えずに害虫を捕ってしまったり，有機肥料を多投入しやすくなり，人間にとって「健康的」な作物の生産量を増大する方向に傾きやすくなる。その結果，多様な生物および微生物群の働きによる生態系の営みを阻害し，植物本来の健全性も損なう危険性がある。すべての生物において，生命の健全さは必要な物質の適正摂取，活用および排出という代謝の機能によって保たれている。これを軸として別の生命体との間で物質やエネルギーのやりとりが行われ，生態系の循環の輪が形成されている。したがって有機栽培では人間にとっての使用価値だけではなく，人間と作物の双方の代謝を保全することそのものに価値を置く，「物質代謝的な価値」（サレー 2011: 5-7）を意識することが必要となる。耕作と栽培が生命系をケアするような働きかけになるのか，搾取と収奪になるのかは，菜園で日々紡がれる作物との交感，そして耕作者間の交流と価値創造の内実にかかっている。

第Ⅱ部｜コモン・グッドを追求する連帯経済

　一方，家政の基礎単位となるモデルは閉じた集団であり，その内部編成は家父長制などのように専制的にもなり得るし，逆に民主主義的にもなり得る。また，編むという作業も野菜を育て販売するという作業も，家事の合間に行う手仕事であり，家庭内労働に対する価値観によってはジェンダーによる不平等ないし不公正な負担を助長するものにもなり得る。既存の人間関係が抑圧的でないという保障はないのである。さらに身内だけを対象にした相互扶助の場合，身内の共益確保のために他者を排除する可能性は否定できない（ラヴィル 2012: 19, 264-267）。この問題は家政の内部に限定されない。家政を営む上で他の世帯との連携が行われるが，それは既存の社会的つながりを基盤として成立する。そして，当人の社会化や社会的承認がこれにより再生産され維持される。ASARBOLSEM であれ「パラカス」であれ，活動のために重要視されるのは「信頼」であり，活動への参加の是非も，既存の人間関係や信頼関係に基づいて判断される。建前ではすべての人に門戸が開かれていても，実際には限定的なのである。

　既存の社会関係，信頼関係に基づく生産拠点で再生ないし創造される価値観が連帯経済的であるには，価値形成をめぐる自己批判と議論が不可欠である。自分たちの活動に「貨幣的価値に基づく利潤」以外の価値を見出し続け，同時に自分たちが所属する社会に内在する蔑視や搾取，植民地主義的要素を克服していこうとするか否かにかかっている[13]。そしてそれは例えば，フェアトレード運動を担っている ASARBOLSEM においては個々の加盟員と海外の消費者との間で社会的対話を生み出していくことも意味するのであり，コミュニティ菜園においては生活様式を振り返ると同時に自然界との対話を深める場を生み出していくことに他ならない。

【注】

[1]　ソディは実質的富を実質的富Ⅰと実質的富Ⅱに分けているが，本稿ではこの2つを合わせて「実質的富」と記す。貨幣は「実質的富」に対して「仮想的富」とされる。

第5章 家政の自立を支える連帯経済活動

金融機関による貸借や信用創出によって仮想的富は実質的富と乖離して膨張することができる（河宮 2010：186-191）。

[2]　勤労者に従属する分業形態としての家庭内労働についてミース（Maria Mies）らは，無報酬の家事労働に加えて主婦のパートなどの非正規の補助的賃金労働，さらにサブシステンス農家や小規模商品生産者の他に周縁化された人々によって行われる労働なども含めている。これらを資本主義社会の外部に位置づける区分自体が，無限の資本蓄積を可能とする，搾取の源泉としての「植民地」をつくるメカニズムであるとしている。解放されるべき重荷として「労働」をみなす一方で，女性や農民が担う生活や生命の生産に関わる膨大な量の作業については「再生産」「サブシステンス」と呼んで「労働」と区別し，「経済」の枠組みから外す労働概念自体に問題があるとしている（ミース 1997：45-61，157-192，320-326）。

[3]　オルタナティブ・フード・ネットワークは食をめぐる新しい仕組みづくりを考察する際に用いられ，世界市場を支配しているグローバル・フードシステムに対抗する概念の一つである。化石燃料の大量消費と工業化を前提にした既存の食料生産流通システムや食品産業を見直し，環境負荷を軽減し持続可能かつ安全な食料の生産と流通のためのシステムを作ろうとする動きが生じている。また健康，食文化，農業，地域社会，社会的正義などの点からも食をめぐる新しい仕組みづくりをめざす様々な運動が展開されている。日本では産直運動や有機農業など1970年代には先駆的動きが見られる。欧米では80年代のイタリアのスローフード宣言やイギリスのフードマイル運動に始まり，北米でも地域支援型農業やファーマーズ・マーケットが急増するなどの広がりを見せている。都市農業も食料の調達方法を見直す動きの1つとして世界的に広がっている。

[4]　連帯経済運動の推進者によれば，連帯経済活動を担う零細自営業者や小規模生産者の実情が考慮されておらず，「共同体」とされるものに所属していない人々を排除する枠組みだとしている（López 2012: 120-122）。筆者が聞き取りした有機農業生産者組合の関係者は，村には農業者も農業以外の自営業者や家族企業もいてそれぞれに活動をしており，自分たちはあくまで自営農家の集まりであるので共同体的経済ではないし，共同体的経済が何を示しているのか分からないと述べている。ファラ（Ivonne Farah）はコラッジオ（José Luis Coraggio）他の論に依拠しながら共同体的経済開発（Desarrollo Económico Comunitario）の概念枠組みを整理し，連帯経済との類似性を指摘しているが，同時に新しい経済と新しい政治的秩序に向けた主体の育成という統治理念が含まれていると指摘している（Farah 2013: 67-78）。

[5]　都市農業や有機農産物市場の開設はボリビアでも見られるが，「コミュニティ菜園」

第Ⅱ部　コモン・グッドを追求する連帯経済

のような事例については判然としない。例えばエルアルト市では平原地帯という地理
的条件から一戸あたりの面積が広く，世帯ないし親族単位で自家菜園には十分な土地
を確保できるということが原因として考えられる。

6　「都市農業」とは都市域内および都市近郊の農業を指すが，リマ市内の農地につい
ては宅地転用されてほぼ消滅しているため，都市内の自家菜園活動を指し表すように
なっている。

7　1961年創設。リマ首都圏を構成する43市の中でも面積が大きい。同市は7区からな
り2015年の人口は約45万人である。現在も環境保全と連帯性は市のビジョンとして
掲げられている。ビジャ・マリア・デル・トリウンフォ市ウェブサイト，http://
munivmt.gob.pe/（2018年6月1日閲覧）。

8　経済危機が深刻化した80年代に広がった都市民衆層の主婦による会員制の活動。複
数の世帯が集まり一括購入と協働調理をすることで食材購入費と燃料費を節約する。ま
た当番制で調理を行うので，主婦たちは物売りなどに専念する時間的余裕も確保できる。
共同調理活動は会員による自主運営であるが，NGOや政府機関からの支援も受ける。

9　イタリア南部，スイス，オーストリアなどでは天然染色の手編み製品が好まれるが，
北米やイタリア北部，日本，フランスは仕上がりに対する要求が厳しいため，誤差や色
ムラの出やすい手編みものや天然染色の製品ではなく，化学染料を使った製品や機械編
み製品を提供することで，相手の求める品質やデザイン，好みに合うようにしている。

10　2017年3月に筆者が行った，最高責任者フアンカルロス・ロドリゲス（Juan Carlos
Rodríguez）および製作担当専務アントニア・ロドリゲスへのインタビュー。

11　Hillenkamp がエルアルト市で調査した団体の中には ASARBOLSEM から離脱した
団体も含まれており，離脱理由は「条件が厳しいから」というものであった。したがっ
て ASARBOLSEM に関わったすべてのグループが理念や行動を同じくしているわけで
はない（Hillenkamp 2014：196-246）。

12　農村の先住民社会にとってフェリアなどの祭市や年市は重要なものだが，その取
引はカンビアクイ（cambiacuy：相互交換），トゥルエケ（trueque: 物々交換），コンプ
ラ・ベンタ（compra-venta：売買）の三重構造になっている。最重要なのはカンビア
クイで，相互に良く知り合うこと抜きには成立しない。収穫状況や家族や村落が置か
れた状況を伝え合い，絆を結び合う中で生産物の交換が「交渉」と「値切り」をとも
なって実施される。交換は贈与のし合いという結果になるが，それは自分の必要「量」
だけを念頭に置いた交換ではなく相手の必要「度」や「切実さ」に依拠するからであ
る。心情的，精神的つながりによる取引は互酬と贈与の結果となり，これにより社会

200

的絆が再構築され，経済基盤自体が盤石なものになる。トゥルエケはカンビアクイに近いが情緒的つながりは少し薄れる。顔見知り程度の農民と商人の間での取引が可能であり，カンビアクイでは入手できない物財について量と重さに依拠して取引される。しかし交換の基準は一様ではなく，その年の収穫状況などの情報が反映され，双方にとって良いもしくは正しいと判断される交換基準が適用される。コンプラ・ベンタは市場の論理において貨幣により行われる売買であり，例えば砂糖や灯油，電池など物々交換では入手できない物財を対象とする他，酒類など祭りや宗教儀礼で使用する財や交通費などの支払いにも使われる。村落外の製品の市場価格に基づいた取引になるが，取引相手は目に見える存在であり，やはり双方にとって良い結果となることが志向される（Delgado, San Martín y Torrico 1998：28-29）。

[13] 筆者の聞き取りでは，ASARBOLSEM はグループ内の「平等」を重要視していると述べていた。ただし具体的に何をもってどのような「平等」が担保されているのかについて，筆者は詳しく聞き取りをしておらず，今後の課題である。

■引用文献

明峯哲夫（2017）『生命を紡ぐ農の技術』コモンズ。

河宮信郎（2010）『成長停滞から定常経済へ』中京大学経済学部付属経済研究所。

サレー，アリエル（2011）「『物質代謝の亀裂』から『物質代謝的な価値』へ—環境社会学とオルタナティヴなグローバリゼーション運動に関する省察—」（布施 元・尾関周二 訳）『環境思想・教育研究』5 号，198-211 頁。
（Salleh, Ariel "From 'Metabolic Rift' to 'Metabolic Value': Reflections on Environmental Sociology and the Alternative Globalization Movement", *Organization & Environment*, Vol.23（2），June 2010, pp.205-219.）

デイリー，ハーマン・枝廣淳子（2014）『「定常経済」は可能だ！』岩波ブックレット No.914。

ミース，マリア（1997）『国際分業と女性』（奥田暁子 訳）日本経済評論社。
（Mies, Maria, *Patriarchy and Accumulation on a World Scale*, London: Zed Books, 1986）

ラーラエチェア，イグナシオ／ニッセン，マルト（2012）「南アメリカにおける連帯経済—チリのケース」ジャン＝ルイ・ラヴィル 編『連帯経済—その国際的射程』（北島健一・鈴木 岳・中野佳裕 訳）生活書院，第 4 章，168-212 頁。
（Larraechea, Ignacio et Nyssens, Marthe, "L'économie solidaire en Amérique du Sud: le

cas du Chili", dans Laville, Jean-Louis(éd.), *L'Économie solidaire: Une perspective internationale,* Paris: Hachette Littératures, 2007, pp.145-188.)

ラヴィル，ジャン＝ルイ(2012)「連帯と経済―問題の概略」ラヴィル編『連帯経済―その国際的射程』，第1章，15-94頁。

（Laville, Jean-Louis,"Économie et solidarité: esquisse d'une problématique", dans Laville(éd.), *L'Économie solidaire: Une perspective internationale,* 2007, pp.11-76.）

AVINA（2008）*Empresarios exitosos en sus aportes a la transformación social*, Buenos Aires : Fundación AVINA.

Colpari, Otto（2011）"El discurso del sumak kawsay y el gran salto industrial en Bolivia: Breve análisis del desarrollo rural del programa nacional de gobierno（2010-2015）", *Nómadas. Revista Critica de Ciencias Sociales y Jurídicas*, No. Especial : América Latina, Universidad Complutense de Madrid, pp.155-167.

Delgado, Freddy, Juan San Martín y Domingo Torrico(1998) "La reciprocidad andina: principio de seguridad vital", *Revista de agroecología LEISA*, Vol.14, No.4. pp.28-30.

Farah, Ivonne（2013）"Economía solidaria y desarrollo económico comunitario, una relación virtuosa", *Umbrales*, No.26, La Paz, Bolivia : CIDES-UMSA, pp.59-81.

Guerra, Pablo（2012）*Miradas globales para otra economía*, Barcelona: SETEM.

González Palacios, Carlos（2016）"El pensamiento social andino: una alternativa al modelo occidental de inclusión social", *Revista Temática*, 2016, No.2, pp.135-159.

Hillenkamp, Isabelle（2014）*La Economía Solidadria en Bolivia entre Mercado y Democracia*, La Paz: CIDES-UMSA.

López, Dania（2012）*"La Economía Solidadria en Bolivia :Alcances y limitaciones, una revisión desde la descolonialidad"*, Tesis para el programa de posgrado en estudios latinoamericanos, Ciudad de México : Universidad Nacional Autónoma de México.

Ministerio de Economía y Finanzas Públicas: MEFP（2011）"El Nuevo Modelo Económico, Social, Comunitario y Productivo", *Economía Plural*, Año 1, No.1 pp.3-12.

Montoya, Luis ed.(2017)*¿Otras economías? : Experiencias económicos sociales y solidarias en el Perú*, Lima : Universidad Nacional Mayor de San Marcos.

Soto, Noemi y Angie Palomino（2007）*Villa María sembrando para la vida*, Lima : IPES.

第6章

コロンビアにおける協同組合運動と産消提携のアソシエーション運動

サンタンデール県南部にて。カトリック教区教会司牧活動によって創設された農民指導者養成学校の卒業生による次世代の技術指導（2014年，筆者撮影）

第Ⅱ部 | コモン・グッドを追求する連帯経済

はじめに

　本章は，社会格差が根強く，かつ紛争下で農民とその組織化の動きに対する国家の抑圧も著しかったコロンビアにおいて，農村部において社会的排除を受けてきた人々がその状況を非暴力で克服するために，連帯経済の実践がどのような可能性を持つかを明らかにすることを目的としている。

　コロンビアにおける「連帯経済」概念に対する認識はまだ日が浅く，「互助」，「相互扶助のための連帯」，「集合的行為」に基づく経済とサービスの提供の実践などを表すものとして同国で最初に登場したのが「共済」（auxilio mutuo, socorro mutuo）あるいは「協同」（cooperación）の概念であった。その起源は，19世紀末〜20世紀初頭にかけての初期工業化時代に，都市工場労働者の生活や労使関係の改善を求める，労働者の運動にあった。その後，20世紀を通じて，コロンビアでは「連帯」の概念と「協同」や「共済」の概念が明示的に区別されないまま，「貧困者の生活水準の向上や災厄からの救済」という倫理・道徳という観点から，主としてカトリック教会が推進する社会活動という形で多くの実践が展開された。

　20世紀末まで，コロンビアでは連帯経済の理論と実践は協同組合運動に代表されていた。その一方で，他のラテンアメリカ諸国と同様，1980年代以降は，インフォーマルな経済活動に従事する人々の互助活動や，民衆部門の生存戦略としての「協同」と「連帯」の理念に立脚した経済活動が顕著に見られるようになっていった。しかし，民衆経済が既存の市場経済に代わり得るオルタナティブな経済システムとして認識されたことはなく，あくまでも社会運動やその組織化の一環として理解されてきた。

　「連帯経済」という概念が政府によって認識され，制度化されるに至って，連帯経済に関する研究者の議論や活動家の解釈，また公共政策立案に対するアドボカシー運動においても変化が見られ始めている。協同組合運動が主であった連帯経済実践の中に，生産・サービス・分配など一連の経済過程をアソシエーション・ネットワークによって連携して行うという新

204

しい取り組みが出現した。これは生産から消費までの経済過程に市民社会が主体的に関わることで，既存の国家，市場，社会の関係に対する新しい関係の形成を模索する動きが出現したことを示すものである。

　本章では，コロンビアの政治動向を背景に，国家と貧困層との関係に注目して，前半部分で連帯経済の概念と実践の変遷を分析する。「連帯経済」概念の発展の背景を概説したのち，1990年代以降の新法による政府の「連帯経済部門」認識の確立と現在の同部門の概況を把握する。後半では連帯経済の代表的な実践例を紹介する。1つは民衆教育と実践の実験場とでも呼べる，サンタンデール（Santander）県南部におけるカトリック司牧活動に派生した農民教育と協同組合運動，もう1つは，同じく民衆教育の経験を持つ指導者が始めた生産者と消費者を結ぶ産消提携のアソシエーション運動である。どちらも国家の社会政策や公共サービスが不足する環境にあって，オルタナティブな経済活動と地域社会の発展の道を追求したという点で代表的な事例である。最後に，和平構築というコロンビア社会の長年の課題と，それに対する今日のコロンビアにおける連帯経済の可能性と課題について考察する。

1．「連帯経済」概念の発展と制度化の前史
──互助の概念と労働運動

⑴　工業化の開始と互助主義──19世紀末〜20世紀初頭

　先スペイン期の先住民共同体の相互扶助に起源を持つ互助の伝統は，現在も先住民ならびに農村コミュニティでは慣習として実践されている。互助は，市場経済の普及以前に，生存戦略としての「助け合い」として存在し，現在でもミンガ（minga），ミタカ（mitaca），コンビテ（convite）または労働交換（cambio de manos）として存続している。それは日本の農村社会でも育まれていた「結」と近似している。

205

第Ⅱ部 コモン・グッドを追求する連帯経済

　しかし，こうした相互扶助の原型は，その後欧州特にフランスやイギリスの近代化思想とキリスト教的価値観の影響のもとに生まれた「互助協会」における「互助」や「共済」の概念とは異なり，もともと先住民の世界観に立脚するものである。19世紀後半に欧州で産業革命に伴い生まれていった連帯（solidaridad）の概念は，慈善（caridad），友愛（fraternidad）などの宗教的倫理観とほぼ同義でありながら，世俗的なモラル（債務者が互いに支払不能に陥った場合の社会的責任としての法的概念）を基盤とするものであった（Del Valle y Hernández 2009）[1]。

　19世紀末〜20世紀初頭に互助活動（mutualismo）が登場したのは，工業化の黎明期に，労働者の厳しい労働・生活環境に対し「社会問題」として国家や教会が認識し始めたためである。コロンビアでも，欧州と同様に，この時期は「連帯」と「互助」の理念が「アソシエーション」組織の中で実践に結びつけられており，連帯経済の実践組織という考えは確立していなかった。互助活動は危機回避，予防のための備え，といった考えから生まれたものであり，欧州同様，手工芸品製作業者（artesano）の協会の活動の一部として，19世紀末に始まった。すなわち，互助活動は生産労働者たちが不慮の事故に備えた生存戦略であった。この嚆矢はマニサーレス（Manizales）市の互助会（Sociedad de Socorros Mutuos de Manizales）であり，1889年にすでに定款が作成されている（DanSocial 2009: 23）。定款には互助会が労働者の不慮の事故，疾病，投獄，死亡などの災難に対応するための相互扶助システムであることが明記され，加入者は毎週10セント[2]（当時）を供出し，リスク対応のための基金を作っていた。こうした互助組織の多くはカトリック教会によって推進され，加入者の倫理的行いや助け合いの理念に基づく行いを促す機能も負っていた。この意味で当時は労働者の自主的な組織として生まれた共済・互助会の活動に，「連帯」という理念が含まれるようになった。しかし，こうした互助会はあくまで加入者限定のリスク・貧困対策であり，社会にある最貧層全体の生存問題に対応するものではなかった（Castro 2007，2008）。

206

第6章　コロンビアにおける協同組合運動と産消提携のアソシエーション運動

　20世紀初頭のコロンビア社会は，オリガルキー階層の自由主義派と保守主義派が政治権力をめぐって対立を繰り返し，さらには「1000日戦争」（1898〜1902年）と称される内戦が勃発するという，不安定な社会情勢にあった。それとあわせて，この時代にはアンティオキア（Antioquia）地方（現在のアンティオキア県とその周辺のカルダス（Caldas）地方を含む）を中心に繊維産業など，初期の工業化により産業資本主義が展開する中で，労使関係が形成され労働運動などの萌芽が見られ，労働者が国家に要求を行うことで，国家と社会の関係に変化が生まれ始めた。特に政治指導者による貯蓄推進運動に影響を受け[3]，旧来の互助会に連携した貯金組合の組織化が始まった。だがこれも最貧層の救済を意図したものではなく，貧しい労働者の労災などに対する救済制度を意図したものであり，また商工部門のエリート層も加入できる組織であった。こうして，20世紀初頭まで，共済，相互扶助と協同組合はいずれも所属メンバーに対する救済制度として扱われていた（Del Valle y Hernández 2009）。

(2)　1920年代の労働者の抵抗運動と制度化──協同組合運動へ

　1931年に協同組合規定（法律134号）が制定された。これは19世紀以降実践されてきた互助・共済の伝統に対する国家による初めての制度化と認知である。しかしながら，1920年代の労働争議の急進化に続く1931年の制度化は，あくまでも国家による統制強化を意味し，貧者救済として行われてきた伝統的実践の時代から，国家による上からの協同組合主義の推進の時代への移行であると解釈されている（Del Valle y Hernández 2009；Castro 2007）。

　1920年代は，ユナイテッド・フルーツ社のバナナプランテーションでの労働争議と殺戮事件，アンティオキア地方，メデジン（Medellín）市における当時の繊維産業の主要企業であったファブリカート（Fabricato）での労働争議[4]，社会主義運動の指導者カノ（María Cano）とトーレス（Ignacio Torres）が率いた大規模デモなど，歴史に残る労働争議が各地で展開され

207

た。こうした動きを封じ込める手段として国家は協同組合組織規定を法制度化したのであるが，背景には当時のカトリック教会の労働者の組織化運動の高揚があった。これを，カストロ（Beatriz Castro）は，自由党政権（1851〜1876年）によってカトリック教会の既得権益を剥奪する法案[5]が次々と出され，経済基盤と人民に対する支持基盤を失いつつあったカトリック教会が，国家の統制から脱却し権力回復をめざすための手段であったと解釈する（Castro 2007）。その大義名分として教会が貧困対策の推進に掲げたのが，1891年に教皇レオ13世（Leo XIII）によって公示された回勅「レールム・ノヴァールム」（*Rerum novarum*）であり，教会はこの回勅を貧者救済の社会的正義として位置づけたのであった。また，この時期貧困対策における慈善事業について，政教分離の論争があった。すなわち，教会が行う慈悲・慈善（caridad）と国家が行う社会政策における慈善・福祉（beneficencia）の区別化であり，国家の政教分離論争に基づく議論であった。この議論は国家が教会のヒエラルキーからの自立を主張したものであり，以後，社会事業において，国家と教会が支持基盤をめぐってしのぎを削っていくことになる。同時に，地方レベルでは，企業家と教会が連携していくようになった。その結果，国家，企業，教会の間にある種のコーポラティズム的な関係が築かれ，国家は組合組織の左傾化を牽制し，民衆を国家，企業，教会の権力によって保護・指導・監視することにもなったと考えられる。

⑶　冷戦期の農地改革運動──官製の組織化と教会の役割

　第二次大戦以後，協同組合運動が進展した背景には，1960年代に導入された農地改革推進のための官製の農民の組合組織（sindicatos agrarios）があった。1961年の農地改革法により「全国土地利用農民協会」（Asociación Nacional de Usuarios Campesinos: ANUC）の創設が推進されたからである。やがて農民組織は，政府指導に沿う穏健派と，土地占拠運動などのより急進的な土地分配要求行動を取り，共産主義運動とつながっていった改革派とに分裂していった。冷戦期，コロンビア政府は共産主義を抑圧しつつ農

村部の近代化のために官製の協同組合の組織化を推進した。ANUC の創設に伴い，農村信用貯蓄組合（cooperativo de ahorro y crédito）も相次いで創設されたが，1997年の金融危機によってその多くが姿を消した。しかし，地域密着型の信用組合の中には存続したものもある。例えばサンタンデール県のコンムルサントラ（Conmulsantra）やウイラ（Huila）県のウイトラウルカ（Huitrahulca）などはその代表例である（Dávila 2004）。

　他方，1960年代は，国内のいくつかの地域において[6]，カトリック教会が信徒集団を中心とした社会活動である司牧活動を活発化させ，民衆教育と農村部での組織化を推進した時期でもあった。特にサンタンデール県ではその傾向が強く，活発な司牧活動が見られた。同県では1960年代カトリック教区教会と司牧会（Pastoral Social）によって信用組合の組織化が推進された。グアネンタ地域（provincia Guanentá）では，1960年代に組織された信用組合のうち19が現在まで継続されている。この時代には，20世紀初頭に活発であったカトリック社会行動（Acción Social Católica）の活動は1930年代以降停滞していたが，欧州やカナダの協同組合論を学んだラモン神父（Ramón González Parra）[7]がカトリック教区教会司牧社会活動事務局（Secretariado Diocesano de Pastoral Social: SEPAS）を立て直し，1970年代に農民指導者養成学校を創設した。その後，同地方で農民組合と農村生活改善活動の組織化が進んだ。預金・貸付信用組合結成の中核を担ったのは，この農民指導者養成学校の出身者たちであった（Fajardo 2016，および筆者によるFajardoへのインタビュー，2016年9月）。

(4)　民衆経済の社会主義的な組織化と生存戦略活動

　官製の協同組合運動と農地改革運動による労働者と農民の組織化には国家と企業およびカトリック教会の間におけるコーポラティズム色が強く，また特に1960年代以降は革命運動を抑制しようとする国家の意思が働いた。カトリック教会は改良や進歩主義をとりながらも，国家からの弾圧を避けるために，他のラテンアメリカ諸国で進展したような「解放の神学」

第Ⅱ部 コモン・グッドを追求する連帯経済

の実践を明示的に打ち出すことはなかった。

　あえて単純化するならば，コロンビアの連帯経済の基礎となった社会運動がこれまで述べたような歴史を辿ったのには，社会運動や民衆の組織化が，政府や教会主導の官製的系列と，社会変革をめざした反体制運動の系列とに二分されていたためである。したがって，互助活動，協同組合運動と後述する近年の連帯経済の制度化の経緯を理解するには，こうした国家・市民社会（特に弱者階級の社会運動をめぐる組織化）との関係史の理解が重要である。

　コロンビアでは19世紀末から長年のオリガルキー政治支配下においてポピュリズム運動は開花せず，「国民戦線時代」（1958〜1974年）[8]には左翼ゲリラ組織の拡大に伴って，一層市民社会のイニシアティブによって根底からの社会変革を標榜する運動に対する弾圧が増していった。労働者や農民に対する官製的性格の強い組織化が進む一方で，カトリック教会は社会正義を全面に出してこれらの弱者階級の支援活動を強化したが，これは20世紀半ばの自由党支配体制下の教会への抑圧政策に対抗する意味も大きかった。

　1960年代のサンタンデール県におけるSEPASの農民の指導者養成と経済自立化支援活動は，20世紀初頭の家父長主義的な援助主義に陥ることはなく，社会主義的思想に共鳴する部分もあったが，冷戦時代の政府による左翼思想への抑圧下にあって，改革主義を強調することはできなかった。したがって，農民運動の持続性は個人のカリスマ性（例えば，1963年〜2003年までSEPAS事務局長を務めたラモン神父）や指導力に依存する傾向は否めない。サンタンデール県南部地域でSEPASを軸とした農民の生活改善と組織化運動が今日求心力を失っているのはそのためと考えられる。他方で，ウリベ（Álvaro Uribe）政権時代（2002〜2010年）の社会運動組織に対する抑圧強化も影響したと考えられる。

2．連帯経済の制度化と公共政策

(1) 法制度の整備と所轄機関の形成

　すでに見たように，コロンビアにおける「連帯経済」の認識は，1990年代以前はもっぱら協同組合運動または互助会（asociaciones mutualistas），従業員基金（fondo de empleados）などに限られていた。初期の連帯経済に関する制度化は，低所得者の社会福祉と生活向上に資するための社会的組織の形成を認め，それを監督・統制しつつ推進するためのものであったと解釈できる。したがって，法制度面でも先行していたのは協同組合に関する規定であった。すでに述べた1931年の法律第134号（Ley 134 de 1931）による協同組合規定が，「連帯経済」の制度化の前提となったと言うことができる。

　その後1986年8月4日のデクレト（Decreto：条例）2536号で初めて「連帯経済」概念が導入され，連帯経済に関する政策提言組織として「連帯経済全国審議会」（Consejo Nacional de Economía Solidaria：CONES）が創設された。その改定法である1988年の法律第79号（Ley 79 de 1988：Legislación Cooperativa）「協同組合法」では，従来の協同組合に限らず，互助協会と従業員基金も，連帯組織形態として制度化された。

　しかしながら，協同・連帯に基づく財産管理にも踏み込んで「連帯」および連帯的組織が経済の制度の1つとして公式に位置づけられ，その概念が法制度に導入されるのは1991年憲法を待たなければならない。そして，これを契機に1990年代以降の国家による連帯経済に対する認識が徐々に変化していく。

　1991年憲法の第58条に「国家は財産の協同的・連帯的（所有）形態を擁護し，推進するであろう…」とあり，第68条には「…国家は専門的，市民，労働組合，コミュニティ，若者，受益者，または非政府の共通利益を目的とするアソシエーションをそれらの自律性を損なわずに組織化，推

進と養成指導に貢献すべきで，それは行政に対する参加，協議，統制，監視などの様々な要請における（市民の）代表性の民主的メカニズムを構築するためである」と謳われている。また，第333条には「経済活動と民間のイニシアティブはコモン・グッド (el bien común) の制限内（コモン・グッドを脅かさない範囲という意味：筆者註）で自由である。…すべての者の権利である経済的自由競争は責任を伴う。発展の基盤である企業は，義務を伴う社会的機能を持つ。国家は連帯的組織を強化し，企業の発展を促進しなければならない…」という記述がある。

　以上から明らかなように，憲法において，初めて公的部門と資本経済部門と同様に「連帯経済部門」の存在が認知されたのである (Fajardo 2016)。ラテンアメリカでは，国ごとに「連帯経済」の一般的呼称が異なるが，コロンビアでは法制度上，また公共政策においては「連帯経済部門」(el sector de la economía solidaria) という呼び方が使われるようになった。

(2)　「連帯経済法」

　連帯経済部門の位置づけが憲法で認められたのち，1998年の法律第454号（連帯経済法：Marco Conceptual de la Economía Solidaria）によって連帯経済（部門）が法的に規定された。同法は，コロンビアの連帯経済の社会経済システムの保護と発展のための基本的枠組みを確立するもので，同時にその監督・推進機関も定めた。「連帯経済法」によって，コロンビアにおける連帯経済の主体となる組織形態が，これまでの協同組合，従業員基金，互助組織を中心とするものから，ボランティア組織を含むその他の非営利組織にも拡大された。

　同法第2条によって連帯経済は「社会経済的，文化的，環境的システムであり，人間を経済目的の行為者であり主体者とする統合的発展のための，連帯的，民主的，人道的で非営利な自主管理的実践によって特徴づけられ，社会的な力を集めた連合的組織として形成されている」と定義づけられている。「連帯経済法」の制定によって公共政策の対象として推進す

べき経済部門として「連帯経済」の概念が認識されることになった。

同法において，連帯経済システムとして取り扱われる対象組織は以下である。

協同組合；協同組合またはその他のアソシエーションおよび連帯的形態を持つ共有財産を統合する上部団体；連帯経済を支援する組織；コミュニティ事業；健康部門の連帯事業；プレ協同組合（precooperativas）[9]；従業員基金；互助協会；協同組合の形態を持つ公共サービス事業（ごみ収集など）；労働者協同事業（las empresas asociativas de trabajo）および第2条の連帯経済の定義にかなうすべての社会的組織（基金，コーポレーション，アソシエーション，コミュニティ行動委員会，ボランティア組織など）（ファハルド 2017: 53）。

すなわち，コロンビアの法制度では連帯組織は，コミュニティの利益に資するすべての社会経済事業体と組織を含む。このうち，従来の協同組合法およびその改正法と関連条例で規定されてきた「協同組合」，「互助協会」，「従業員基金」[10]，「協同組合支援組織」，「協同組合形態の公共サービス事業」と「プレ協同組合」は（A）連帯経済事業として理解され，その他の社会的組織でいわゆるNGOとして連帯概念によって運営されている様々な組織は（B）連帯的発展に資する経済組織（Organizaciones Económicas de Desarrollo Solidario）として位置づけられ，同法が謳う「連帯経済部門」は上記の（A）と（B）の総体として理解されている。

さらに，同法によって，連帯経済組織の推進と組織間の連携および統制を保証する諸機関の再構築が定められた[11]。まず「連帯経済全国審議会」CONES）の再編成と，連帯経済監察局（Superintendencia de Economía Solidaria de Colombia: SuperSolidaria）の設置が決められた。

それまで連帯経済事業組織の監察は「国家協同組合局」（Departamento Administrativo Nacional de Cooperativas: Dancoop）が司っていた。Dancoopは主として協同組合部門に対する公共政策の策定，実施，統制機関でもあった。

第Ⅱ部｜コモン・グッドを追求する連帯経済

　現行の連帯経済法（1998年）で「連帯的発展に資する（その他すべての）経済組織」が連帯経済部門に組み込まれることになり，今度は，政府としては様々の「インフォーマルな」連帯活動に対する規定・監督・統制の必要性が認識されるに至った。連帯経済法制定の背景にはもう1つ，1997年の金融部門の危機があった。連帯経済の主要形態であった協同組合の中でも多く機能していた部門が貯金・貸付組合であり，これに対する救済政策も必要であったためである。

　このためDancoopは政策策定と連帯経済部門の推進を担う「連帯経済国家行政局」（Departamento Administrativo Nacional de Economía Solidaria：DanSocial)[12] に改編され，新たに個々の連帯経済組織を監督する「連帯経済監察局」（SuperSolidaria）と，協同組合の存続を支援・保証するための「協同組合部門保証基金」（Fondo de Garantías del Sector Cooperativo：Fogacoop）が設置された[13]。

　連帯経済法で謳われているコロンビアにおける「連帯経済」概念を構成する基本的要素は以下である。
　①協働主義と連帯の価値
　②実践における民主主義（民主的参加）
　③経済的参加（市場に参加する経済活動であること）
　④集団的行動（個人的利益に優先される）
　⑤積極的参加（フリーライダーを抑制する）
　⑥相互扶助（共通益のための社会的統制）
　その後，連帯経済の所轄機関は，DanSocialから2011年に労働省直轄の「連帯組織特別行政ユニット」（Unidad Administrativa Especial de Orgaizaciones Solidarias：UAEOS）に再編され，2018年現在に至っている。

　コロンビアでは，保守・自由党による伝統的二大政党体制時代，政府は一貫して体制批判につながる社会運動に対して弾圧的であった。21世紀になってこの二大政党体制は終焉を迎えたとされてもなお，ウリベ政権期（2002〜2010年）の社会運動組織に対する抑圧的な体制は変わらなかった。

214

サントス（Juan Manuel Santos）政権期（2010〜2018年）は，それまでウリベ政権が戦闘による解決をめざしていた左翼ゲリラ「コロンビア革命軍」（Fuerzas Armadas Revolucionarias de Colombia：FARC）との和平構築戦略を，対話による和平交渉に転じ，2016年に政府とFARCとの間での合意にこぎつけた。和平合意後，元FARC戦闘員が社会復帰を果たすための雇用創出部門として「連帯経済部門」への期待が高まった。農民が作る協同組合やアソシエーション，地場農産品加工の協同組合も従来の連帯的事業とあわせてすべてUAEOSの事業推進対象となった。だが，UAEOSによる連帯経済政策は，連帯経済部門の制度化と啓蒙活動と，「連帯企業」部門における雇用創出にあり，オルタナティブな経済システムの形成を政府が支援しているわけではない。

(3) 公的な制度的枠組みで把握される「連帯部門」の規模の推移

連帯経済部門の規模の計測は困難を極める。現在まで，協同組合を筆頭に，連帯経済事業として長年扱われてきた部門については，個々の全国組織もあり，統計データを時系列的に辿ることがある程度可能である。しかし，DanSocial以後，監督機関の度重なる改編があり，連帯経済の全体的な状況について統合的なデータを確認することができない。また，連帯経済法で新たに連帯経済部門に統合されたその他の連帯的発展に資する経済組織については，インフォーマルな組織も多く，総合的に数的把握を可能

表6-1 コロンビアにおける連帯経済事業の団体数推移 2008〜2012年

組織形態	2008	2009	2010	2011	2012
協同組合	661,502	697,006	750,229	533,181	512,834
従業員基金	8,397	5,202	5,449	5,532	5,650
互助協会	3,658	3,769	4,758	4,890	4,130
計	673,557	705,977	760,436	563,603	522,614

出典：CENICOOP（Sistema de información CONFECOOP SIGCOOPに基づく），Superintendencia de Vigilancia y Seguridad Privada, Sistema Único de Información de Servicios Públicos, Superintendencia Financiera de Colombia, Gestarsalud, Superintendencia Nacional de Salud 等のデータベースを基にMiguel Fajardo作成（ファハルド 2017: 54）。

第Ⅱ部　コモン・グッドを追求する連帯経済

にするデータベースはいまだ確立されていない。

　表6-1 は，コロンビアにおける連帯経済事業の団体数を，主たる形態である協同組合，従業員基金，互助協会の3つについて見たものである（ファハルド 2017）。

　まぎれもなく，協同組合は連帯経済部門において，事業形態としては最大の団体数を誇り，加盟者数でも経済活動実績でも高い。2011年末の協同組合の総収入は同年のコロンビアのGDP（名目）の4.7％に相当した。だがこの寄与率はいくつかの労働者協同組合の撤退によってその後は低下傾向を示した（ファハルド 2017）。

　以上コロンビアにおける連帯経済の制度化の潮流について簡単に振り返ってみた。1990年代になり，それまでの連帯部門の主要形態として国家からも民間資本経済からも認められてきた協同組合を中心とする「連帯経済事業体」と，その他の草の根組織を含む「連帯的発展をめざす（またはその担い手としての）経済組織」とが「連帯経済部門」として法制度化され国家による管理体制が整うにつれ，コロンビアにおける「連帯経済」の可能性とそれへの期待も広がりを見せてきた。同時に，同国のアカデミズムにおける「連帯経済」概念および理論的枠組みの理解にも変化が見られはじめている。これは協同組合運動を研究対象とし，長年協同組合を連帯経済の中心的な存在として位置づけてきた研究者の認識にも変化を及ぼしたことを意味する。これまでは連帯経済すなわち協同組合主義とみなしてきたが，協同組合が事業規模の拡大に伴い，本来の連帯の理念や哲学から離れ，資本主義的経済理念に近づき，富の集積を優先することには批判的になった。他方で，主にアソシエーション形態をとり，協同組合の理念とは重複するものの，協同組合法に規定されずに連帯・互助の思想を持ち行動する団体が生まれてきたことに関心を寄せるようになったのである。

　以下では，上述のSEPASカトリック教会の司牧活動を通じた農民指導者育成の民衆教育に立脚したサンタンデール県南部の協同組合運動の実験と，生産者と消費者を結ぶネットワークによって地域経済の持続的発展を

めざすアグロソリダリア（AgroSolidaria）の活動の歴史と実践概要，そして連帯経済として掲げる活動理念について紹介する。

3．農民の自立化と協同組合運動： サンタンデール県南部の民衆教育の実験

前節でも言及したように，1960年代に始まったサンタンデール県南部のSEPASによる民衆教育に基づく農村指導者養成と協同組合運動は，その持続性において21世紀の今日，課題も抱えている。だがそれでもなお，この事例はコロンビアの連帯経済の実践の嚆矢として評価できる。

⑴　SEPAS創立の背景

SEPASは，サンタンデール県南部の3つのプロビンシア（Guanentá, Comunera と Veleña）を活動領域とするソコロ（Socorro）とサンヒル（San Gil）のカトリック司教管区教会における司牧活動事務局である。行政区分で言えば33の市（ムニシピオ）と50の教区に広がる地域で活動を展開してきた。その発足は，1960年代のコロンビアの政治経済的背景のもとで農村部が置かれた状況によって説明される。すなわち，市場中心的な経済成長の中で，階級間，都市・農村間格差が拡大し，キューバ革命の影響を受けた農民運動が高揚し，左翼非合法武装組織（ゲリラ）が形成されていった時代であった。他方，社会的不平等と困窮する農民の「解放」をめざす運動が，カトリック教会の第二期改革の潮流（1962〜1965年のメデジンにおける第二バチカン公会議）と重なってコロンビア社会に影響を与えた。当時のローマ教皇が発表した回勅における言説にあった「貧者による進歩」にも，農村の現状を知る管区教会の司教や神父たちは共鳴した。

当時イタリアやカナダの協同組合思想を持ち帰ったラモン神父は，武装化による革命運動でもなく，大資本と競争に結びつく資本主義経済発展でもなく，第三の選択肢として協同組合運動による農村の変革をめざした。

第Ⅱ部 コモン・グッドを追求する連帯経済

1963年にソコロ・サンヒル司教管区教会のカトリック社会行動の代表に就任したが，教会の社会的教義の活性化をめざし，1963年に再編されたSEPASの事務局長に就任した（Bucheli 2006；Fajardo y Toloza 2009；Cáceres y Vega 2016）[14]。

⑵ 農民指導者育成と信用貯蓄組合促進運動

SEPASがめざした社会改革は，農民の中から指導者を育て，彼らのイニシアティブによって農民の経済自立化と生活向上を図り，連帯的社会を構築することにあった。そのためにラモン神父が最も注力したのは農民教育と，教区ごとの信用組合の創設であった。

農民の社会的指導者養成学校（Insituto de Liderato Social）は，SEPASに協力する専門家たちによって，1970年にエルパラモ（El Páramo）に，1972年にサパトカ（Zapatoca）にそれぞれ設置された。当時の教育相カルロス・ガラン（Carlos Galán）は農民の統合的教育に理解を示し，助成を与えた。教育プログラムは農牧業の技術的指導だけでなく，協同組合運動，連帯と互助，コミュニティの組織化などの教科によって構成された。このほか，1980年代には移動式成人識字化教育部（Equipo Móvil）も開設された。1990年代に入り，エルパラモとサパトカの農民指導者養成学校はSEPASの支援のみでは資金的に継続が困難になり，農民のオルタナティブ教育を実践するNGO「科学の応用と教育のための財団」（Fundación para la Aplicación y Enseñanza de las Ciencias：FUNDAEC）と事業協定を締結し，以後は，SEPASの直接関与を離れ，FUNDAECと「教育と社会的発展のための財団」（Fundación para la Educación y el Desarrollo Social：FES）の助成により運営されることになった。だが，それに先立つ20年で1万5,000人を超える農村リーダーが輩出され，彼らはその後1980年代～1990年代のサンタンデール県南部の協同組合運営や農村コミュニティ活動の担い手となっていった。

もう1つの活動軸である，教区ごとの信用・貯蓄組合の創設については，

218

すでに述べたとおり，現在でも1960年代初頭に創設されたもののうち，19が継続されている。特筆すべきは，1964年に「社会的推進のための中央信用組合組織」（Cooperativa Central de la Promoción Social：CoopCentral）が設立され，50年を経て今なお，連帯の金融組織として運営されている点である[15]。2016年現在300人以上の従業員を擁する。また，1993年にはCoopCentralの財団（la Fundación Coopcentral）が設立されたが，同財団は，環境保全の啓蒙活動と，連帯経済の推進と啓蒙活動に注力している[16]。

(3) 地域産業振興の生産者協同組合：エコフィブラス

エコフィブラス（ECOFIBRAS）協同組合[17]は，地域を代表する農作物生産の危機によって窮乏した農民を救い，地域経済振興に結びつけることをめざした協同組合運動である。

エコフィブラスはサンタンデール県南東部のグアネンタ地域内のクリティ（Curití）市に位置する。クリティ市の人口は2005年の推計値ではおよそ1万5,000人，都市部人口は3,600人程度にすぎない。多くが伝統的農牧業に従事し，自給用食糧生産のほかは，フィケ（fique：サイザル麻の一種）とタバコ栽培が，換金作物として広がった。1960年代，コーヒー栽培の最盛期にあって，コーヒー輸出やその他の作物の輸送用の頑丈な麻袋の需要が拡大し，麻袋加工工場に出荷するためのフィケ栽培が急増し，1973年は一大ブームとなった[18]。しかし，ブラジルからビニール製の安価な袋が輸入されると，今度はフィケと麻袋の価格が暴落し，1976年に同産業は危機に陥った（Zamosc 1979; Zamosc y Gaviria 1979）。1980年代はコロンビアにおいてもポリプロピレン製の袋が馬鈴薯やトウモロコシの輸送に導入されるようになり，フィケ産業部門は大きな打撃を受けた（El Común 2010）。1980年代はフィケの抜根，自給作物への転作を図る農家もあったが，フィケの抜根作業はたやすくなく，同産業への依存度が高かったこの地域の農民は窮乏した。だが1990年代に入り，環境への配慮から，再び天然繊維への需要が少しずつ回復するに至った。同時に国の換金作物促進

写真 6-1

エコフィブラスの製品。(2014年, 筆者撮影)

政策にも後押しされて, クリティ市はフィケの繊維を原料に, より質の高い手工芸品を編み出し, 観光業推進事業とも連携して, 地場産業の新しい戦略を展開しつつある。

　以上を背景に, エコフィブラスは1995年に協同組合事業として発足した。2017年現在の理事長デリオ（José Delio Porras）氏はSEPASの民衆教育コーディネータとして活動した経験を持つ。地元農家から原料のフィケを買い上げ, エコフィブラスの組合員で提携するある7つの加工手工業社（すべて家族経営の工房）と, 29人の従業員（非組合員）を擁する独自のフィケ手工業製品加工場で生産を行っている（Rojas y Fajardo 2013）。工場ではフィケの製糸と染め加工と絨毯などの織物加工は行うが, バッグや履物などの小物は, エコフィブラスに組合員として参加する手工業者がそれぞれの工房で制作する。工場長や理事長の給与も, 協同組合法で定められる範囲での給与体系であり, 事業運営に関する意思決定は各組合員1票の参加によって行われている。

(4) 農民集会の組織化と抵抗と要求の集合行動

　SEPASの農民の組織化と連帯・協同運動は, 1960年代当時, 農村部の貧困の解決として, 大企業中心の経済発展推進か, 武装化した革命闘争かという, 二者択一の選択肢に対し, 非暴力の「第三の選択肢」として, 連帯理念による農村部における労働と生命の再生産の条件を確立するという, コモン・グッドを追求した活動であった。したがって, 農民組織のアドボカシー活動については,「貧者の解放」や社会的公正性を求めるカト

リック教会の社会的行動の立場から，むしろこれを支援した。また，連帯・協同運動の支柱である，水平で民主的な参加と意思決定の理念によって，SEPAS が司教管区地域の「農民大会」（Congreso Regional Campesino）の開催を呼び掛けた。ブチェリ（Marietta Bucheli）の分析によると，大会ごとに中心テーマがあり，具体的な取り組みや集合行動に帰結した（Bucheli 2001, 2006）。第 1 回の農民大会は 1967 年に開催されたが，そのときのテーマは「統合」であった。2 回目は 1968 年で，「経済的統合」が中心テーマとなり，このときに CoopCentral の設立が提案された（El Común 2010）。

　1980 年代はフィケやタバコ生産者の組織化が進んだ時期で，生産動向に伴い，労働争議が発生した。1983 年の第 7 回農民大会では，農民組織を束ね，連携を推進する組織の設立が合意された。こうして，農民組織の地域調整アソシエーションであるエル・コムン（la Asociación Coordinadora Regional de Organizaciones Campesinas, "El Común"）が創立された[19]。以後，サンタンデール南部地域では，El Común をプラットフォームとした農民運動との連携と散村の自立化支援のための技術・連帯支援活動や，農村間のネットワーク形成のための農村ラジオ局運営などが展開された。2017 年現在 El Común は活動を継続しており，行政，教育機関，NGO や労働組合との交流と連帯の場を提供し続けている。創立当時の「エル・コムン」を率いた者の大半もまた，農民指導者養成学校の卒業生であった（El Común 2010）。

(5)　連帯経済における産官学連携

　第 8 回の農民大会（1988 年）では，これまでの民衆教育と農民組織化のさらなる発展のために必要な高等教育機関の欠如が議論され，サンタンデール南部に協同組合の大学の設立が提案された。こうして，現在のサンヒル大学（Fundación Universitaria de San Gil: UNISANGIL）が創設されたのである。サンヒル大学には連帯経済研究所（Centro de Estudios en Economía Solidaria: CEES）が 1995 年に創立された。同所長のファハルド（Miguel

第Ⅱ部 コモン・グッドを追求する連帯経済

Fajardo）はサンタンデールの経験に基づき協同組合運動を連帯経済に関連付けて理論化し，運動を指導する同分野の第一人者である。ファハルドは同時に，SEPAS の専門家コーディネータとして長年活動し，ラモン神父の片腕であった。UNISANGIL では，連帯経済や協同組合，農民の組織化，地場産業の発展など，地域に立脚した産官学の連携を，連帯経済の理念に基づいて実践している。ラモン神父が実践の最前線を離れてから，SEPAS の求心力は減退し，1960年代当時の協同組合運動の創成期ほどの活気はないが，地方選挙の前には，サンヒル大学も CoopCentral の代表も「エル・コムン」を介して市民社会から行政の地域開発計画に提案を続けている。このようにアカデミズムも市民運動組織も一体となって地域行政に働きかけ，「連帯の理念による地域社会の構築」をめざすサンタンデール南部の連帯経済運動は，全国レベルで確立された連帯経済と協同組合運動のネットワーク「社会的連帯経済ネットワーク」（Red de la Economía Social y Solidaria: REDESS）の拠点となっている。

4．アグロソリダリア・アソシエーション： 生産者と消費者を結ぶネットワーク

「アグロソリダリア」（AgroSolidaria）は食糧生産，民芸品製作，持続可能なツーリズムなどの分野における，農村部と都市の消費者とを結ぶ産消提携の連帯ネットワークを軸に，連帯経済を中心としたコミュニティを建設することを目標に掲げ，コミュニティ基盤の自主管理アソシエーションが地域ごとに連携する組織である。以下の記述は，アグロソリダリアのウェブサイトで公開されている資料およびアグロソリダリアの全国連合組織（Confederación Agrosolidaria）の代表を務めるボニージャ（Mario Bonilla）へのインタビュー（2014年9月，2015年8月）に依拠している。

(1) 創立の理念・沿革と背景

「アグロソリダリア」の前身は現在も連携組織として活動する農村の小規模金融支援組織（「持続可能な発展のための協会，セミージャス」(Asociación para el Desarrollo Sostenible, SEMILLAS　以下「セミージャス」）である。「セミージャス」は1994年初頭，ボヤカ（Boyacá）県のティバソサ（Tibasosa）市を拠点として，「連帯社会経済プログラム」(Programa de Socio-Economía Solidaria) の作成と実施のための事前評価を行っていた。評価作業を通じて，個々の世帯が低所得，失業，生産資金・融資へのアクセスの不足などの構造化した問題に直面していることが明らかになり，それらを打開する方法を探求したのである。こうして連帯社会経済プログラム：「お隣さん，その手間を貸してよ」(Venga esa Mano, Paisano/a) が生まれた。このプログラムは①協同管理のアソシエーションの推進；②連帯経済についての継続

写真6-2

地域の生産者と消費者を結ぶ実践。カケタ県内の直売場への運搬。(2017年，筆者撮影)

写真6-3

ボゴタ市内のアグロソリダリアの配送場。毎週ボヤカ地域の農民グループから搬入される農作物と加工品を市内の登録消費者に分類・配送する。(2017年，筆者撮影)

写真6-4

ナリーニョ，チャチャグイ市の子どもグループが運営する連帯基金。定例運営委員会の風景。
(2016年，筆者撮影)

的な学習と技能養成，情報へのアクセスのための環境整備；③食糧の生産，加工，流通・配送のためのインフラの整備，改善と建設の3つの戦略を打ち出した。その最初の事業がコミュニティ住民の少額の貯金を基盤に導入されたマイクロクレジットであった。

アグロソリダリアは設立から20年余り，農村部の家族農を単位とした生産者共同体と都市の消費者とを結び，フェアトレードの原理に基づいた流通ルートを創造，普及することによって，既存の自由市場に対抗し，連帯，正義，公正の概念を基盤とするオルタナティブな市場経済の形成をめざしている。組織運営においては，中央統合ではなく地方分権を旨とし，後述するように，家族農を単位としたローカルレベルでの組織化を重視している。したがって，2010年に結成された全国連合組織も，隣接共同体間のネットワークと連携を経て，より大きな地域レベルでのネットワークに発展した地域連合（Federación Regional）を束ねたものである。

連帯の思想が基本的理念にあるが，アグロソリダリアはその活動の中心を農村に軸足を置きつつも，常に都市の消費者との連携とその組織化に注目してきた。都市の消費者の意識改革と組織化，そしてそれを食糧生産供給者である貧困農家の自立化につなげようという運動は，同組織の創始者グループによる，1980年代の都市貧困地区における居住権獲得運動の経験から発している。2018年現在アグロソリダリアの全国連合組織代表であるボニージャもその1人で，首都ボゴタの周縁部貧困地区における移住

農民の土地と住居を求める住民運動（共産党員が組織化した土地占拠運動を含む[20]）に学生運動活動家として関与した経験を持つ。

(2) 組織構造

2014年現在，アグロソリダリアの総加盟数は3万2,000家族で，それらが384の協同グループを組織している。協同グループはさらに「地域支部」（seccional local）としてネットワークを形成する。2016年現在全国18の行政県（デパルタメント）下，104の行政市に計123の地域支部が形成されている[21]。地域支部がさらに集まり12の地域連合が組織されている。地域連合の第1号はアグロソリダリアの前史の拠点であったボヤカ県ティバソサ市に2002年に結成され，2006年以降，その他の地域にも生まれ，2010年に全国連合が結成された。全国連合は主として公共政策へのアドボカシー活動，国内外の連帯組織とのネットワーキングと広報活動に従事する。

(3) 活動分野と中心理念

アグロソリダリアの活動の基本は食糧生産農家による循環型経済回路の形成である。すなわち，（都市であれ農村であれ）家族農による食糧生産が生活の基本にあり，生産農家も加工業者も家族農による食糧生産を生活の起点と考え，これをもとに生産者と加工業者が連携・組織化を進める。もう1つの中心概念は「生態的農業」（アグロエコロジー）に関わる生産者とそれを消費する者とのつながり，という点である。大量生産，大量消費という規模の拡大を追求するアグリビジネスではなく，自然も人間も存続可能な生産・消費の経済回路とその循環を確立することをめざしている。経済回路は①融資；②生産；③加工；④流通・配送・分配；⑤消費の5つの領域であり，それらは循環しながら経済回路を活性化する（図6-1）。

図6-1　アグロソリダリアがめざす経済循環 *
　　　〈生態保全と連帯理念に基づく食糧生産における5分野の連鎖〉

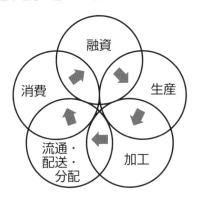

出典：アグロソリダリア（AgroSolidaria）のリーフレットなどを参考に筆者作成。
注：＊食糧生産農業の基本的回路
　① コミュニティ金融（隣人，コミュニティ内での信用・ネットワークに基づく。）
　② 生態系に配慮した生産（化学肥料，農薬の使用を極力制限する農法の適用。）
　③ 生態系に配慮した加工（道具として活用する工芸品の生産と地場の原料の重視。）
　④ 生産者と消費者が直接連携する，流通，配送と分配。
　⑤ 倫理的消費（消費者の意識化・啓蒙活動。）

　筆者は2015〜2017年にかけて，ティバソサをはじめ，いくつかのアグロソリダリアの地域連合の拠点を訪れ，それぞれの活動の特徴について調査を行った。サンタンデール県のチャララ（Chalará），ナリーニョ（Nariño）県のアンデス山岳地域チャチャグイ（Chachaguí），カケタ（Caquetá）県のフロレンシア（Florencia）がその主なものである。アグロソリダリアの全国連合の代表ボニージャが，都市貧困地区における民衆教育を経て指導者となったことはすでに述べたが，チャララ支部を率いる代表も農民の自立化をめざす民衆教育運動に関わり，地域の伝統や環境資源に着目して地域農民のコモン・グッドの充足をめざしている。例えば，後継者不足から姿を消しつつあった農村女性による伝統的な綿糸の縦織り技法の復活や，森林保全に配慮した農業をテーマとした体験型農村ツーリズムの立ち上げなどに取り組んでいる。ナリーニョ県チャチャグイでは，地域で子どもたちに環境保全教育を行ってきた教諭のもとで学んだ若者がリーダーとなり，

ボニージャとの出会いからアグロソリダリアのネットワークに参加するに至った。コミュニティレベルでの連帯基金グループの組織化に携わるほか，コーヒー農家アソシエーションの独自ブランドの立ち上げを行い，その地産・地消のネットワークを創設した。同地域では，アグロソリダリアのネットワークに連なる大人たちが，子どもたちに連帯基金の仕組みを教え，子どもたちによる独自のグループが結成され，自ら運営管理を行っている。連帯金融や環境保全の民衆教育が活動の重要な支柱になっているが，こうした次世代に連帯経済の理念を引き続く啓発活動はボヤカやチャララでもさかんである。他方で，カケタ県は，ごく最近まで武力紛争が著しかった地域で，組織としての成熟途上にあった。2016年時では，近郊農村で形成された農民グループとカケタ県の県都フロレンシアに設立された直売場とをつなぐ活動が中心となっていた。FARCと政府との和平合意後，同地域には外部NGOや支援組織が多数介入する中，紛争地ゆえに根づいてしまった援助依存の傾向が助長されないように，連帯経済の活動理念の普及と市民のイニシアティブの確立が課題である。

　以上のように，地域別に見るとアグロソリダリアのネットワークに参加するアソシエーションの形成の背景も，活動の発展過程・分野も一律ではない。しかし，アグロソリダリアのネットワークに参加する以前に民衆教育を経て連帯理念を理解する担い手リーダーの存在があったことが当該地域におけるアグロソリダリアの地域連合形成の重要な要素になっていることは明らかとなった。また，次世代への継続がどの地域にも共通する現在の課題であり，コミュニティや家族レベルでの連帯金融や地産・地消を支える連帯理念の啓発活動が活動のもう1つの柱になっている。

5．連帯経済の可能性と課題
──コロンビアにおける連帯経済運動の潮流から

　コロンビアでは，社会運動に対する長年の抑圧の歴史があったことか

ら，「連帯経済」概念の認識は端緒についたばかりである。政府，所轄機関の認識は，「連帯経済部門」に属する事業組織に限定され，これを既存の市場経済システム内での雇用創出単位として促進するという政策方針を打ち出しているに過ぎない。これはオルタナティブな経済システムの構築をめざす本来の連帯経済の運動の理念とは乖離する。また，国家による連帯経済の制度化は，1930年代に形成された，コーポラティズム的な発想と，左翼運動抑圧の考えに立った国家，企業と労働者の関係から脱却するものではない。

　連帯経済運動がカトリック教会との関係において推進されてきたという歴史認識は重要である。連帯経済の形態と実践は，農地改革運動，労働組合運動，そして政府からの弾圧などの地域ごとの特異性によって性格づけられた。

　生存戦略としての農民の経済自立化運動は，アソシエーションや協同組合運動として組織化される過程で連帯経済の実践に結びついていった。推進母体にカトリック教会の関与があるかどうか，またその思想的立ち位置と民衆との関係性などにおける違いが実践の事例に反映された。連帯経済の多くの事例においてカトリック教会の司牧社会活動が果たした役割は評価できる。19世紀末の回勅「レールム・ノヴァールム」に基づく貧困労働者に対する社会正義として，また国家の福祉政策に対抗する慈善活動として国家—教会の権力関係に立脚した教会の社会活動の性格が，同じく司牧活動を核としながらも，1960年代以降は，国内の武力紛争における力関係を考慮し，より国家の抑圧に対抗する草の根組織の支援活動に戦略を変えていったと考えられる。しかしながら，1960年代以降の教会の社会への関与に対する考え方は必ずしも一枚岩ではなく，指導者個人の思想に依拠することが多かった。本章で扱ったサンタンデール県の事例は，他県との地域間比較によって今後よりその意義が明確になるだろう。

　コロンビアの連帯経済を推進する運動は，協同組合運動を長年実践・研究してきたグループと，オルタナティブな市場システムの構築を地域単位

でアソシエーション運動を軸に追求するグループとに分かれて発展してきた。しかし，実践の経験交流のレベルでは両者間での相互理解が高まりつつある。これまでの立ち位置の違いは，国家および既存の市場経済との関係に関する考え方の違いであると考えられるが，この点についてはさらに考察を深める必要がある。

　農村労働者と都市労働者の組織化の違いと連続性に関する考察は，今後さらに精査する必要がある。コロンビアの場合，互助の原型は先スペイン期の先住民農村共同体における互助の慣習に求められる。しかしその後は都市・手工業労働者が主たる担い手であった互助と協同組合の組織化の形態が先行した。だが都市在住の民衆層の大半が，農村出身者であり，都市では生存戦略・生活向上戦略として互助が実践されたことにより，都市の労働者の連帯・協同・共済組織の存在と農村の互助の習慣との関連性を看過することはできない。その意味で，労働組合運動（sindicalismo）の概念については今後改めて考察が必要である。なぜなら，20世紀初頭の都市労働者の組織化において，教会が，カトリック組合（sindicato católico）や労働者会衆（congregación de obreros）という名称によって労働者の組織化を推進したからである。同様に，1960年代の農地改革と官製の農民組織化においても，地域別に農村組合，農民組合（sindicato rural, sindicato campesino）という名称のもとに農民の組織化があった。この時期のSEPASなどによる農民の組織化推進運動は，農民の指導者養成のための民衆教育に重点が置かれ，その活動分野の1つが，教区単位での農民金融・貯蓄組合の形成であり，地域経済の発展をめざした。このような動きは，農民の組織化を左翼運動分子として弾圧の対象とする政府や，グローバル化の進展の中での競争力拡大をめざすあまり農民経済を切り捨てる農業開発政策に対する抵抗であった。

第Ⅱ部 | コモン・グッドを追求する連帯経済

おわりに

　本章では，コロンビアにおける連帯経済の制度化の歴史を追いつつ，1960年代に協同組合運動として展開された代表的事例と，その後，1990年代以降に新しい実践形態として出現したアソシエーション・ネットワークを取り上げた。どちらの事例も農民のコモン・グッドの追求をめざす実践である。農村部での取り組みに注目したのは，コロンビアが極めて著しい格差社会であり，その根源が農地改革と，農民に対する政府の社会政策の失敗にあり，そのような農村部に武装組織が浸透したためにさらに農村部の疲弊が深刻化していったからである。

　こうした背景のもと，1960年代に社会的不正義である貧困問題の解決に対する第三の道として，貧困労働者，特に農民の経済の自立化をめざす連帯経済運動が展開されたことを明らかにした。そして，左翼運動が抑圧される過程で，カトリック教会の社会的活動が，民衆教育を介して農村部での協同組合運動の推進に大きな影響を与えたことを，サンタンデール南部の事例で考察した。

　1990年代に入り，協同組合以外の幅広いアソシエーション運動や非営利の実践組織を含む連帯経済部門が政府によって認識されるようになるのと並行して，アソシエーションのネットワークを軸に，新しい連帯経済の実践が見られるようになった。その典型的事例としてアグロソリダリア・アソシエーションの事例を取り上げた。

　2016年，コロンビア政府は最大の左翼ゲリラ組織FARCとの和平合意にこぎつけた。元FARC兵の多くは武器の放棄ののち，社会復帰プログラムに入っているが，政府は，協同組合の創設を促進し，これを元FARC兵の雇用の受け皿とするという方針を立てた。FARCとの和平合意文書に「連帯経済の促進」が書き込まれたことで，これまで連帯経済を推進してきた現場の人々や研究者たちは連帯経済の認知度が高まったとしてこれを歓迎した。しかしながら，和平構築政策に取り込まれた官製の協同組合とその

230

解釈は，本来のオルタナティブを求める運動からは乖離する危険性をはらんでいる。これまで同国では長い紛争の歴史において，解放の神学論者を含め，社会運動家が国家権力の抑圧の対象となってきた。連帯経済の理念と実践は，まさにオルタナティブな第三の選択肢として捉えられるべきであるが，同時に紛争と和平の文脈がその可能性を制約してきたことも事実である。今後，連帯経済の実践に関わる者が，どこまで当事者意識を維持し，国家も民衆イニシアティブをどこまで尊重できるかが，コロンビアにおける連帯経済の展望を占う鍵となるだろう。

【注】

1 本章で扱う solidaridad の語源はラテン語の in solidum（それぞれが皆の債務を負うという社会的責任）である。1912年のラルース辞典では，solidaridad を「共通の約束（責任）に関係する複数の人間のうち，ある人々がその約束を遂行できない場合に，その他が個別にその責任を遂行すること」と定義する。第1章の Razeto の分析と同じである。

2 コロンビア通貨のセンターボ（centavo）のこと。通貨1ペソの100分の1に相当。

3 19世紀末の政治指導者，ラファエル・ウリベ・ウリベ（Rafael Uribe Uribe）将軍の提言が影響していると言われている。

4 労働組合の女工部門をのちの女性解放運動の指導者，エスピノサ（Betzabe Espinosa）が率いたことでも知られている。

5 例えば10分の1税（diezmos）の廃止，教会の基金に対する行政の管理，教区司祭を市のカビルドが選出する，などの諸改革。

6 本章で取り上げるサンタンデール県南部のほかにも，アンティオキア県，ナリーニョ県，ボリバル県南部の一部，カウカ県，チョコ県の一部など，特に貧困農民や先住民，アフロ系住民など，国家からの社会福祉サービスが行き届かない地域にこの傾向が見られる。

7 ゴンサレスが姓であるが，周囲からは「ラモン神父」（Padre Ramón）の呼称で親しまれてきた。

8 「国民戦線」（Frente Nacional）とは，1958～74年の16年間，大統領任期4期の間，元首のほか，国会議員数，知事職などをすべて保守・自由の二大政党によって折半で

行うという政党間の合意に基づく二大政党体制。

[9]　企業の後援と指導のもとに，協同組合をめざして結成される非営利組織で，主として互助，連帯，社会的平等などの協同組合の思想の枠組みにおける社会経済的教育を行う。協同組合を組織するには　最低20名の加盟者数が必要であるが，プレ協同組合は10名以上で組織できる。5年以内に協同組合に移行することが義務付けられている。協同組合の前段階の組織（ファハルド 2017：62）。

[10]　例えば従業員基金は Decreto 1481: Fondos de Empleados により規定されている。

[11]　このほか「連帯経済全国基金」（Fondo Nacional de Economía Solidaria：FONES）も制度化されたが，いまだに組織として設置されていない（ファハルド 2017）。

[12]　1998〜2008年までの連帯経済部門に対する政府所轄機関。

[13]　http://www.supersolidaria.gov.co/es/nuestra-entidad/resena-historica　2018年11月30日閲覧。

[14]　1950年代に「社会行動」Accion Sócial の活動は停滞したという記述もあるが，ブチェリによれば，ソコロとサンヒルの管区教区における「カトリック行動」（Acción Católica）は1945年に創設され，1948年から1961年の間に27の農民労働者組合の組織化を推進したという。本文でも指摘するように，サンタンデール南部には，当時官製の農地改革のもとで，農民の組織化が促進されており，管区教会が農民の組織化を支援したと考えられる。だが，1955年には，ラモン神父の前任者によって協同組合運動の推進が司牧活動の新しい選択肢と捉えられていた（Bucheli 2006: 43）。

[15]　CoopCentral は当初「教区中央協同組合」（Cooperativa Central Diocesana）として発足したが，その後現在の呼称に変更された（Silva y Dávila 2002）。

[16]　2016年9月，CoopCentral における筆者インタビューより。

[17]　ECOFIBRAS は天然繊維を象徴する「エコロジー」（ecología）とスペイン語で繊維を意味する「フィブラス」（fibras）からなる造語。

[18]　今日でも同国におけるフィケ栽培とその繊維加工の主要産地はナリーニョ（Nariño），カウカ（Cauca），サンタンデールの3県である。

[19]　"El Común" とは，ここではスペイン語で「民衆」を意味する。

[20]　当時共産党系の土地占拠による自助建設活動を推進していたのはPROVIVIENDAであり，これによって象徴的なポリカルパ（Policarpa），ヌエボ・チレ（Nuevo Chile）などの民衆居住区が形成された。ボニージャはこれらの居住区形成運動に関わった。

[21]　第124番目の地域支部が，スペインのバルセロナにコロンビア移民コミュニティによって形成された（ボニージャへのインタビューより）が，2016年，筆者の訪問時に

第6章　コロンビアにおける協同組合運動と産消提携のアソシエーション運動

は活動は縮小されていた。

■引用文献

ファハルド・ロハス，ミゲル・アルトゥーロ(2017)「資本主義に対するオルタナティブ
　を提示する連帯経済の可能性：コロンビアの経験からの一考察」(幡谷則子 訳)
　『立命館経済学』第66巻(2)，47-64頁。
　(Fajardo Rojas, Miguel Arturo, "Posibilidad de la economia solidaria para poner
　alternativa frente al capitalismo: una mirada desde las experiencias de Colombia",
　Seminario de la Asociación de Ciencias Económicas de la Universidad Ritsumeikan, 17
　de mayo de 2016.)

Bucheli, Marietta (2001)"Desarrollo local y cooperativismo: el caso de la experiencia del
　secretariado de Pastoral Sociala de la Diósesis de Socorro y San Gil, Departamento de
　Santander, Colombia", *Cayapa. Revista Venezolana de Economía Social*, Vol.1, Núm. 2,
　pp.1-13.
　〈http://www.redalyc.org/articulo.oa?id=62210202〉2019年6月30日閲覧。

Bucheli, Marietta (2006) *Curas, campesinos y laicos como gerentes del desarrollo: La
　construcción de un modelo de desarrollo emergente en Colombia.*San Gil: Edisocial.

Cáceres Mateus, Sergio Armando y Jhon Janer Vega Rincón (2016) "El rescate del patrimonio
　fotográfico en perspectiva regional: Itinerarios de investigación a partir del proyecto
　'Recuperación, catalogación y difusión del patrimonio fotográfico del movimiento
　campesino y de las organizaciones sociales del centro y sur de Santander 1960-2000'",
　Historia 2.0, Conocimiento histórico en clave digital, Año VI, Núm. 12, pp. 264-292.
　〈http://historiaabierta.org/historia2.0/index.php/revista/article/viewFile/2016120/
　2016120〉2018年4月30日閲覧。

Castro Carvajal, Beatriz(2007) *Caridad y beneficencia. El tratamiento de la pobreza en
　Colombia 1870-1930.*Bogota: Universidad Externado de Colombia.

Castro Carvajal, Beatriz(2008) "Los inicios de la asistencia social en Colombia", *Revista CS*,
　No.1, pp.157-188.
　〈https://doi.org/https://doi.org/10.18046/recs.i1.405〉2018年4月30日閲覧。

Dávila L. de G., Ricardo (2004) *Innovación y éxito en la gerencia cooperative: casos exitosos
　de cooperativas rurales de ahorro y crédito*, Bogotá: Pontificia Univerisidad Javeriana.

233

Del Valle Monotoya, Piedad y Oscar Iván Hernández Hernández（2009）*La solidaridad en el cooperativismo y el mutualismo en Antioquia 1870-1930*, Bogotá: Editorial Universidad Cooperativa de Colombia.

Departamento Administrativo Nacional de la Economía Solidaria（DanSocial）（2009）*Gestión institucional del DanSocial en el períod 1998-2008*, Bogotá: DanSocial.

Fajardo Rojas, Miguel Arturo（2016）"Posibilidad de la economia solidaria para poner alternativa frente al capitalismo: una mirada desde las experiencias de Colombia", Seminario de la Asociación de Ciencias Económicas de la Universidad Ritsumeikan, 17 de mayo de 2016.

Fajardo Rojas, Miguel Arturo y Beatriz Toloza（2009）*Sembrando el camino*, San Gil: COOPCENTRAL.

El Común（2010）*Una historia, un camino, El Común*, San Gil: Asociación de Organizaciones Campesinas y Populares de Colombia "El Común".

Rojas, María Cristina y Miguel Arturo Fajardo Rojas（2013）*ECOFIBRAS: Una experiencia para compartir*, San Gil, Santander: Editorial EDISOCIAL.

Silva, Juan Manuel y Ricardo Dávila L. de G.（compiladores y editors）（2002）*Gestión y desarrollo: la experiencia de las cooperativas en Colombia*, Bogotá: Pontiifcia Universidad Javeriana.

Zamosc, León（1979）*El fique y los empaques en Colombia*, Bogotá: Editorial Dintel.

Zamosc, León y Juan G. Gaviria（1979）"La importancia de la Planeación Integral en el sector Agropecuario: Enseñanza de la gran crisis en el Mercado del Fique y de los Empaques", Bogotá: *Arroz*, No. 303, Vol. 28（Organo de Información Federación Nacional de Arroceros）, pp.13-24.

第7章

ブラジルの労働者協同組合
―― 市場経済のオルタナティブになり得るか

ブラジルの連帯経済の先駆であるウニベンス協同組合（UNIVENS）。失業や社会的排除に対抗して，雇用と社会参加を目的に，女性たちによってポルトアレグレで1996年に設立（写真提供：UNIVENS）

第Ⅱ部 コモン・グッドを追求する連帯経済

はじめに

ブラジルで失業や貧困への生存戦略として始まった連帯経済は，教会，NGO などの社会組織の支援を受けてその活動分野や地域を広げてきた。連帯経済はやがて，1980 年代に国家の失敗が，そして 1990 年代に市場の失敗が明らかになるに従い，市場経済あるいは資本主義へのオルタナティブな制度として注目されるようになった。労働者階級政党から市民政党に転換した労働者党（Partido dos Trabalhadores：PT）は，連帯経済を支援するための法制度を整備し，それに呼応して多様な社会組織が連帯経済を支援することになった。

連帯経済は多様な形態をとるが，協同組合はその 1 つである。資本制のもとでは，人間の主体的活動であり，社会生活の普遍的基礎をなす労働過程とその生産物が，利潤追求の手段となり，人間が労働力という商品となって資本のもとに従属する。労働者を資本の支配から解放する方途としては，1 つには賃金など労働条件の改善をめざす労働組合があり，もう 1 つには自立した諸個人による協同組合などのアソシエーションがある。ブラジルでは，協同組合の中で労働者協同組合（cooperativas de trabalho）が着目されているが，その背景には従来の協同組合に対する懐疑や批判がある。伝統的な協同組合は，しばしば商業主義に走り，また一部では虚偽的なもの，すなわち労働者を雇用にするにあたって賃金に付加される社会負担を避ける目的で組織されるものがあった。労働者協同組合は伝統的な協同組合に対する批判の中で登場した。

しかし，その重要性にもかかわらず，現状では労働者協同組合は活動に広がりを欠いている。加えて，より重要なことであるが，参加者の多くが広く協同組合を失業や所得減少に対する緊急避難的な手段として捉えており，その結果経済の好転に伴い雇用や所得が回復すると運動から離脱することがままあった。自主，民主，平等などを協同組合運動の原理は参加者の間で必ずしも共有されていない。

第7章　ブラジルの労働者協同組合

　労働者協同組合がその活動領域を広げ市場に対抗する制度になるには，連帯の原理とそれに基づく実践が社会に普及していく必要がある。労働者協同組合の広がりと相互の連携は，個々の労働者協同組合の経済基盤を強固にする。広域的な組織の形成は国家に対して政治的影響力を行使する上でも重要となる。

　本章の目的は，連帯経済が市場経済と並ぶ，あるいはそれらに替わる制度になり得るか，労働者の資本からの解放の手段となり得るか，そのための条件は何かを，労働者協同組合を中心に考察することである。以下，第1節ではブラジルにおける連帯経済の制度と実態を概観し，第2節では協同組合と回復企業の発展を，第3節で労働組合と協同組合の関係を，第4節では労働者協同組合が抱える制約とその克服の手段を論じ，結びで労働者協同組合の今後を展望する。

1．ブラジルにおける連帯経済の発展

(1)　連帯経済の生成と制度化

　ブラジルの連帯経済は，雇用と所得を求める運動として生まれた[1]。特に1990年代以降，政治の民主化が進む一方，経済自由化による失業と貧困が深刻化する中で，協同組合，回復企業，コミュニティバンクなどの組織や運動が数多く生まれた。それらは何よりも人々の生存のための戦略としての運動であった。これらの運動は宗教団体，労働組合，NGO，学会，地方政府など多様な組織と連携し支援を受けるようになった。生存戦略としての連帯経済の多様な実践が展開される一方で，連帯経済に新たな経済の可能性を見出そうとする社会・政治運動が生まれた。パウル・シンジェル（Paul Singer）はその代表的な論者であった。連帯経済という表現がブラジルで初めて使われたのはシンジェルが『フォーリャ・デ・サンパウロ』紙（1996年6月11日）に寄稿した論文「失業に対抗する連帯経済」で

237

写真7-1

ブラジルの連帯経済を率いたパウル・シンジェル
(1932〜2018)。2014年の世界社会フォーラムで。
(写真出所：Agência Brasil)

あったとされる（SENAES 2012: 13)。

連帯経済運動は2000年代になるとさらに反市場主義，反グローバリズムの運動と結びついていった。2001年にポルトアレグレで開催された世界社会フォーラム（Fórum Social Mundial: FSM）には，連帯経済に関わる数多くの団体が集まり，そのうちの12団体がブラジル連帯経済作業グループ（Grupo de Trabalho Brasileiro de Economia Solidária: GT）を組織した。2002年10月の大統領選挙でルーラ（Luiz Inácio Lula da Silva）が勝利すると，GTはルーラに親書を送り政府の支持をとりつけて，12月にサンパウロで第1回のブラジル連帯経済集会を開催した。翌年の第2回ブラジル連帯経済集会では連邦政府の労働雇用省（Ministério do Trabalho e Emprego: MTE）に国家連帯経済局（Secretária Nacional de Economia Solidária: SENAES）を設立することが発表された。2003年には法律第10683号および大統領令第4764号によって公式に，SENAESと国家連帯経済審議会（Conselho Nacional de Economia Solidária: CNES）が組織され，SENAESの初代局長にシンジェルが指名された。この年に開催された第3回ブラジル連帯経済集会では，連帯経済政策を議論し提言することを目的に，連帯経済の代表組織と政府機関から構成されるブラジル連帯経済フォーラム（Fórum Brasileiro de Economia Solidária: FBES）が設立された。

次いで2006年に，連帯経済を特定し支援するため，MTE通達第30号によって，連帯経済情報システム（Sistema de Informações de Economia Solidária: SIES）が設立された[2]。さらに，大統領令第7358号によって，生産から消費に至るすべての過程で公正な取引を推進するため，国家公正連

帯取引システム(Sistema Nacional do Comércio Justo e Solidário: SCJS)が設立された。SCJSは直接的には不公正な取引から連帯経済を保護することを目的とするものであった。連帯経済基本法の制定は労働者党政権の公約であったが，2016年の政変（ルセフ大統領の弾劾と罷免）によって頓挫した。FBESは，議員立法とは別に，選挙民が法案を国会に提出する民衆発議の制度を使って連帯経済基本法の制定をめざしたが，進展していない。

写真7-2

2018年にブラジルのサルヴァドルで開催された世界社会フォーラムの「経済の民主化」ブース。フォーラムでは，軸あるいはテーマごとに，社会運動組織を紹介するブースが設置され，生産者と消費者が出会う場になっている。（写真提供：田村梨花氏）

多様な連帯経済に画一的な定義づけは難しいが，SIESは連帯経済を特定する必要から，具体的な定義を与えている。それによれば，連帯経済は，経済活動のうち，労働者によって，集団主義と，自主管理の方法によって，連帯して組織され実行されるものである。連帯経済の活動と組織は，協力，自主管理，経済活動，連帯の4つの重要な性格を持つとされる。ここで「協力」とは，共通の目的を持ち，そのために団結して努力し，財産を完全にあるいは部分的に集団的に所有し，経済成果と責任を公平に与り負うことである。「自主管理」とは，労働過程，事業の戦略的・日常的な意思決定を自らが行うことである。「経済活動」とは，集団的なイニシアチブをもって，生産，サービス提供，信用，販売，消費を実現するために努力し，資源，知識を動員することである。最後の「連帯」とは，参加者の間で公平に成果を配分し参加者の生活条件の向上を実現し，健全な環境，地域コミュニティ，解放運動，労働者と消費者の幸福（bem-estar）について責任を持つことである（ANTEAG 2009: 17）。

SIESは，連帯経済の実態を把握するために，定期的に調査（マッピング）

を行っている。2009～2013年に実施した第2回調査において確定された連帯経済事業体（Empreendimentos Econômicos Solidários: EES）は全国で1万9,708，その参加者は142万3,631人であった。EESの数と参加者数は，農村・都市別では農村部がやや多い。ブラジルは北部，北東部，南東部，南部，中西部と大きく地域区分されるが，半乾燥地域で零細農が多く後発地域である北東部が最も多く，次いで独立自営農が多く協同組合運動の歴史がある南部が多い。参加者数では20人以下が4割を占め，全体に小規模である。組織形態ではアソシエーション[3]，インフォーマルなグループ，協同組合の順で多い。設立目的では，雇用の確保，追加的所得の獲得，それを可能にする協働といった経済的動機が大きい。他方で地域コミュニティの発展，環境の保全など社会的な動機は相対的に小さい。ESSの成果として，協働の実現，所得創造・増加，自主管理・民主主義の実現を挙げるEESが多かった（Gaiger & Grupo Ecosol 2014; Silva e Carneiro 2014）。

(2) 協同組合

協同組合は代表的な連帯経済の形態である。ブラジルのすべての協同組合は，1971年の協同組合法（法律第5764号）によって規制され，設立に際し全国の協同組合の代表組織であるブラジル協同組合組織（Organização das Cooperativas Brasileiras: OCB）への登録を義務づけられている。

OCBの報告書に基づきブラジルの協同組合の実態を見ると（表7-1），2015年で組合数は6,582，その組合員数は1,270万人に達する。分野別に組合数を見ると，農牧業，運輸，信用の順で多く，組合員数では信用，消費，農牧業の順で多い。これに対して生産（製造業）は組合数，組合数ともに少ない。労働者協同組合は組合数では多いものの組合員数では少ない。労働者協同組合は，主に半熟練・肉体労働者と専門職から構成され，企業との交渉力を高め，労働条件を改善することを目的とした。しかし，2000年以降は，経済成長で雇用状況が改善したため，組合数が大幅に減少した。

ブラジルの伝統的な協同組合は営利追求を優先し企業のように経営され

表7-1　協同組合の発展

活動分野	2001年6月			2015年		
	組合数	組合員数	従業員数	組合数	組合員数	従業員数
農　牧　業	1,461	822,380	107,158	1,543	993,564	180,891
消　　　費	187	1,466,513	7,857	124	2,958,814	13,919
信　　　用	975	1,041,613	15,009	980	6,931,144	46,824
教　　　育	246	79,418	2,510	282	52,069	3,953
特　　別 *	3	1,984	6	8	350	7
住　　　宅	212	49,270	1,445	283	123,568	945
インフラ	182	560,519	5,422	133	973,974	6,363
鉱　　　業	26	12,686	26	80	74,172	239
生　　　産	118	6,092	330	268	12,534	1,932
保　　　健	765	300,855	21,056	818	245,960	92,181
労　　　働	1,916	297,865	6,993	877	204,340	1,586
運　　　輸	**	**	**	1,164	133,886	12,132
観光・レジャー	3	60	0	22	1,798	23
合　　　計	6,094	4,639,255	167,812	6,582	12,706,173	360,995

注：*要後見者，ハンディキャップ者が組織する協同組合。**インフラに含まれる。
出典：2001年についてはVeiga e Fonseca（2002），2015年についてはOCB（2015）を参考に筆者作成。

ているケースが多く，協働，公平などの連帯経済の要素が乏しい。農業協同組合の多くは商業的な農業生産・販売を行っている。信用組合の多くは大企業の社員が構成員である。つまり伝統的な協同組合は，組合員利益の拡大を専ら目的とし，組合員の生活向上だけではなく，公正な共同社会をめざす協同組合主義の担い手ではなかった。これに対して，とりわけ1990年代後半以降に，組合員の利益とともに，より広く公益を追求する社会運動の性格を有し，連帯経済と理解される協同組合が誕生した。連帯経済としての協同組合は，社会的弱者が活動の主体となり，また貧困の克服など活動の社会性を強調している。ブラジルでは，零細な生産者や労働者によって組織され，協働，公平など連帯経済の性格を持つこの種の協同組合を，伝統的な協同組合に対置して「民衆協同組合」（cooperativo popular）と呼んでいる[4]。

(3) 労働者協同組合法

　労働者協同組合は，前述の協同組合法によって規制されていたが，2012年に固有の労働者協同組合法（法律第12690号）が制定された。新法によって労働者協同組合の組織化が容易になり，また支援制度が整備されることになった。

　法制定の背景には虚偽的な労働者協同組合の存在があった[5]。ブラジルでは一部の企業が，労働者協同組合を設立し，労働者を協同組合員へと身分を変更した。労働者は会社を解雇されるが，前と同一の労働を行う。賃金は変わりないが，賃金に付加される諸手当は支給されない。労働コスト削減を目的とする，この種の労働者協同組合は偽りの協同組合（falsas cooperativas）あるいは詐欺的な協同組合（cooperfraudes）と呼ばれるものである。

　ブラジルの労使関係は1943年の統合労働法（Consolidação das Leis do Trabalho: CLT）によって規制されてきた。CLT のもとで正規雇用は手厚い保護のもとに置かれた。そこで企業は，解雇が容易で高率の社会負担が課せられない，非正規雇用を選好した[6]。偽りの協同組合もまたこうした社会負担を避けるために設立されたのである。これに対して，貧困に喘ぐ労働者が生き延びるため，よりよい所得を求めて組織される労働者協同組合がある。それは他から何も奪うことなく貧困と闘うために組織されるものであり，シンジェルはこれを真正な協同組合（cooperativas verdadeiras）と呼んだ（Singer 2004）。

　労働者協同組合法は，虚偽的な労働者協同組合を排除するとともに，真正な労働者協同組合を保護し支援するために制定された。労働者協同組合法が定める労働者協同組合とは，労働能力，所得，社会経済的状況ならびに労働条件を改善する目的で，共同，自治，自主管理によって労働および専門的な活動をするために組織される会社である[7]。それが順守すべき原則と価値として，自主的で自由な参加，民主的な運営，組合員の経済的な

参加，自治と自立，教育・能力形成と情報，相互の協力，地域社会への関与，社会的権利・労働の社会的価値・イニシアチブの自由の保護，不安定労働の除去，組合総会での決定事項の尊重，すべてのレベルでの組合員の意思決定への参加を挙げた。

労働者協同組合の結成に必要な最低組合員数は，1971年の協同組合法が最低20人としたのに対して，法律第12690号では7人となり，容易に労働者協同組合を組織することができるようになった。法律第12690号はまた組合員の労働条件を定めている。すなわち，同一職種の一般労働者に劣らない収入，同一職種がない場合は最低賃金を下回らない収入，日に8時間，週44時間労働などを保証し，次いで労働者協同組合に対しそれが雇う労働者について，法が定める保健，労働安全基準の順守を義務づけた。これらの規定は，組合員と組合が雇う労働者に対して，CLT が定める権利を与えようとするものである。

労働者協同組合は，定例および臨時の総会のほか，組合の原理，管理，組合員の権利，事業計画と成果，締結した契約ならびに労働組織について議論する特別総会を最低年に1度開催する必要がある。労働者協同組合は，定例総会で選出された最低3名の組合員によって組織される経営委員会（conselho de administração）を設置することができる。これら一連の規定は，労働者協同組合に民主的な運営を義務づけ，労働者協同組合が労働者による自主管理の組織であることを確認するためのものである。

法律第12690号はまた連邦政府に労働者協同組合の監督および支援義務を課している。すなわち労働・社会保障省（Ministério do Trabalho e Previdência Social: MTPS）[8]は労働者協同組合を監督する権限と義務を負う。MTPS は，労働者協同組合の発展と経済的社会的成果達成を促すため，国家労働者協同組合育成支援プログラム（Programa Nacional de Fomento ás Cooperativas de Trabalho: PRONACOOP）を設立し，その資金として労働者支援基金（Fundo de Amparo ao Trabalhador: FAT）[9]，国家予算，その他の公的資金を充てるとした。さらに労働者協同組合に関する情報を整備し，監督お

よび支援を行うため、労働者協同組合情報年次報告（Relação Anual de Informações das Cooperativas de Trabalho: RACIT）システムを導入したが[10]、現時点では機能しておらず、その結果労働者協同組合に関する統計は存在しない。

2．協同組合運動と労働者協同組合

(1)　協同組合主義の普及

　協同組合主義は、個人が資金を拠出し協同組合を結成し、組合員の生活向上を図り、ひいては生産や分配上の正義を原理とする共同社会をめざす思想や運動である。ブラジルにおける初期の協同組合は専ら南部や南東部で組織されたが、背景には19世紀末以降イタリア、ドイツなどのヨーロッパからの新移民到来による移民社会の形成があった。リオグランデドスル州など南部では移民が独立自営農として定住化した結果、大土地所有制が支配的なブラジルにおいて、自営農の比率が相対的に高くなった。リオデジャネイロ、サンパウロなど南東部でもコーヒー労働者として移住した移民たちが土地を手に入れ独立していった。彼らの間で生産・流通・資金面で協力し合うことの必要性が認識されていった。南部および南東部ではまた移住者の中で手工業者となる者も多く、彼らにとって協同組合は生産、技術などの活動を強化する手段となった。移民コミュニティの形成は消費、信用など協同組合の組織にもつながった。

　1887年にサンパウロ州カンピナスでブラジル最初の協同組合であるパウリスタ従業員消費協同組合（Cooperativa de Consumo dos Empregados da Companhia Paulista）が誕生した[11]。次いで1889年に同じく消費協同組合としてミナスジェライス州でオウロプレト消費協同組合（Cooperativa de Consumo de Ouro Preto）が設立された。1902年には、リオグランデドスル州のノーヴァペトロポリスでワイン生産者による最初の信用組合が生ま

れ，1906年には同州で最初の農業協同組合が設立された。その後ブラジル南部などで数多くの農業協同組合が設立されていった。工業では，1913年にリオデジャネイロ市でガヴェア繊維製造職工協同組合（Cooperativa dos Empregados e Operários da Fábrica de Tecidos da Gávea）が組織された。同じ年リオグランデドスル州セラマリアで鉄道従業員消費協同組合（Cooperativa de Consumo dos Empregados da Viação Férrea: Coopfer）が組織された。Coopferは貯蓄金庫，病院，初等学校，職業学校などを次々に設立し，組合員とその家族，地域住民にサービスを提供し，1960年代までに南米最大の協同組合に発展した（Veiga e Fonseca 2002: 27-28）。

1930年に誕生したヴァルガス（Getúlio Vargas）政権は，政治基盤を強化するため労働者，企業者をコーポラティズム（組合国家体制）の中に編入していったが，その一環で協同組合運動を庇護した。1932年には協同組合法を公布し，1951年には国立協同組合信用銀行（Banco Nacional de Crédito Cooperativo: BNCC）を設立した。その後1964年にクーデターによって権力を奪取した軍事政権は，組合国家体制の制度を基本的には継承し，前述のように，1971年には新たな協同組合法を制定し，代表組織OCBを設立した。OCBは，それまであったブラジル協同組合協会（Associação Brasileira de Cooperativas: ABCOOP）と全国協同組合連合（União Nacional das Associações Cooperativas: UNASCO）を統合したものである。OCBの目的は協同組合主義の推進と協同組合の育成と支援であった。こうした組合国家体制のもとでの官製の協同組合は，自主，民主などを原理とする協同組合主義の本来の理念や目的に沿うものではなかった。

(2) 1988年憲法とアソシエーション主義

1985年の民政移管後に制定された1988年憲法はブラジルの協同組合にとって重要な転機となった。すなわち協同組合主義その他のアソシエーション主義（associativismo）を促進することを国家の役割とした。協同組合の自由な組織化を保証するとともに，OCBによる代表権の独占を排除

245

第Ⅱ部 コモン・グッドを追求する連帯経済

するものであった（Scopinho 2007: 89）。

1988年憲法は，その前文で友愛的，多元的，偏見なき社会を至高の価値とし，国家は社会および個人の権利の行使，自由，安全，福祉，発展，平等と正義を保障すると定めている。こうした目的に沿って，第Ⅰ編の基本原則では，共和国の基礎として，人間と尊厳とともに労働と創業の自由，貧困および周辺化の根絶，社会的および地域的な不平等の縮小を挙げた。次いで第Ⅱ編の基本的権利と保障では，協同組合の結成は政府の許可を必要とせず，その活動に対する国家の干渉は禁止されるとした。第Ⅵ編の租税と予算の章では，協同組合が行う協同行為に対して適正な税の扱いをすると定めている。続く第Ⅶ編の経済と金融の秩序では，協同組合の規制と支援について，国家は協同組合活動その他の形態のアソシエーション主義を支援し奨励するものとした。特に鉱物採取活動については環境保護および鉱物採取人の経済社会的地位向上のため，協同組合の組織を奨励するとした。また農業については農業政策の重点の1つとして協同組合運運動を挙げた。さらに信用組合を国家金融制度の1つとして位置づけた[12]。要するに1988年憲法は協同組合などのアソシエーションを国民経済を構成する制度と位置づけたのである。

1988年憲法を受けて農業協同組合運動にも新しい動きが見られた。先に述べたように農業協同組合は大規模なもの，資本主義的な企業と同様の性格を持ったものが多かったが，小規模な家族農によって数多くの協同組合が組織された。1988年憲法は，農業生産に貢献せず非生産的に利用されている土地を農地改革のための接収し（第184条）[13]，それを生産的に利用（第186条）することを定めた。1984年に組織化された「土地なし農民運動」（Movimento dos Trabalhadores Rurais Sem Terra: MST）は，この規定に基づき生産的に利用されていない土地を占拠し，農地として利用することで占有権を主張する運動を展開した。国家植民農業改革院（Instituto Nacional de Colonização e Reforma Agrária: INCRA）と各州の土地行政機関が，農民が占拠し耕作されている土地が，当該地の所有者よりも生産的に利用

第 7 章　ブラジルの労働者協同組合

されていると認めれば，土地なし農民コミュニティに土地が譲渡される。MSTはこうして農地改革によって定住した小規模農民の支援と農民間の協力を進めるため，1989年に定住者協同組合主義システム（Sistema Cooperativista dos Assentados: SCA）を設立し，それを踏まえて州レベルでは定住者中央協同組合（Cooperativas Centrais dos Assentados: CCA）が組織された。さらに，全国レベルでの政治的代表組織としてブラジル農業改革協同組合全国連合会（Confederação Nacional das Cooperativas de Reforma Agrária do Brasil: CONCRAB）を設立した。

　MSTの土地改革と土地なし農民の定住をめざす運動は，1995年に成立したカルドーゾ（Fernando Henrique Cardoso）社会民主党政権が土地改革よりも家族農業の支援に政策[14]の重点を移す中で，困難に直面した。1996年の国家家族農業強化プログラム（Programa Nacional de Fortalecimento da Agricultura Familiar: PRONAF）は家族農業[15]，持続的農業などの支援を目的とし作成され，1999年には農業開発省（Ministério do Desenvolvimento Agrário: MDA）が設立された。こうした中で，土地改革によって土地を得た農民はMSTに対して，土地改革よりも技術的な支援を重視するよう求めた。それを受けてMSTは協同組合の育成とそれに対する技術的支援に重点を移した[16]。そのための組織としてCCAに代えてサービス提供協同組合（Cooperativas de Prestação de Serviços: CPS）を設立した（Scopinho 2007: 89-90; Fabrini 2002: 86-87）。

　他方で家族農は，小規模な協同組合，アソシエーション，インフォーマルなグループを組織し，2005年には代表組織として全国家族農業協同組合・連帯経済同盟（União Nacional das Cooperativas de Agricultura Familiar e Economia Solidária: UNICAFE）を設立した。その目的は，家族農業など小規模農業の持続的発展，生活水準の改善，生物多様性の保存，経済格差の是正と，そのための公共政策を政府に要求することである。UNICAFEには17州から約1,100の組合が参加した[17]。

　これらCONCRAB，UNICAFEに加え後述する工業部門の協同組合・連

247

帯事業センター（Central de Cooperativas e Empreendimentos Solidários: UNISOL）の3つの協同組合センターは2014年に，ブラジルの連帯協同組合主義（cooperativismo solidária）を強化するため，国家連帯協同組合主義組織連合（União Nacional das Organizações Cooperativistas Solidárias: UNICOPAS）を設立した。統合組織によってUNICOPASは2,000を超える協同組合，55万人に及ぶ組合員を代表する組織となった。UNICOPASはその使命を，ブラジルにおいて協同組合主義の領域を拓き，政府に対し持続的な農村開発と農村および都市の生活向上のための公共政策を要求することとしている（UNICOPAS 2015）。

(3) 回復企業運動

1980年代の対外債務危機後の経済停滞と1990年の経済自由化に伴う企業倒産と失業の増加の中で，労働者が倒産あるいは経営危機にある企業を引き受け管理する回復企業（empresa recuperada）あるいは回復工場（fábrica recuperada）が多数現れた[18]。回復企業は，固有の組織形態を規制する法律がないため，法的には協同組合やアソシエーションの形態をとる。回復企業は，直接的には雇用の維持と回復を，究極的には自由で平等な労働者のアソシエーションとして労働者を資本から解放することを目的としている。

1980年代に誕生した回復企業は，ポルトアレグレのオーブンメーカーウォリグ・フォゴン（Wallig Fogão），サンタカタリナ州クリスシウマ（Crisciuma）の鉱山会社コオペルミナス（Cooperminas），サンパウロ州サンジョゼトカンポスのパライバ毛布（Cobertores Parahyba）などがその代表例である。次いで1990年以降の経済の自由化と開放によって，多くの工業が危機に陥り雇用が失われる中で，回復企業の設立が相次いだ。

1990年以降2000年初頭までに労働者管理に移行した企業には，サンパウロ州フランカ（Franca）の製靴企業マケルリ（Makerli, 1991年），同州ディアデマのプラスチックメーカーのスキルコプラスト（Skillcoplast, 1995年），ペルナブコ州カテンデの砂糖・アルコール業のカテンデ・アルモニア

（Catende Harmonia, 1995年），サンパウロ州ボトランチンの金属業イドロフェニックス（Hidrophoenix, 1995年），ディアデマの鋳物工業のウニフォルジャ（Uniforja），マウアの金属加工業のウニウィディア（Uniwidia, 1999年），ディアデマのウニフェルコ（Uniferco, 2003年），パラナ州クリチバのボタンメーカーのコペルボトエス（Cooperbotões, 2004年）などが含まれる（Duaibs 2013: 44）。これらの企業は長い歴史を持ち，それぞれの分野で有力企業であった。

　回復企業の歴史の中で重要なのはマケルリ（Makerly）の事例である[19]。マケルリが位置するサンパウロ州のフランカはブラジルの靴産地の1つであった。ブラジルの製靴産業は，世界市場で中国との競合に晒され，国内でも1990年の輸入自由化によって市場を侵食された。マケルリも経営危機に陥り，500人もの労働者が雇用を失う恐れがあった。マケルリが属するフランカの製靴労働組合（Sindicato dos Trabalhadores da Indústria de Calçados de Franca: STICF）は，サンパウロ州化学工業労働組合（Sindicato dos Trabalhadores da Indústrias Químicas de São Paulo）教育局のシド・ファリア（Cido Faria）から米国の従業員持株計画（Employee Stock Ownership Plans: ESOPs）[20]の情報を得た。マケルリの労働者は，STICFの指導のもと経営者に機械購入を申し出て，必要な資金提供をサンパウロ州立銀行（BANESPA）に要求した。労働運動はBANESPAのフランカ支店の占拠などの政治闘争にまで展開した。結局，労働者がマケルリ株の51％，BANESPAが49％を所有する株式会社として存続することで決着した。ブラジル版のESOPsが誕生したのである。労働者の支配のもとで経営は順調に推移したが，1995年にBANESPAが融資を停止し，マケルリはその活動を終えた[21]。

　マケルリの事例は，単に倒産企業を再起させ雇用を回復するだけでなく，資本主義企業を労働者管理に移すという意味で重要な経験となった。加えて労働者管理企業間の連携や新たな労働者管理企業への支援組織設立の契機ともなった。すなわちマケルリ，パライバ毛布，イドロフェニック

249

第Ⅱ部 コモン・グッドを追求する連帯経済

ス, ウジナ・カテンデ, コペルミナス, ファシット (Facit) 6社の代表は, 1994年にサンパウロで第1回労働者自主管理企業集会を開催し, 全国労働者自主管理企業・株式参加アソシエーション (Associação Nacional dos Trabalhadores e Empresas de Autogestão e Participação Acionária: ANTEAG) を設立した。ANTEAG は, 破産あるいは破産状況にある企業の労働者に対して企業の自主管理, そのための協同組合の組織を指導した。ANTEAG はまた, 労働組合と連携して, 資本主義企業の労働者管理企業への再編を指導した。長期にわたる不況や失業は行政にも危機感を与えていた。リオグランデドスル州のオリヴィオ・ドゥツラ労働者党政権は, ANTEAG から専門家を受け入れ, 労働者自主管理に向け協同組合の組織化を進めた (Singer 2006: 10)。

3. 労働組合と労働者協同組合の関係

(1) 労働組合の労働者協同組合支援

　ブラジルの伝統的な労働組合は当初回復企業に懐疑的あるいは批判的であった。回復企業では労働者は経営者でもある。労働組合は回復企業が労働者を本来は対立する資本家に変質させると考えたのである。回復企業は労働者の権利を奪い, 賃金を引き下げ, 事業の民主的な性格を奪い, 労働者階級を弱体化させるものだと批判した。そこで一部の労働組合が労働者協同組合を支持すると, 協同組合をめぐって思想的な論争や対立が生じた。

　しかし, 数多くの回復企業の設立と正規雇用の減少は, 労働組合の回復企業に対する姿勢の変更を迫った。ブラジルでは雇用契約は使用者が労働者が持つ労働手帳に署名することによって正式なものとなるが, そうした労働手帳を保有する正規雇用は1990年代はじめに大幅に減少し, その後低水準で推移した (図7-1)。他方で, 労働手帳を持たない労働者や零細な自営業者の非正規労働者が大幅に増加した。労働組合は活動の基盤である

250

第7章　ブラジルの労働者協同組合

正規労働者を多く失ったのである。こうした中で一部の労働組合が回復企業や協同組合の支援に転じた。サンパウロ州の工業地帯であるABC地区[22]の金属労組（Sindicato dos Metalúrgicos do ABC: SMABC）やSMABCを中核とする全国中央組織最大の中央統一労組（Central Única dos Trabalhdores: CUT）は，労働者の雇用と所得確保の観点から，回復企業や労働者協同組合を支援するようになった。

労働組合の回復企業に対する政策変更において，サンパウロ州ディアデマに立地するラテンアメリカ最大の鋳物会社コンフォルジャ（Conforja）への支援は重要な契機となった（Duaibs 2013: 45-46）。SMABCとCUTは，経営危機に陥ったコンフォルジャを労働者と会社所有者との共同経営への移行を，次いで1997年には労働者協同組合の設立を支援した。2000年に

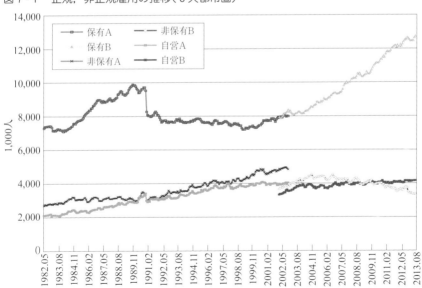

図7-1　正規，非正規雇用の推移（6大都市圏）

注：保有，非保有は労働手帳保有，非保有。Aは10歳以上，Bは15歳以上の雇用人口。保有，非保有のBは民間。6大都市圏はレシフェ，サルヴァドル，ベロオリゾンテ，リオデジャネイロ，サンパウロ，ポルトアレグレ。
出典：IPEA Data（原資料はIBGE, Pesquisa Mensal de Emprego）に基づき筆者作成。

251

コンフォルジャが破産すると，労働者協同組合は金属工業生産労働者中央協同組合（Cooperativa Central de Produção Industrial de Trabalhadores em Metalurgia: UNIFORJA）を組織し，完全に経営権を掌握した。こうして労働者が所有し自主管理する大規模な企業が誕生した（Patry et al. 2013: 2-3）。

SMABC や CUT の回復企業支援の背景には労働組合運動の質的な変化もあった。1933年に設立された SMABC は1950年代以降自動車工業の発展とともに組織を拡大したが，軍政下の1970年代にルーラのリーダシップのもとで活発な労働運動と民主化運動を展開し，1979年には軍政期で最初のゼネストを実行した。SMABC は1980年の労働者党の結成と CUT 設立においても重要な役割を担った。先鋭的な労働組合であった SMABC は1980年代以降「新労働組合主義」（Novo Sindicalismo）（Singer 2006: 11）を展開するようになった。それは，敵対的な労働組合運動をより経済目的を実現する運動に，中央レベルの運動から分権的な運動に変更するものであり，広範な労働者の組合への参加を促すためのものであった（Galvão 1998）。

SMABC はまた，労働組合と協同組合の関係について理解を深めるため，海外の経験を学ぶことに着手し，情報収集にも取り組むことになった。すなわち1998年には，イタリアのエミリア・ロマーニャ州での協同組合運動の経験に関する情報収集を目的に，イタリア労働総同盟（CGIL），イタリア労働者組合総同盟（CISL），イタリア労働連合（UIL），イタリア機械工業連盟（FIM/CIST），機械金属加工労働者連盟（FIOM/CGIL），イタリア機械工業労働者連合（UILM/UIL），協同組合ナショナルセンターの1つであるレーガコープ（Lega Nazionale delle Cooperative e Mutue: Legacoop）と協定を結んだ（Oda 2000: 97）。

他方で CUT は1999年にブラジル各地において地域開発を組織し支援するため連帯開発機関（Agência de Desenvolvimento Solidário: ADS）を設立した。ADS は非営利のアソシエーションであり，CUT のほか，労働研究調

査大学間財団（Unitrabalho），社会支援教育組織（Face），組合間統計・社会経済調査局（Departamento Intersindical de Estatística e Estudos Socioeconômicos：DIEESE）がその設立に関わった。ADS設立の背景には，1990年代以降の新自由主義的な政策に伴う，雇用の減少，社会的排除，格差の拡大の中で，新しい労働運動が求められたことがあった。そのミッションは，連帯と自主管理事業の設立，強化，連携であり，それを通じて雇用を創造し労働者階級を持続的な開発に参加させることであった。

　ADS に次いで2000年には，SMABC，ソロカバ市政府，ABC化学労働組合の支援を受けた協同組合の要望を受けて，協同組合連合・連帯（União e Solidaridade das Cooperativas：UNISOL）が設立された（de Faria e Cunha 2011：7-8）。UNISOLはその後，協同組合，労働者自主管理企業，アソシエーションなどを代表する組織として連帯協同組合・連帯事業センター（Central de Cooperativas e Empreendimentos Solidários：UNISOL）に改編された。その活動領域は，信用（UNISOL金融，連帯投資基金），法的支援，教育訓練（経営，自主管理），市場へのアクセス（マーケッティングセンター，国際市場へのアクセス），技術（社会技術の普及，生産工程の改善），ネットワーク（生産とマーケッティングの連携），公共政策（連帯経済支援のための法案作成支援），国際協力と幅広い。UNISOLに属する組織はブラジル全土で750以上存在し，その活動分野は家族農，食品，養蜂，手芸，衣服，社会サービス，リサイクル，園芸，金属など多岐にわたり，参加者は7万人以上になる。2011年にUNISOLの協同組合と連帯組織の売上合計は12億5,000万ドルに達した（Patry et al. 2013：4）。

　CUT は2002年の第7回全国大会で，協同組合など連帯経済を支援するとの決議を行った。すなわち連帯経済の構築がCUTに集結する労働者階級の重要な事業であるとし，その実現に向けて協同組合金融その他の公共政策の実施，連帯経済のための教育プログラムの実施，新しい協同組合の発掘，虚偽的な協同組合の排除などを決議した。大会では，連帯経済がオルタナティブな労働者の雇用と所得創造の手段であり，労働者を資本から

解放し，労働を民主的なものとする具体的な実践であり，協同組合における生産の自主管理が民主的な社会を創造する学習の場であるとの議論がなされた（Patry 2013：212）。

(2) 労働組合と労働者協同組合の離反

こうした労働組合の支援もあって回復企業が増加したが，2000年代半ばになると回復企業の設立は減少し，労働組合の回復企業への関心は急速に失われた。1つの理由は，一次産品輸出と内需の拡大によって経済が好転し，雇用の正規化が進んだことである（前出図7-1を参照）。もう1つの理由は新しい会社更生・破産法の公布である。2005年2月9日付けの法律第11101号は，裁判所の監督下での会社更生とともに，裁判外の手続きである民事再生が規定された。会社更生では，倒産企業はすべての債権者から再建計画について合意を得る必要があり，得られない場合は，裁判所が破産宣告し，法定管財人のもとで資産売却によって回収した金額を，債権の優先順位に従って配分することになる。これに対して民事再生では，倒産企業が裁判所の認可を受けて債権者に提示する再建計画に従って再建手続きが進められる。破産法改正によって企業に事業再建の道が開かれることになり，従業員が協同組合を設立して事業を引き継ぐ必要性が減少した。2013年半ばまでにABC地区で設立された協同組合形態による回復企業は4つにとどまった（Duaibs 2013：48）。回復企業の減少とともに，労働組合の協同組合への関心は小さいものとなった。

他方で協同組合もまた労働組合との関係を疎遠なものにしていった。回復企業は法務などの分野でSMABCの支援を得たが，事業が軌道に乗ってくると，協同組合の中央組織との関係を強め，反対に労働組合との関係を弱めていった。SMABCは支援した回復企業の組合員を繋ぎ止めようと彼らに労働組合員の資格を与えた。組合員を労働者と同列に与えることによって，組合員が労働組合からの離脱を防止しようとしたのであったが，効果はなかった。その過程で協同組合はより営利を指向し，組合員は労働

者としてのアイデンティティを次第に失っていった（Duaibs 2013: 51-52）。こうした回復企業の変質は，SMABC などCUT傘下の労働組合が回復企業の支援にあたって危惧した問題であった。

4．労働者協同組合の制約と変革

　労働者協同組合は，市場経済に対抗し，共同，自治，自主管理によって経済活動を行う組織であり，市場経済のオルタナティブになることを期待されたが，現実の労働者協同組合はそれからは程遠く，多くの課題を抱えている。

⑴　労働者協同組合の制約

　労働者協同組合の第一の課題は資本動員力の不足である。その結果回復企業を除けば，その規模は零細である。協同組合は，無記名で譲渡可能な株式によって広く社会的資本を調達する株式会社に比べて資本動員力において劣り，その結果大規模な生産が容易でない。協同組合はまた利潤追求動機において資本主義的企業には対抗できない。

　回復企業は比較的規模が大きいが，その活動については協同組合の原理からの逸脱が指摘されている。特に成功した回復企業は利益を追求するなど実質的に資本主義企業に近似するようになり，労働者の自主管理企業からは退行している。回復企業ではまたしばしば雇用する賃金労働者に対する差別的な扱いが見られる（Singer 2006; Lima 2007: 600）。回復企業はまた労働者の多くがリスク回避の行動をとる傾向がある。その場合，倒産前のヒエラルキーに基づく経営がなされ，連帯経済の原理に反する古い管理体制に戻ってしまうことが少なくない（Pires 2011）。

　労働者協同組合が抱える第二の課題は，その一義的な目的が組合員の利益の拡大にあることに起因する。労働者協同組合の究極的な目的は公平で持続可能な社会の構築であるが，直接的な目的は組合員の利益の拡大にあ

る。組合員がより多くの収入を求める場合，売り上げの増加や費用の節約が必要となる。費用の削減が内部の効率性向上ではなく財やサービスの調達価格の引き下げによって実現するなら，それは他の事業体に犠牲を強いる可能性がある。それは連帯経済の本質とは相反するものである。

　労働者協同組合第三の課題は内部組織に関わる問題である。その１つは分配の問題である。前述のエンリケらの回復企業の調査は，組合員間で職位によって報酬に差があり，また経営委員会のメンバーは固定化の傾向があるため，報酬の差が継続的なものになっていると指摘している（Henrique et al. 2013）。報酬を，個々の組合員の職務や労働強度に応じて配分するにしても，報酬差をどの程度にすればいいか，何が平等かについて，協同組合の中で合意があるわけではない。内的な問題のもう１つは組織のタイムスパンの問題である。労働者協同組合はしばしば，差し迫った失業や貧困の中で，雇用や所得を確保するために設立される。協同組合の基盤を強化し持続的に発展するには，組合員への配分を抑制し，将来への投資が必要であるが，生存戦略のため参加した組合員はそれに易々と同意しない。つまり短期的な目標と長期的な目標の間で対立が生じる。３つ目の内的な問題は組織構造に関わる。労働者協同組合は，組合員による自主管理を基礎原理とし，重要な事項は組合員全員の参加によって決定されるが，活動規模が大きく組合員数が多くなれば，これらは容易ではない。大規模な組合では組合員の中から経営管理の執行者が選ばれるが，それは本来フラットである組織にヒエラルキーを生む。

(2)　協同組合運動の変革

　労働者協同組合など協同組合が広がり，資本主義的市場（企業）のオルタナティブになるには何が必要か。１つは協同組合の意義について学習する場の提供である。先に述べたように，回復企業では組合員の間での自主，民主，協働，平等などの協同組合の原理が必ずしも共有されていない。さらに他の協同組合や地域社会との連帯意識も希薄である。協同組合が持続

的で社会的な役割を果たすには，協同組合思想を学習し自覚ある（conscious）組合員になる必要がある。しかし，現実の労働者協同組合ではそうした学習の場がほとんど用意されていない。それは，労働組合が，リーダー（役員・活動家）や組合員の意識の向上，運動の強化のため，様々な教育組織とプログラムを持っているのと対照的である[23]。そうした中にあってMSTは，思想教育とともに農業者の能力向上を重視している。すなわち全国フロレスタン・フェルナンデス学校（Escola Nacional Florestan Fernandes: ENFF）は，MST農民や子弟を対象に，有機農業，農産物加工による高付加価値化，公正な価格による生産物の販売などを実践するための訓練とともに，協同組合思想の教育の場を提供している[24]。

　協同組合が市場に対抗し得るには，協同組合が相互に連携し網の目のように広がっていく必要がある。それは1つには協同組合の零細性を克服するためであるが，もう1つには協同組合が個別の組合員の利益を超えて社会的な利益を実現するためである。協同を実現するには，組合内だけではなく，原材料の生産者，販売先や消費者との間でも協働や公正取引を実現しなければならない。マンセは，連帯協働ネットワーク（Redes de Colaboração Solidária: RCS）という概念で，連帯経済の連携の重要性を論じている。RCSの基本的性格は自由な参加，公平，自主管理，分権化，地域主義などである。RCSはそれらの原理をネットワーク全体に広げることによって，連帯経済を強固なものとし持続可能なものとする。RCSを具体的に形成するには，資本の論理によって活動するサプライヤーを，連帯の論理によって活動するサプライヤーに置き換え，環境への負荷が高い投入財を環境的に持続的な方法で開発された投入財に置き換えることが必要になる（Mance 2002）。ジュスタ・トゥラマ中央協同組合（Cooperativa Central Justa Trama: CCJT）は，有機棉栽培から衣服販売までの一連のチェーンを営む協同組合の中央組織であるが，メンバーである協同組合間の取引はアグロエコロジーと公正取引の原則に従って営まれ，それによって生産チェーン全体の公平で持続的な発展を可能にしている[25]。

協同組合間の連携の重要性はシンジェルによっても指摘されている。失業を解決するには社会的に排除された人々を彼ら自身のイニシアチブによって経済に再包摂する必要がある。この再包摂は非資本主義的な方法，すなわち失業者の小規模企業や自営業による吸収によって実現する。それは外部の競争から保護された市場を必要とする。保護された市場は失業者が学習し効率を高め顧客を獲得するために不可欠である。新しい経済セクターを作る1つの方法は，生産・消費協同組合を設立することである。協同組合の数が多ければ多いほどそれが成功する可能性は大きいものになる。協同組合は他の協同組合からの購買を優先する必要がある。優先的な売買は，決済手段として独自の通貨，特定地域で流通する地域通貨があれば，より確実なものとなる（Singer 1998: 122-123）。

ブラジルには消費と生産を統合した協同組合が存在する。コープ・エコソル（Cooperativa de Produção e Consumo Solidário Passo Fundo Ltda.：Cooper Ecosol）はその1つである。コープ・エコソルはブラジル南部リオグランデドスル州パッソフンド市に設立された生産・消費協同組合である。その目的は，批判的・集団的・連帯的・環境保護的な消費によって民衆・連帯経済を強化することである。さらに消費を通じて生産チェーンを再編成し，連帯と協力の文化を創造し，組合員と地域社会の発展を実現し，環境を保全することである。コープ・エコソルは2000年に学生，非政府組織の労働者をメンバーに批判的消費グループとして出発し，2005年に正式に生産・消費協同組合となった。そのメンバーは個人，アソシエーション，協同組合である（Pistelli 2010; 小池 2014b）。

これまで述べたような生産協同組合間の連携，生産者協同組合と消費者協同組合の連携が，個々の協同組合において自主，

写真7-3

ジュスタ・トラマで最終工程の縫製作業を担当するウニベンス協同組合(UNIVENS)。(写真提供：UNVIENS)

民主，平等など連帯の意識や行動を強化し，他方で個々の協同組合における連帯の強化が協同組合間の連帯を強化する。こうしたシナジーが起こるには，個々の協同組合に関わる技術，労働と報酬，費用と価格，環境への負荷などの情報が，可能な限り透明になり，連携する協同組合の間で共有される必要がある。協同組合の発展には消費者との連携も必要である。その場合の消費者は一方的に効用を追求する消費者ではない。生産者の労働条件や環境に配慮し行動する自覚的で倫理的な消費者である。

(3) 労働組合と協同組合の連帯

協同組合と労働組合はともに究極的には賃労働関係を揚棄し労働者を資本から解放する運動であるが，それに至る過程が異なる。その差異が，ブラジルにおいて労働組合と協同組合の間で見られたように，両者の間で対立をもたらす。言うまでもなく労働組合は賃金など労働条件の改善を求める運動であり，これに対して協同組合では，生産者は労働者であるとともに経営者でもあり，そこでは賃労働関係は存在しない。協同組合の設立は瞬時に賃労働関係を廃止する。

柄谷は，資本主義を揚棄する組織として，労働組合よりも協同組合を積極的に評価している。労働組合と協同組合はともに資本に対抗する運動であるが，質において異なっている。労働組合は資本制内部での資本との闘争であり，これに対して協同組合は資本制の外に超出する運動である。言い換えれば前者は生産過程を中心とするものであり，後者は流通過程を中心とするものである。労働組合は現実には労働力の価値を高めるための運動になり，資本主義的蓄積過程の一部となってしまっている。これに対して協同組合は未来社会（社会主義社会）において，それへの過程において労働者が社会の主人公として生産を管理・運営するための組織であり運動だとした（柄谷 2015: 391-394）。

しかし，協働や連帯が協同組合内に留まっている限りは，労働組合同様，やはり体制内の運動に過ぎない。協同組合が事業を拡大し組合員の所得増

第Ⅱ部 コモン・グッドを追求する連帯経済

大をめざせば，それは他の組織の犠牲を伴うかもしれない。経済活動を拡大し，それとともに賃金労働者を雇用すれば，ヒエラルキーと賃労働を生む。協同組合が連帯経済となるには，内なる連帯とともに外との連帯が必要となる。

　ブラジルにおける労働組合と協同組合運動の離反は，資本への対抗運動を困難にしている。ブラジルの労働組合の組織率は全体的に停滞的であった。2010年代には経済の低迷によって失業率が上昇し，また雇用の非正規比率が再び上昇し，労働組合の組織率は減少し組合運動は停滞した。加えて2016年に正統性のない大統領弾劾によって権力を奪取したテメル政権は，新自由主義への回帰を進め，労働法についても大幅な改定を強行した。2017年の改定労働法（法律第13467号）がそれである。改定労働法は，基本的な労働条件について，労使による労働協約を統合労働法（CLT）に優先する，労使交渉における労働組合の代表権を制限する，あらゆる業務で派遣労働を認めるなど，労働者の権利を大幅に狭め，労働組合に対し露骨な攻撃をするものである[26]。テメル政権に次いで2019年に誕生した極右ボルソナロ政権は連帯経済について行政組織の縮小や支援制度の凍結などの攻撃を加えている。すなわち，政令870号によって，SENAESを廃止し，連帯経済政策を新設した市民省（Ministério da Cidadania）の社会包摂・都市生産局（Secretaria de Inclusão Social e Produtiva Urbana）に移管し，CNESの活動を停止させた。こうした中で労働組合と協同組合が離反や対立をすれば，双方の運動を弱体化させることになる。協同組合の原理と活動を社会的に拡げるには，労働条件の全体的な向上をめざす労働組合の中央組織との連携が不可欠である。

おわりに

　ブラジルでは新自由主義に基づく経済改革によって雇用が失われ，また非正規化が進む中で，労働組合運動は全体に停滞した。他方で草の根レベ

ルで生産者が数多くの労働者協同組合を組織した。労働者協同組合の一部は，正規雇用に伴う社会的負担を軽減するために組織される，虚偽的な労働者協同組合であったが，経営危機にある，あるいは倒産した企業を労働者が引き受け経営する回復企業や，零細な生産者が組織する「真正な」労働者協同組合が誕生した。労働組合は，当初労働者協同組合に懐疑的であったが，雇用の停滞と非正規化の中で，一部の中央組織が労働者協同組合を支援した。

　こうした経緯から，回復企業にしろ「真正な」労働者協同組合にしろ，ブラジルの労働者協同組合は雇用と所得を維持するための生存戦略としての性格を強く持っており，協同，自治，自主管理，平等など労働者協同組合の理念によって組織され，運営されているわけでは必ずしもない。労働者協同組合が持つもう1つの問題点は，その目的が一義的には組合員の利益を保護し拡大することであって，社会にある生産者全体の雇用や所得の向上ではない。協同，自治，自主管理，平等などは組織内に留まっていることである。

　労働者協同組合は賃労働関係を揚棄する1つの経路である。それは労働者を資本の支配から解放し，労働を生命活動などの側面と統合し，全体性の回復を実現する。市場あるいは資本主義企業が圧倒的に優位な中で，労働者協同組合が市場経済のオルタナティブになるには，協同に基づく経済的実践を積み重ね，それを通じて協同組合組織を網の目のように広げていくことが必要である。グローバル化の時代にあっては国際的な連携や運動も必要となる。協同組合と同様に労働組合もまた究極的には賃労働関係の揚棄を目標としている。労働者協同組合がオルタナティブになるには，労働組合の連携もまた重要となる。協同組合間の連携，労働組合との連携は，それらの政治的代表権を強化する上でも重要である。

　ブラジルの連帯経済は，2016年以降の新自由主義政権のもとで，危機的な状況にある。労働組合もまた代表権の剥奪などの攻撃に晒されている。労働者党は，連帯経済の支援と改定労働法の廃止を公約としているが，

第Ⅱ部｜コモン・グッドを追求する連帯経済

不透明である。こうした状況を反転させ，失業や格差など市場経済の災禍
を克服し新たな経済を創造するには，労働組合運動とともに労働者協同組
合など連帯経済の運動を広げる必要がある。新自由主義のもとでは国家が
市場に隷従あるいは癒着することを考えれば，連帯経済が市場のオルタナ
ティブな制度になるには，政治を主権者である国民のものとすることもま
た不可欠である。

【注】

1　連帯経済の発展と制度化については小池（2014a）。

2　SIES の目的は連帯経済を特定し支援することであった。具体的には，①ブラジル
の連帯経済事業（Empreendimentos Econômicos Solidários: EES）およびその支援団体
（Entidade de Apoio, Assessoria e Fomento à Economia Solidária: EAF）を特定し情報を
収集すること，②生産ネットワーク形成，販売促進などを通じて EES を強化すること，
③EES の可視化を進め社会との連携を強化する，④EES に対する公共政策を可能に
する，⑤EES に関する法を整備する，⑥EES に関する研究を容易にするなどであっ
た（ANTEAG 2009: 12-13）。

3　アソシエーションは民法（2002 年の法律第 10406 号）で規定され，公共の利益を目
的に個人によって設立されるものである。NGO もアソシエーションに含まれる。

4　民衆協同組合の起源や定義は不明であるが，連帯経済の一形態として使用されてい
る。この名称が初めて付されたのは，1997 年連帯経済に対する技術支援を目的とした
国家民衆協同組合インキュベータプログラム（Programa Nacional de Incubadoras de
Cooperativas Populares: PRONIC）である。また 1999 年にはリオデジャネイロ連邦大学
（Universidade Federal do Rio de Janeiro: UFRJ）など 6 大学によって民衆協同組合イン
キュベータ・ネットワーク（Rede Universitária de Incubadoras de Tecnológicas de
Cooperativas Populares: Rede ITPS）が設立されている（小池 2017b: 65）。

5　ブラジルの労働者協同組合法は，国際労働機関（ILO）の 2002 年 6 月の第 90 回総会
で決定した勧告第 193 号に対応するものであった（Pereira e Silva 2012）。勧告は，協
同組合が雇用の創造や資源の動員などを通じて経済と社会の発展に寄与するとの認識
から，協同組合を支援するよう各国政府に求めた。

6　正規雇用とは雇用者が署名した労働手帳を持つ労働を指す。賃金に付加される社会

262

負担（encargos sociais）は，企業者側の主張では102.06％，労働者側の主張では53.9％になる。社会負担が高率になるのは，社会保障費など当然支払うもののほか，農地改革，職業訓練など本来は財政から支出されるべきものが賃金に付加されているからである。詳細は小池（1999）。

[7] 保険協同組合，輸送協同組合，自由専門職協同組合は法律第12690号の対象外とされた（第1条）。

[8] 労働・社会保障省（MTPS）は2015年に労働雇用省と社会保障省を統合して設立された。

[9] 労働者支援基金（Fundo de Amparo ao Trabalhdor: FAT）は法律第7998号（1990年）によって設立され，失業手当，賃金ボーナス（最低賃金の2倍未満の労働者に対して最低賃金相当の金額を年に一度支給する制度），職業教育など多様な目的に使用されている。FATの主要な資金源は，賃金に加算して雇用者から徴収される社会統合基金（PIS），公務員財産形成プログラム（PASEP）である。

[10] RACITは全事業者に雇用・労働情報提供を義務づけた社会情報年次報告（Relação Anual de Informações Sociais: RAIS）の労働協同組合版である。RAISは政令第76900号（1975年）によって導入され，政府の労働政策の基礎データとなっている。

[11] ブラジルの協同組合の歴史についてはVeiga e Fonseca（2002）。

[12] ブラジルの1988年憲法については矢谷（1991）。

[13] 生産的な土地とともに中小規模の土地は農地改革の対象から除外される（憲法第185条）。

[14] カルドーゾ政権は1996年に家族農支援，持続的農業などを目的とした国家家族農業強化プログラム（PRONAF）を作成し，99年に農業改革，農業開発省（MDA）を設立した。PRONAFはFAOなど国連での家族農業重視の政策に沿うものであった。

[15] 家族農業は法律第11326号（2006年）に定義され，4農地単位（módulo rural，面積は地域より異なる）以下，主に家族の労働によって営まれることなどを条件とする。

[16] MSTは2012年末で130の協同組合を持ち，2009年で協同組合の法的資格なしに協同をベースとした450〜500のアソシエーションを持つとされる（Massiocotte 2014: 164）。

[17] UNICAFEについてはhttp://www.unicafe.com.br/　2017年2月6日閲覧。

[18] 回復企業の歴史についてはSinger（2006); de Faria e Cunha（2011）; Duaibs（2013）。研究動向についてはHenrique e Thiollent（2013）。

[19] マケルリについてはSinger（2004: 7-8）。

[20] ESOPsは，1950年代に米国の経済学者で銀行家のルイス・ケルソ（Louis Kelso）

によって提案された。資本主義経済が一部の富裕層による株式の独占的な保有が富の集中と偏在をもたらしたことを踏まえて，従業員による株式所有によって資本を配分し，資本主義と前提である自由と民主主義を維持しようと考えたのである。

[21] *Folha de São Paulo*, 17 de março de 1995.

[22] ABC とは，サンパウロ市近郊のサントアンドレ（Santo André），サンベルナルド（São Bernaldo），サンカエターノ（São Caetano）の 3 つのムニシピオ（基礎自治体）を指す。ディアデマ（Diadema）を加え ABCD とも言う。

[23] CUT は組合員に対する労働者教育のためブラジル各地に教育施設を持っている。詳細は https://cut.org.br/conteudo/escolas-sindicais/　2017 年 11 月 19 日閲覧。

[24] ENFF は，ブラジルの社会学者であり，連邦下院議員（労働者党）や 1988 年憲法の起草委員でもあったフロレスタン・フェルナンデスの名を冠し 2005 年に設立された。識字教育，協同組合経営，農業技術，農産物加工，コミュニティ保健などのコースを持ち，大学教員などが講師を務めている。詳しくは http://amigosenff.org.br/　2017 年 11 月 19 日閲覧。

[25] ジュスタ・トゥラマについては小池（2017a）。

[26] 法律第 13467 号による労働法改定については小池（2019）。

■引用文献

柄谷行人（2015）『世界史の構造』岩波現代文庫（原著は同名で岩波書店，2010 年刊）。

小池洋一（1999）「ブラジルの労使関係」『アジア経済』第 40 巻第 8 号，8 月，37-56 頁。

小池洋一（2014a）『社会自由主義国家―ブラジルにおける「第三の道」』新評論。

小池洋一（2014b）「ブラジルにおける消費者保護と倫理的消費」『ラテンアメリカ・レポート』Vol.31, No.2, 12 月，59-73 頁。

小池洋一（2017a）「ブラジルの連帯経済と生産チェーン―ジュスタ・トゥラマの事例」『イベロアメリカ研究』第 XXXVIII 巻第 2 号，1 月，39-54 頁。

小池洋一（2017b）「ブラジルの社会技術とオルタナティブな開発」『立命館大学経済学』第 65 巻第 6 号，3 月，58-73 頁。

小池洋一（2019）「ブラジルの改定労働法批判」『立命館大学経済学』第 67 巻第 6 号，3 月，61-85 頁。

矢谷通朗 編訳（1991）『ブラジル連邦共和国憲法　1988 年』アジア経済研究所。

ANTEAG（Associação Nacional dos Trabalhadores e Empresas de Autogestão e de Participação

Acionária) org.（2009）*Atlas da economia solidária no Brasil 2005-2007*, São Paulo: N.T. Mendes Editora.

de Faria, Maurício Sardá e Gabriela Cavalcanti Cunha（2011）"Autogestão e economia solidária: o desafios das fábricas Recuperadas no Brasil," artigo presentado ao V Encontro Nacional de Pesquisadores em Gestão Social, Florianópolis/SC, 26 a 28 de maio de 2011.

Duaibs, Raphael（2013）"Algumas questões sobre as fábricas recuperadas no Brasil: da luta ás dificuldades," *Revista da ABET*, Vol. 12, No. 1. jan./jun, pp.43-57.

Fabrini, João Edmilson（2002）"O projeto do MST de desenvolvimento territorial dos assentamentos e campesinato," *Terra Livre*, Ano 18, n.19, jul./dez, pp.75-94.

Gaiger, Luiz Inácio & Grupo Ecosol（2014）*A economia solidária no Brasil: uma análise de dados nacionais*, São Leopoldo/RS: Editora Oikos Ltda.

Galvão, Andréia（1998）"Os metalúrgicos do ABC e Câmara Setorial da Indúsrtia Autombilística," *Revista de Sociologia e Política*, 10/11, pp.83-101.

Henrique, Flávio Chedid et al.（2013）"As empresas recuperadas por trablhadores no Brasil: resultados de levantamentos nacional, *Mercado de Trabalho*, No.55, agosto, pp.55-67.

Henrique, Flávio Chedid e Jean-Marie Thiollent（2013）"Empresas recuperadas por trabalhadores no Brasil e na Argentina," *Estudos Urbanos e Regionais*, Vol.15, No.2, novembro, pp.89-105.

Lima, Jacob Carlos（2007）"Worker's Cooperatives in Brazil: Autonomy vs Precariousness," in *Economic and Industrial Democracy*, 28（4）, pp.589-621.

Mance, Euclides André（2002）*Redes de Colaboração Solidária- Aspectos Econômico-filosóficos: Complexidade e Libertação*, Petrópolis: Editora Vozes.

Massicotte, Marie-Josée（2014）"Solidarity Economy and Agricultural Cooperatives: The Experience of the Brazilian Landless Workers Movement," *Journal of Agriculture, Food System, and Community Development*, Vol. 4, No. 3, Spring, pp.155-176.

OCB-Orgaização das Cooperativas Brasileiras（2015）*Propostas do cooperativismo à Presidência da República, Agenda Institucional do Cooperativo 2015-2018*, Brasília: OCB.

Oda, Nilson Tadashi（2000）"Sindicato e cooperativismo: os metarlúgicos do ABC e a Unisol Cooperativas," em Singer e Souza orgs., pp.93-107.

Patry, Pierre, Claude Dorion, Arildo Mota Lopes, João Antônio Felício, Léopold Beaulieu and Jean Bergevin（2013）"Trade Union Support for Labour Cooperatives: An Experiment in Cooperation Between Brazil and Canada," *International Journal of Labour Research*,

第Ⅱ部　コモン・グッドを追求する連帯経済

Vol. 5, Issue 2, pp.208-226.

Pereira, Clara Marinho e Sandro Pereira Silva（2012）"A nova lei de cooperativas de trabalho no Brasil: novidades, controvérsias e interrogações," *Mercado de Trabalho*, No.53, novembro, pp.65-74.

Pires, Aline Suelen（2011）"As fábricas recuperadas no Brasil: A autogestão entre a teoria e a prática," *artigo apresentado no XV Congresso Brasileiro de Sociogia*, 26 a 29 de julho de 2011, Curitiba, PR.

Pistelli, Renata（2010）"A experiência da Cooper Ecosol e os aportes do consumo responsável na consolidação de novos paradigmas de produção e consumo," em Leandro Morais e Adriano Borges orgs. *Novos paradigmas de produção e consumo: experiências inovadoras*, São Paulo: Instituto Pólis, pp.179-217.

Scopinho, Rosemeire Aparecida（2007）"Sobre cooperção e cooperativas em asentamentos rurais," *Psicologia & Sociedade*, No. 19, Edição Especial 1, pp.84-94.

SENAES（Secretaria Nacional de Economia Solidária）(2012)*Avanço e desafios para as políticas públicas de economia solidária no governo federal 2003/2010*, Brasília: SENAES.

Silva, Sandro Pereira e Leandro Marcondes Carneiro（2014）"Os novos dados do mapeamento de economia solidária no Brasil: apontamentos iniciais para o dabate," *Mercado de Trabalho*, No.57, agosto, pp. 69-82.

Singer, Paul（1998）*Globalização e Desemprego: Diagnóstico e Alternativas*, São Paulo: Editota Contexto.

Singer, Paul（2004）"Cooerativas de trabalho," *mimeo*, Brasília: Ministério de Trabalho e Emprego.

Singer, Paul（2006）"The Recent Rebirth of the Solidarity Economy in Brazil," in Boaventura de Sousa Santos ed. *Another Production Possible Beyond the Capitalist Canon*, London and New York: Verso, pp.3-42.

Singer, Paul e André Ricardo de Souza orgs.(2000)*A economia solidária no Brasil: a autogestão como resposta ao desemprego*, São Paulo: Editora Contexto.

UNICOPAS（União Nacional das Organizações Cooperativistas Solidárias）(2015) "UNICOPAS: cooperativismo em pauta," Brasília: UNICOPAS.

Veiga, Sandra Mayrink e Isaque Fonseca（2002）*Cooperativismo: uma revlolução pacífica em ação*, Rio de Janeiro: DP&A.

第 8 章

アルゼンチンの社会保障部門における連帯経済

ブエノスアイレス・イタリア病院（2018年8月，筆者撮影）

はじめに

　新自由主義に対抗しようとする思想の流れの1つとして，ヨーロッパやラテンアメリカにおいて連帯経済という概念が注目されている。それらは相互に共鳴しながら，また新自由主義という現実と向き合いながら思考を深化させていった。そのような連帯経済の思想家のひとりに，ラテンアメリカやアルゼンチンでの経験をもとに独自の考えを発展させたアルゼンチン出身のホセ・ルイス・コラッジオ（José Luis Craggio）がいる。

　他方，アルゼンチンにおける連帯経済の実践は，19世紀末の移民の互助会にまで遡ることができ，その後形態を多様化させつつ拡大してきた。連帯経済は，極めて多様な部門や組織を含んでいるが，その目的の1つが人々の生の営みを再生産するための相互扶助にある。人々の生の営みを保障する制度としては，近代国家においては公的社会保障がまず想起される。しかし，社会保障のように人々の生の営みを保障する制度は，公的保障に限らず，民間部門やコミュニティなども保障を提供しており，それらを総体としてウエルフェアー・ミックスとして分析する視角も存在する。

　本章では，ルイス・コラッジオの思想やウエルフェアー・ミックス論の視点から，今日のアルゼンチンにおける社会保障に関連する連帯経済の性格とその問題点を明らかにすることを目的とする。そのためにまずコラッジオの思想やウエルフェアー・ミックス論をまとめて分析の視角を提示する。次に，アルゼンチンにおける連帯経済の規模と性格を入手可能な統計を利用して分析する。そして最後に，コラッジオの連帯経済の思想やウエルフェアー・ミックスの視角より，アルゼンチンにおける社会保障部門の連帯経済の代表的事例を分析し，同国の連帯経済の性格に接近する。

1. アルゼンチンにおける連帯経済の議論
——コラッジオの思想を中心に

⑴ 混合経済（economía mixta）と社会的連帯経済（economía social y solidaria）

　コラッジオは，アルゼンチンにあるサルミエント国立大学（Universidad Nacional de General Sarmiento）の名誉教授であり，連帯的民衆経済（economía popular solidaria）理論のオピニオン・リーダーである。また，ラテンアメリカにおける社会的連帯経済を研究する社会的連帯経済研究者ラテンアメリカネットワーク（Red Latinoamericana de Investigadores en Economía Social y Solidaria : RILESS）の組織責任者でもある。そのため，彼の理論はアルゼンチンにおける連帯経済論に強い影響力があり，彼の理論を見ることによりアルゼンチンにおける連帯経済の認識を理解することができる。コラッジオの思想は本書の第1章で紹介されているため，ここでは，本章の分析枠組みと関連する範囲で，彼の主要な著作から社会的連帯経済の概念をまとめ，その意義を検討したい。

　コラッジオが連帯的民衆経済の概念を提起した背景には，1990年代以降ラテンアメリカを席巻した新自由主義経済政策への批判があり，その代替案を模索する中で社会的経済・連帯経済の概念を理論化していったと言ってよい。コラッジオ（Coraggio 2013）によると，新自由主義のドクトリンは完全な市場システムを前提とし，それは際限のない成長の可能性を予見しているとする。こうした新自由主義経済政策に対して，コラッジオは連帯的民衆経済の概念を提起し，新自由主義への対抗概念としてその役割に注目している。彼によると連帯的民衆経済は，現実の経済から独立したものではなく，その中に含まれているものであると認識している。その際，現実の経済は資本制的企業経済（economía empresarial de capital），公的経済（economía pública）および民衆経済（economía popular）から構成され

269

る混合経済（economía mixta）であるとする（Coraggio 2013）。後述するように混合経済という観点は，社会保障部門で議論されているウエルフェアー・ミックスの観点との類似性を見ることができる。

　民衆経済の論理は，労働者・その家族・基礎的コミュニティの生活を再生産することである。民衆経済は歴史的に市場の私的理論に従属してきたとする。民衆経済は，極めて多様性に満ちた部門であり，その一部は金融やある種サービスに特化し，生産的活動にはあまり関係なく，他方その大部分が生存経済に限定された多様な形態を有する。それでは，民衆経済の実態とはどのようなものであろうか。まず，その組織は企業等ではなく，家族やコミュニティといった家政的単位（unidad doméstica）であり，その戦略はメンバーの生活の再生産にある。他方資本主義的発展は，市場に統合されない民衆セクターを土地，住宅，都市サービス，医療や教育の不足する農村部や都市の周辺部へ追いやってきた。こうした結果，民衆セクターの人々は，生存のために多種多様な要求や活動をすることになるのであるとしている（Coraggio 2013）。コラッジオは，新自由主義のもとで貧困化と排除が広まり，そうした状況の中で人々の生存のための様々な種類の活動（マイクロ協同企業，労働者や利用者の自主運営，回復企業，フェアトレード，マイクロクレジット，消費者ネットワーク等）が生じ，それらは総じて社会的連帯経済という名称のもとに認識されている。それでは社会的連帯経済とはどのように定義されるのであろうか。まず，社会的経済（la economía social）とは次のように定義されるとする。「社会的経済とは民間部門や公的部門からは区別され，協同組合，財団，貯蓄・信用組合，互助会，NGO，ボランタリー部門，慈善団体や社会的企業を含む」（Coraggio 2012：2）。

　次に現実のラテンアメリカにおいては，社会的連帯経済に関して以下の3つの考えや運動が存在しているとする。第一は，ミクロ・レベルで労働市場から排除された人々を社会に統合しようとする試みであり，そこには労働者自身による協同組合の設立と運営を支援する動きがある。第二は，

社会的・連帯経済をサブシステムとして組織化する動きである。それには，単なる経済的ネットワークのみならず，互恵的・社会的な連帯・政治的なネットワークが必要となる。第三は，混合経済内部のサブシステムとしての社会的・連帯経済の枠組みを超えて，それへの代替案を提起しようとする動きである。その中の強硬派は社会主義的中央統制経済であり，より穏健な形が欧米の福祉国家であり，またポール・シンガー（Paul Singer）により提唱されている協同組合の世界（mundo de cooperativas）である。

この社会的・連帯経済の3つのレベルは，社会的・連帯経済がどの程度広まりを持つかにより分類を行おうとするものである。第一は，社会的・連帯経済が，それを実行する人たちの生存を目的とし，活動の範囲も彼ら自身の組織中に留まるものである。第二は，社会的・連帯経済が，それを実行する組織内に留まらず，社会全体にそのシステムを広めようとする意図を持つものである。第三は，現在の新自由主義的なシステムの代替案として社会的・連帯経済を広めようとするものである。第二のレベルと第三のレベルの相違は，第二のレベルが現行の新自由主義システムの中に，社会的・連帯経済の領域を拡大させようと意図しているものの，それを第三レベルのように新自由主義への代替を意図しない点にある。

ラテンアメリカにおける社会的・連帯経済の在り方は，第一と第二の考えと運動に相当し，ラテンアメリカの周辺的混合経済（economía mixta periférica）の中に位置づけられる。資本制的企業経済（economía empresarial de capital），公的経済（economía pública）および民衆経済（economía popular）から構成される混合経済（economía mixta）には，それぞれ連帯的要素があり，それらが交差するところに連帯経済が位置づけられる（Coraggio 2012）（本書第1章図1-1を参照のこと）。

他方，ヨーロッパにおける代表的連帯経済の理論家ジャン＝ルイ・ラヴィル（ラヴィル 2012）は，まず19世紀前半のフランスにおいて，連帯経済の試みが見られ，そこでは自発的集団が経済活動に参加する理由は互酬的なものであり，共同行為はメンバー間の平等の原則に基づき，公共的空

間への参加を可能とすると考察している。ラヴィルは，ヨーロッパにおいて19〜20世紀にかけての市場経済の発展と平行して福祉国家が成立したことを重視しており，それまでに存在していた連帯の理念と実践は，この過程で福祉国家に回収されたとしている。しかし，1970年代頃から新自由主義が福祉国家の原理に取って代わり，福祉国家の中に存在していた連帯の原理と実践さえも批判されその役割を奪われていったと指摘している。そこで市場の理論や国家の理論からも自由で自発的な集団の存在が，「連帯が提示している社会統合の能力」を活力の源とする制度の形成，あるいは自由な意見表明をすることにより，公的な制度が形成される上で決定的に重要となるとの提起を行っている。新自由主義への代替的制度には政治的には自律的公共空間が重要であり，経済的には連帯経済が多元的な経済への入り口を開きつつあるとする（ラヴィル 2012）。

　コラッジオの研究は，ラテンアメリカの経済実態の分析を基にしたものであり，ラヴィルのものはフランスにおける連帯経済の概念変化を追ったものであるという研究の立ち位置の相違はあるものの，ラテンアメリカとヨーロッパにおける連帯経済概念の相違と類似をそこから類推することができる。ラテンアメリカ，特にコラッジオの思想の影響を受けたアルゼンチンにおける連帯経済の概念には，以下のような特色が見られる。第一にヨーロッパにおいては福祉国家が連帯的要素を一度回収したのち，新自由主義のもとで連帯的要素を再活性化させようとしているのに対して，ラテンアメリカの多くの国ではそうした過程が描かれていない点である。しかし，多くのラテンアメリカ諸国，特に域内先進国とみなされてきたアルゼンチンでは社会保険を中心とした社会保障制度は一定の発展を見せており，協同組合等のアソシエーションが国家機構あるいは市場の一部になるという現象が見られている。第二に，コラッジオの研究では，ラテンアメリカにおける民衆経済部門を中心とした連帯経済部門が大きく，その点ヨーロッパの経験とは異なっている。第三に，それと関連してヨーロッパで連帯経済と言うとき，自律的なアソシエーションが中心を担うことが想

定されているが，ラテンアメリカでは果たして同様のことが言えるかどう
かを確認する必要がある。次に，本章の分析対象である福祉部門の実態を
表す，ウエルファエアー・ミックスという概念と，アルゼンチンにおける
社会福祉部門のウエルフェアー・ミックスを概観する。その上で，本章に
おける分析の視角を提示する。

(2) 分析の視角：連帯経済とウエルフェアー・ミックス

　ウエルフェアー・ミックスとは，日本語では福祉多元主義と言われてい
る。従来の欧米における福祉供給が福祉国家のもとで国家の役割が重視さ
れてきたのに対して，ウエルフェアー・ミックスにおいては，行政，ボラ
ンタリー部門，非営利民間部門，営利，インフォーマル部門により福祉供
給がなされている実情を表現する言葉である（ジョンソン 1993: 59）。この
場合，インフォーマル部門とは経済学で言うところの市場における非正規
部門を念頭に置いたインフォーマルセクターとはニュアンスを異にしてお
り，家族やコミュニティを念頭に置いた言葉である。とはいえ，ジョンソ
ンによるとウエルフェアー・ミックスの概念は，イデオロギー的・政治的
立場によりその想定する概念が相違するという。ニューライトや新保守主
義者，社会主義者等はそれぞれ独自のウエルフェアー・ミックス観を持っ
ている。ニューライトや保守主義者は，市場やボランタリー部門の役割を
重視し，社会主義者は国家の役割を重視している。福祉多元主義者は，地
域ごとのニーズに最も適合した福祉サービス供給のバランスを見出すべき
であるとする。すなわち福祉多元主義者は，ボランタリー部門は拡大され
るが，同時に国家の役割も重要であり，また家庭のサービス供給も重視し
ている（ジョンソン 1993: 185-205）。

　このようにウエルフェアー・ミックスに関する考え方は，それぞれのイ
デオロギーにより異なりを見せているが，コラッジオが現状の経済を混合
経済と見る観点と類似性を見出すことができる。ウエルフェアー・ミック
スの中でボランタリー組織や非営利組織等のアソシエーションからなる第

第Ⅱ部 コモン・グッドを追求する連帯経済

三セクターを国家，市場，コミュニティ（世帯・家族を含む）が形成する
トライアングルの中央に置き，第三セクター部門がそれぞれ市場・国家・
コミュニティという隣接部門と重複しつつ影響を与え合う媒介分野と理解
するペストフ（ペストフ 2000: 54）の考えは，連帯経済が資本制的企業経済，
公的経済および民衆経済のトライアングルの中央に位置し，それぞれとの
重複部分が存在するというコラッジオの混合経済の考え（第1章図1-1参
照）と重複する。アルゼンチンの社会保障制度も，国家，市場，コミュニ
ティ（家族を含む）や市民社会組織部門からなるウエルフェアー・ミック
スを構成している。そこで本章では，ウエルフェアー・ミックス論からヒ
ントを得て市民社会と国家，市場と，コラッジオの混合経済論におけるミ
クロ，メゾおよびマクロの3レベルの分類を交差させ，アルゼンチンの社
会保障に関連した連帯の特色と問題点を分析する。本章では，こうした分
析視角からアルゼンチンにおける社会保障部門の連帯経済の性格と問題点
について6つの事例研究を通して明らかにしたい。

2．アルゼンチンの連帯経済とウエルフェアー・ミックス

(1) アルゼンチンにおける連帯経済の広まり

上述したようにヨーロッパにおける連帯経済は，自立的アソシエーショ
ンが中心的役割を担っている。アルゼンチンにおいても連帯経済の広まり
を測る統計は，アソシエーションに関するものに限られている。アソシ
エーションの内容は，次節で検討するが，ここではまずアルゼンチンにお
けるアソシエーションの広まりを見てみよう。アルゼンチンにおける連帯
経済の広まりを見るには，社会的活動をしている協同組合と市民社会組織
に関する統計が利用できる。協同組合と市民社会組織の統計のみでは，も
ちろんアルゼンチンにおける連帯経済の全体像を示すことにはならない
が，その性格の一部には接近可能であろう。アルゼンチンにおける市民社

274

第8章 アルゼンチンの社会保障部門における連帯経済

会組織に関する情報は，国家コミュニティセンター（Centro Nacional de Organizaciones de la Comunidad: CENOC）に登録されたものと，国家アソシエーション・社会的経済院（Instituto Nacional de Asociativismo y Economía Social: INAES）に登録されたものがある。前者は広く市民社会組織全般を扱っているのに対して，後者は主として協同組合（cooperativa）と互助会（mutual）に関する情報の収集が中心であるが，時系列的な統計が順次公表されているわけではない。最近刊行された統計はないが，1998年に出版されたCENOCによる市民社会の統計によって，1990年代のアルゼンチンにおける市民社会組織の概観と，その中で社会的問題に取り組んでいる市民社会組織の位置づけを知ることができる（CENOC 1998）。

CENOCには1997年末までに4,130の市民社会組織が任意に登録している。図8-1はその法人格別の分布を表したものである。一番多い形態が市民アソシエーション（asociación civil）であり，全体の32.4%，続いてコミュニティ・グループ17.8%，財団12.3%，近隣組織（Unión vecinal）8.4%，協同組合6.5%と続いている。市民アソシエーションとは，一般の利益や公共の利益に反しない目的を持つべきであると「民事・商事法第2条第168項」

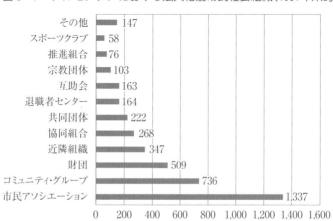

図8-1　アルゼンチンにおける法人格別市民社会組織（1997年末時点）

出典：CENOC（1998：27）を参考に筆者作成。

（Código civil y comercial）により規定されている[1]。それではこのような市民社会組織は，具体的にどのような活動をしているのであろうか。多くの市民社会組織は，地域に密着してその構成メンバーのニーズを解決することを目的としている。複数回答が可能な統計であるが，市民社会組織の活動手法を示したCENOCの統計によると，市民社会組織の活動手法には「直接的な対応」1,789，「能力開発」1,606 および「助言」814 が上位を占めている（CENOC 1998: 28）。

　現在市民アソシエーションが法人格を得る根拠となる法律は前述した「民事・商事法」にある。これに対してアルゼンチンに協同組合や互助会が設立されたのは，19世紀末のヨーロッパ移民による組織形成に遡ることができる。1919年にブエノスアイレスにおいて第1回全国協同組合大会が開催され，1926年には最初の協同組合法が制定された（Plotinsky 2009）。2008年に発行されたINAESの統計によると，全国で協同組合は12,760，互助会は4,166登録されている（INAES 2008: 13-14）。

　INESAの行った調査では，協同組合のうち5,100，互助会のうち3,188 が何らかの経済的活動を行っているという。協同組合と互助会の相違は，協同組合が会則に則り，会員以外にもサービスを提供できるのに対して，互助会は会員のみのサービスが提供できることである。経済的活動を行っていると申告した協同組合と互助会のうちの6,683 に関する活動別分類では，最大のものが信用協同組合等の信用互助・経済的相互扶助であり29.1%，次に電話，電力，交通やガス等の公的サービス20.6%，農業15.2%，医療14.1% であり，住宅9.5% と教育8.2% が続いている（INAES 2008: 33-35）。この経済活動の分類に関する統計には，労働者協同組合は含まれていない。図8-2 は経済的活動を行っている協同組合と互助会の2007年時点の会員数を示したものである。会員数を見ると，信用互助・経済的相互扶助の協同組合や互助会の会員が圧倒的に多く，これは金融業務を行っているためである。続いて公的サービスと医療の協同組合と互助会が多くの会員を抱えている。

図8-2 アルゼンチンにおける協同組合・互助会の活動部門別会員数 2007年

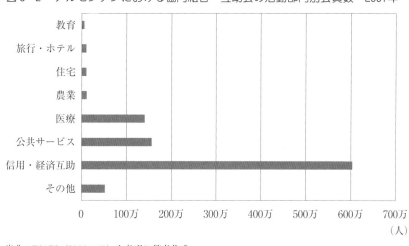

出典：INAES（2008：63）を参考に筆者作成。

　他方，社会的目的を持つとする協同組合の統計がある。登録された社会的目的を持つ協同組合8,800のうち，その過半数の59.7%が労働を目的としている。労働を目的とした協同組合には，回復企業が協同組合形態を持ったものや社会扶助プログラムの実行主体としての協同組合が含まれている。労働に続く社会的目的は，公共サービス14.1%，住宅13.7%，消費12.4%となっている（INAES 2008: 25）。

　アルゼンチンにおけるウエルフェアー・ミックスにおける連帯経済を担うであろう第三セクター・市民社会組織を概観した結果，制度としては市民アソシエーション，コミュニティ・グループ，協同組合等多様な形態が確認された。その主要な活動は，社会・人権，教育，医療，労働等の社会保障と関連のある目的が上位を占めていた（CENOC 1998: 59）。他方19世紀からの歴史を持つ協同組合と互助会を取り出してみると，経済的活動を行っている中では，信用互助・経済相互扶助部門が協同組合・互助会の数も多く，また同部門の会員数も他分野を圧倒して多い。これは，商業銀行からの融資が得られにくい中小企業者が，金融協同組合を必要としている

第Ⅱ部　コモン・グッドを追求する連帯経済

ためと推測される。会員数に関しては，信用互助・経済相互扶助に続いて，公的サービスと医療部門が多くなっている。このようにINAESの統計には，経済的目的別の分類と社会的目的別の分類が自己申告により登録されている。次に，アルゼンチンにおけるウエルフェアー・ミックスの状況を見てみよう。

(2)　アルゼンチンにおけるウエルフェアー・ミックス

　アルゼンチンにおける社会保障制度は，第二次世界大戦後に成立した第一・第二次ペロン（Juan Domingo Perón）政権（1946～1955年）のもとで急速に整備が進められた。ペロン自身は軍部右派出身であったが，軍や教会のほかに，労働組合に組織された労働者や貧困層の支持を受けた多階層的な支持基盤を持ち，ラテンアメリカを代表するポピュリスト政権と言われている。ペロン政権下で成立した社会保障制度は，職域別に設立された社会保険が中核であり，さらに全国民を対象とした公立病院があり，また貧困層には大統領夫人のエバ・ペロン（María Eva Duarte de Perón）を総裁としたエバ・ペロン財団が社会扶助事業を行った。他方，高齢者や子どものケアに関しては現在に至るまで家族が中心であり，家族や自己の資力でケアが不可能な場合のみ国家が出動するという補完主義の原理が見られる。その意味で，ペロン政権期に成立した福祉レジームは，イエスタ・エスピン＝アンデルセン（Gøsta Esping-Andersen）の3つのレジームのうち保守主義レジームとの近似性が見られる（宇佐見 2011）。アンデルセンは，福祉国家を平等で普遍主義的な福祉を全国民に提供する社会主義レジーム，職域別の社会保険とケアにおける家族主義を特色とする保守主義レジーム，および公的福祉は低水準・限定的で，個人の資力に応じて市場から福祉を調達する自由主義レジームの3種類に分類している（エスピン＝アンデルセン 2001）。

　これを連帯経済の視点から見ると，労働組合の互助組織として始まった労働者向けの病院等の医療制度が，ペロン政権下に年金も加わった職域別

の社会保険に整備された（Belmartino 1996: 229-236）。そうしたアルゼンチンにおける社会保険の発展は，ラヴィルも指摘しているようにヨーロッパの福祉国家と平行して形成されたアルゼンチンにおける早熟な「福祉国家」の中に吸収されていったと言える。後述するように移民集団の慈善組織として1853年に設立されたブエノスアイレス・イタリア病院も，今日に至るまで非営利市民社会組織（asociación civil sin fines de lucro）として存在している[2]。他方，ケアに関しては公的支援が乏しく，家族に依存する度合いが強い。このように職域別の社会保障や家族に依存するケアなどは，福祉レジーム論から見ると保守主義レジーム的性格が強い。

　こうしたペロン政権期に成立したアルゼンチンにおける福祉国家は，1980年代の経済危機により，その基盤であった輸入代替工業化政策の完全な行き詰まりが露呈され，1990年代には国家介入型の経済・社会政策に代わり，市場原理を重視した新自由主義的経済・社会政策が幅広く実施された。その過程で公共サービスや資源・重化学工業を担った国営企業が民営化され，また貿易自由化により既存の民間企業も国際的な市場競争の中にさらされることになった。こうした新自由主義的政策は社会保障の中にも持ち込まれ，年金制度は部分的に民営化され，職域別の社会医療保険は，利用者が医療保険を自由に選択できるようになった。こうした社会保険に市場原理を取り入れると同時に，社会扶助プログラムにおいては政府と市民社会との協力が謳われるようになった。例えば，ラテンアメリカ諸国に新自由主義的改革を推奨してきた世界銀行も，同行と市民社会との協力を促す研究を出版している（World Bank 2000）。また，後述するアルゼンチンの多くの社会扶助プログラムの実施者として市民社会組織が含まれている。新自由主義が浸透する中で，社会扶助政策において市民社会との協力が推奨される背景には，新自由主義を推進したメネム（Carlos Saúl Menem）ペロン党政権の中に市民社会組織を社会扶助政策において利用することにより，支援の効率化が達成されるとの目論見があったと思われる。

　1990年代の新自由主義経済下のアルゼンチンは，インフレが収束し経

第Ⅱ部 コモン・グッドを追求する連帯経済

済成長が回復したものの，1990年代を通して失業率が15%以上の高止まり状態にあり（INDEC 2001），雇用なき成長という状態にあった。しかし，そうした新自由主義政策も2001〜2002年にかけての再度の経済危機により見直しを迫られるようになった。2002年の大ブエノスアイレス圏（ブエノスアイレス市とその近郊を含む）における貧困世帯率は42.3%，貧困人口率は54.3%と貧困人口が過半数を超える深刻な社会的状況に陥った（INDEC 2003: 3-5）。その中で社会扶助の拡大を求めるピケテーロと呼ばれる失業者や貧困者が道路を封鎖して社会扶助の拡大を求める社会運動が拡大していった。

他方，2003年に新自由主義を批判したペロン党左派のネストル・キルチネル（Nestor Carlos Kirchner）政権（2003〜2007年）が成立し，市場重視の政策に変更を加え，国家の役割を重視する経済・社会政策がとられるようになった。その象徴的出来事が2009年の一部民営化されていた年金制度の再国有化であり，年金制度は再び公的賦課制度に戻った。また，1990年代に柔軟化されていた労働契約法も，柔軟な労働契約が撤廃されて1990年代以前の厳格な労働法に戻された。すなわち，雇用契約はほとんどが原則無期限のものとなり，解雇に際しては雇用年数に応じた解雇補償金を雇用者は支払う必要があるという制度に戻された。このキルチネルとその後継のクリスティーナ・キルチネル（Cristina Fernández de Kirchner）政権（2007〜2015年）において，ウエルフェアー・ミックスは，社会運動を政権の支持基盤に取り込みつつ，再び国家の役割が重視される状況に戻った[3]。クリスティーナ・キルチネル政権においては，クライアンティリズム的手法で政権を支持する貧困者・失業者の社会運動に各種恩典を与え，社会運動を政府支持派と反政府派に分裂させた。

3．社会保障関連連帯経済組織の事例研究

続いてアルゼンチンにおける連帯経済とみなされる社会保障関連部門の

代表的な事例をコラッジオの提示した連帯経済の3つのレベルと，ウエルフェアー・ミックス論をヒントとした市場，市民社会，国家のうちどれに近いかという基準を組み合わせて分析していく。取り上げる事例は，社会扶助における市民社会組織の活動，宗教組織を基盤とする慈善団体であるカリタス，協同組合や互助会の活動の事例として回復企業と社会扶助プログラムにより形成される労働者協同組合の事例，そして医療分野の市民社会組織（asociación civil）などである。

(1) 連帯ネットワーク（red solidaria）

連帯ネットワークは，1995年に獣医師のファン・カル（Juan Carr）が友人と立ち上げた市民社会組織であり，その目的は必要のある人にできるだけ早く援助を提供するというものである[4]。組織はインターネットを活用し，今日では全国および国外に展開を見せるに至った。創設者カルの高い知名度と，マスコミへの多くの露出によりアルゼンチンでは最も人々に認知されている市民社会組織の1つである。同組織のウェブページによると，活動の理念は弱者やニーズのある人々への連帯であり，その連帯も一時的な同情ではなく弱者への社会，コミュニティ，国家および世界的レベルでの永続的な連帯であるとする[5]。

メンバーの中心は，中産階層であり，各自の持っている資源を用いたり，インターネットによって呼びかけたり，あるいは政府・州・市の社会扶助プログラムの一翼を担うなど多様な扶助活動を行っている。例えば，インターネットやSNSを利用した呼びかけを通して，ホームレスのために衣類を集め，特定の日に広場で無料提供を行う活動をしている。また，公的機関のプログラムを利用した事例としては，ビジャ・ミセリア（villa miseria）と呼ばれる貧困者居住地区において住民の生活改善活動に取り組んでいる。ブエノスアイレス市の貧困地区への社会扶助プログラムとしては，食料の支援，家庭菜園や母親が他の子どものケアをし，ケアされた子どもの母親の就労を支援するプログラム等がある。連邦レベルのプログラ

第Ⅱ部│コモン・グッドを追求する連帯経済

ムとしては，失業中の家長が公共の仕事に従事し賃金を得るというプログラムがある。

　ブエノスアイレス市内にあるビジャ・オスクーラ（Villa Oscura）という貧困者居住地区では，地区の住民に無償で食事を提供する住民食堂（comedor）において，連帯ネットワークの栄養士のメンバーの指導の下，国や市の食料扶助プログラムから得た食材に，メンバーが持ち寄った食材を加え，地区住民が調理を行っていた。他方，市の自家菜園プログラムではメンバーの農業専門家が空き地を利用して菜園で野菜栽培の指導を行っていた。このほか，貧困地区の病院と協力して，メンバーである医師が住民の子どもの健康管理を行っていた[6]。連帯ネットワークは，中産階級の人々が中心のボランティアが低所得層でニーズのある人々に対して迅速に扶助を提供する，市民社会における階級を超えた扶助組織であると言える。そこには衣類の無償提供市場や低所得層の自家菜園の支援など，連帯的要素が濃厚な経済活動を見ることができる。連帯ネットワークは，インターネット，ビデオや講演会等を通して，こうした社会的連帯思想を社会に広めるという啓蒙活動にも力を注いでおり，単に慈善活動を行うだけの慈善組織とは異なる。そしてその思想や活動は，アルゼンチンを超えて他のラテンアメリカ諸国への広まりが見られる[7]。その意味で，連帯ネットワークは社会的・連帯経済をサブシステムとして組織化しようとするものであり，コラッジオの枠組みではメゾ・レベルに相当し，ウエルフェアー・ミックスの観点からは自律的市民社会に立脚した活動であると判断される。

(2)　アルゼンチン・カリタス

　アルゼンチンで大規模かつ組織的な社会扶助活動をしている組織の1つに，ローマ・カトリック教会傘下のアルゼンチン・カリタス（Cáritas Argentina）がある。アルゼンチン・カリタスは1956年にブエノスアイレス司教区に設立され，1986年に司教会議により認定された。今日ではアルゼンチン全土をカバーし，3万2,000人のボランティアを擁し，教育，労働，

健康・医療，栄養，自然災害時の支援等の活動を行っている[8]。

　その中で最大のブエノスアイレス・カリタスでは，数ある活動の中で失業者に対する職業訓練や就職の斡旋を行い，ホームレスに対する宿舎（シェルター）の提供をしており，ブエノスアイレス市内に4つの施設を運営している。宿舎には病院，市事務所の社会福祉担当部署，大使館，護民局（Defensoría de pueblo），教会等様々な機関を経由した結果，適切な支援を得られなかった失業者，シングルマザーや高齢者などのニーズのある人を受け入れている。また，ブエノスアイレス市と協力して職業訓練コースを設け2,800人の生徒を受け入れている。そのほかパン製造の技術を教えるコースも設立されている。さらに，市内各所に住民食堂を設け，必要のある人に無償で食料を提供している。その他，様々な社会的問題を抱える人に対してカリタスのスタッフ（その多くはボランティア）が助言や直接的支援を行っている[9]。

　連帯ネットワークと同様に，ブエノスアイレス・カリタスもビジャ・ミセリアの中に入り，ニーズのある人々の最も近くで，独自の資金とプログラム，あるいは公的プログラムを利用して社会扶助活動を実施している。市内西部にあるビジャ21（Villa 21）では貧困者居住地区内で住民食堂を運営し，公的プログラムにカリタス独自の食材を加えて地区住民に朝食，昼食とメリエンダと呼ばれる遅めのおやつを無償で提供している。住民食堂で働く人々は，連邦政府の失業世帯主プログラムより毎月手当てが支給されている。カリタスはまた，ボランティア以外にも有償のソーシャルワーカーを雇用し，地区の司祭とともに地区内の多様な社会的問題の解決に当たっている[10]。カリタスは宗教組織を基盤とした社会扶助を目的とした市民社会組織であるが，連帯ネットワークと同様に，ニーズのある人を市民が支援するという形の市民社会内での互助組織と言える。そこでは市民社会のみが活動するのではなく，地方政府を含めた国家との協力で貧困層への扶助を実施している。彼らの扶助活動は，資源の一部を民衆経済（部門）外に求めつつも，公的部門や民間部門では充足できない社会的ニーズを部

第Ⅱ部　コモン・グッドを追求する連帯経済

分的に補完し，貧困層の生存に資している。ただし，このカリタスの活動
の大部分は，生活支援や扶助に相当する。とはいえ，各種の雇用と関係し
た社会福祉プログラムを実践することにより，失業者や子育て中の貧困女
性を労働市場に復帰させ，子どもに教育の機会を与えることにより，労働
市場でよりよい条件の就業ができる可能性を付与するなど，経済的活動と
も結びついている。しかし，その経済的活動は連帯的要素を濃厚に持って
いるものの，市場経済への代替案を提示しているとまでは言えない。カリ
タスのウェブページでは，その活動は連帯の精神を基盤としているとし，
社会に広くニーズを有するものの生活向上への活動に参加することを呼び
かけている[11]。そのため，カリタスの事例は，宗教組織を基盤にするとは
いえ，市民社会の中の相互扶助組織であり，アルゼンチン社会のみならず
世界的規模で連帯を社会に呼びかけているという意味で，コラッジオの分
類では連帯ネットワークと同様にメゾ・レベルに相当すると言える。ま
た，ウエルフェアー・ミックスから見て，市場からも国家からも自律した
市民社会組織に立脚したものであると言える。

(3)　回復企業労働者協同組合

　協同組合や互助会は，基本的に連帯経済の中に位置づけられる。その中
で，まず倒産した企業の労働者が労働者協同組合を組織し，自主的に運営
する事例を見てみよう。労働者協同組合は，労働を目的とする協同組合で
あるが，そこには多様な形態の組合が見られる。まず，回復企業の労働者
協同組合であるパトリシオス・グラフィック協同組合（Cooperativa de
Trabajo Grafica Patricios）の事例を見てみよう[12]。ブエノスアイレス市バカラ
（Bacara）地区にあった株式会社コンフォルティ印刷（Conforti S.A.）は，
1998～1999年にかけて労働者に対する賃金の未払いが発生し，それは
2003年にかけて悪化していった。会社側は労働者の解雇を試み，会社の
運営を事実上放棄した。そのような状況の中で2003年末には，労働者に
よる操業が続けられていた。その後，協同組合経験者や全国回復企業運動

（Movimiento Nacional de Empresas Recuperadas）との協力のもとに労働争議の中から労働者協同組合が形成されるに至った。2004年8月にパトリシオス労働者協同組合は，接収法に基づき工場の不法占拠状況から法的に解放され，労働者自身による生産の継続が可能となった[13]。

　1948年制定の接収法には，労働権の保護を目的に，自治体による破産企業の接収を可能とする再解釈が施された。これにより，労働者によって運営が継続される企業のことを回復企業と呼ぶ。その後破産法の改正により，破産企業の労働者が協同組合形式をとることにより生産を継続できるようになった（杉村 2011; Hirtz and Giacone 2013）。このようにパトリシオス労働者協同組合は，破産企業の労働者による雇用と生存を守る運動の中から誕生した相互扶助の協同組合であった。とはいえ，破産法改正により回復企業の労働者の多くが協同組合の形成を選択したことに関して，協同組合化等の制度化により，労働者の運動や自主性といった性格の弱体化と国家による統制の強化が見られるとの指摘もある（Hirtz and Giacone 2013）。回復企業の事例は，個別的な生存の危機に直面した労働者が協同組合を形成して，協同して労働する協労と相互扶助により自己の生存を守るという意味でコラッジオの分類のミクロ・レベルで始まった動きである。またウエルフェアー・ミックス論では，雇用維持目的の労働者が組織する協同組合であるが，その枠組みが国家により規定されているので国家と自律した市民社会組織の中間に位置していると言える。しかし，こうした回復企業は個別に孤立しているわけではなく，やがて回復企業同士が共通の利益を求めて運動を開始し，それが組織化され社会運動に転化していく。そこでは回復企業の協同組合が社会の中で認知され，その立場を確かなものにしようとするメゾ・レベルでの動向が確認される。

(4)　社会扶助プログラム「働こうアルゼンチン」における労働協同組合

　このように回復企業における労働者協同組合の事例では，労働者が自主的に自己の生存のために協同組合を組織し，自主的な事業継続がなされ，

それが全国的運動に発展していることが分かった。これに対してクリスティーナ政権期（2007〜2015年）に社会開発省管轄で始まった失業対策事業である「働こうアルゼンチン：労働による社会所得プログラム」(Argentina Trabaja: Igreso Social con Trabajo) は，フォーマルな所得のない人や他の社会プログラムを受給していない人を対象に，協同組合を形成してコミュニティのインフラ整備に従事してもらい，それに対して給付を行うというものである[14]。ただし，クリスティーナ政権期の同プログラムに関しては，情報公開が不十分である。ロ・ブオロ（Lo Vuolo）は同プログラムに対して，プログラム運営者と受給者の間に権力関係が構築され，協同組合もなんら自主的なものはなく，唯一受給者が行える主体的行為はプログラムに登録するだけであると批判している（Lo Vuolo 2010）。

　少なくとも「働こうアルゼンチン・プログラム」で形成された労働者協同組合に関しては，国家の統制が強く，組合員による自主的で民主的な運営がなされているかは不明である。協同組合は，構成員が相互扶助のために形成する経済組織であり，組織形態としては連帯経済の範疇に含まれる。しかし「働こうアルゼンチン：労働による社会所得プログラム」に基づいて形成された労働者協同組合は，社会・連帯経済の領域に形式的に位置しているが，実質的には混合経済内の公的経済の性格を持っており，両者が交差する部分に位置づけられると判断される。このように労働協同組合の中でも，労働者の自主性の高いものから国家により統制されたものまで多様な形態が見られる。また，そのような協同組合の形成が既存の社会に対して何らかのインパクトを与えようとするものではなく，その影響はミクロ・レベルに留まっている。

⑸　ブエノスアイレス・イタリア病院（Hospital Italiano de Buenos Aires）

　アルゼンチンの医療制度は，公的部門，市民社会および民間部門が複雑に交差するウエルフェアー・ミックスを形成している。まず，全国民を対

象とした無料の公立病院制度があるが，事実上はインフォーマルセクターや低所得層が対象となっている。フォーマルセクターの被用者に対しては，主として労働組合が運営の主体となっている社会保険がある。また，それにカバーされない自営業者や，そのサービスに満足しない中・上所得層向けに民間医療保険および医療協同組合・互助会が存在する。社会保険は，組合別に独自の医療施設を保有している一方，協同組合や民間医療機関と契約して医療サービスを提供している。民間医療部門は事前支払い制度（prepaga）と称する民間医療保険部門から構成されている。この事前支払い制度には，純然たる営利目的の民間医療機関から非営利医療アソシエーション，協同組合や互助会が含まれている。ここでは医療部門の連帯経済の事例として，医療機関として有数の規模と長い歴史を持つブエノスアイレス・イタリア病院を取り上げて検討する。

　ブエノスアイレス・イタリア病院は1853年にブエノスアイレス・イタリア慈善協会（Sociedad Italiana de Beneficencia en Buenos Aires）により設立された医療専門の非営利市民アソシエーションの法人格を持つ医療組織である[15]。前述したように民事・商事法では，市民アソシエーションを一般の利益及び公的利益に反しない目的を持つべき組織と規定しており，外形的には連帯経済の範疇に含まれる。組織としてのブエノスアイレス・イタリア病院は，医療サービス（保険を含む）の提供，大学院を含む医学教育，医学研究をその活動の3本柱としている。2018年に閲覧した同病院ホームページによると，40の診療科目に年間287万人の患者を受け入れている。ブエノスアイレス市内とその近郊のサン・フストに病院を持ち，22の救急診療所と300箇所の診療所をブエノスアイレス市およびその近郊に持つ。ブエノスアイレス・イタリア病院は，大ブエノスアイレス圏最大の事前支払い制度の医療機関である[16]。ただし，その活動はイタリア人コミュニティにおける貧困層への医療扶助活動等を除けば，6つのプランからなる医療保険制度を持っている。その6プランは，保険料により保険でのカバー率やサービスが異なるというように営利目的の医療保険と同じ内容を持って

287

いる。例えば薬剤の支払いは，6プランの1つである2002グローバル・プランでは40〜50％の薬剤が対象であるのに対して，グローバル・ファミリー・プランでは40〜80％が対象となっており，最高クラスのグローバル・プランでは100％カバーされている[17]。このような民間保険の原理は，医療協同組合や互助会においても該当する（宇佐見 2015）。そのため，アルゼンチン・イタリア病院は，その形態に関して非営利市民社会組織という社会的連帯経済に属しているものの，社会扶助プログラムを除くと市場で営利目的の民間医療保険と同様の運営形態を持っていると言える。そのため同病院は，連帯経済と資本制的企業経済が交差する位置に存在すると判断される。その影響もミクロ・レベルに留まる。

⑹　ニッカイ共済会（Mutual NIKKAI）

　1974年に設立されたニッカイ共済会は，アルゼンチン日本人協会（Asociación Japonesa en Argentina）の後援のもとに結成された医療事業等を中心とした互助会である。共済会の活動には，医療のほかにレクリエーション，文化事業や葬儀などが含まれている。設立の経緯から，当初は日系移民を主な対象としていた。しかし，1990年代に日系の民間医療保険が設立され，また日系社会の世代交代により正会員は大幅に減少し，2018年時点でその数は185名と少ない。会員の40％は日本国籍の日本人一世で，49％がアルゼンチン国籍者であるが，この中には日系人が含まれている。正会員のほかに，診療の際に診療費の割引を受けられる200名の準会員（socio adherente）がおり，その86％がアルゼンチン人である。

　ニッカイ共済会の医療部門は，ブエノスアイレス市内にニッカイ共済会医療センター（Centro Médico Mutual NIKKAI）を有し，そこではほとんどすべての診療科を持っている。しかし，入院・手術・救急施設はなく，他の民間医療保険との契約で入院・手術等に対応している。日本人の比率は低下したとはいえ，医療センターには日本語のできるスタッフが常時滞在しており，スペイン語の不得手な一世や日本人旅行者への対応に配慮して

いる。月額の会費は50歳までは民間の医療保険と相違はないが，50歳以上の加入者に課される会費の上昇が緩やかで，高齢者が加入しやすくなっている。民間保険の原理では，リスクが上昇するのに対応して保険料が上昇するので，その意味で会員間の相互扶助機能が果たされている。また医療センターは，日系社会を対象としつつも，医療センターのある地域に根差した身近な診療機関となることをめざしている。筆者が同センターを訪問した折も，待合室には日系人と非日系人が入り混じっていた[18]。

ニッカイ共済会は，主として日系人を対象とした互助組織であり，その運営は互助会の原則に基づき民主的な運営がなされている。また日系社会の世代交代に伴い，地域との関わりを重視している。料金体系も，民間保険原理とは異なり，会員の相互扶助機能を重視する体系となっている。その意味で同共済会は，コラッジオのミクロ・レベルの連帯経済に属し，ウエルフェアー・ミックス論では，自律的市民社会に立脚したアソシエーションであると言える。

以上のような外形的に連帯経済に属する6つの事例を，コラッジオの連帯経済の3つのレベルとウエルフェアー・ミックス論にある第三セクターが市場，市民社会，国家のどれにより近いかを交差させて図に配置したも

表8-1　ウエルフェアー・ミックス概念図と連帯経済の3レベルにおける分類

ウエルフェアー・ミックスの概念図内の位置 ＼ 連帯経済のレベル	ミクロ・レベル	メゾ・レベル	マクロ・レベル
市場に近い	ブエノスアイレス・イタリア病院		
市民社会に近い	ニッカイ共済会	連帯ネットワークカリタス回復企業	
国家に近い	「働こうアルゼンチン・プログラム」		

出典：アンデルセンのウエルフェアー・ミックスに関してペストフの概念とコラッジオの連帯経済の3レベルを参考に筆者作成。ペストフ（2000）とCorragio（2012）を参照。

289

のが表8-1である。6事例のうち3事例がメゾ・レベルで市民社会に近い連帯経済の事例であった。また，1事例はミクロ・レベルで市場に近く，もう1事例はミクロ・レベルで市民社会に近く，さらに他の1事例はミクロ・レベルで国家に近いものであった。しかし，既存の経済に対する代替案を提示しようとするマクロ・レベルの事例は見当たらなかった。

おわりに

　アルゼンチンのウエルフェアー・ミックスには多様な性格の市民社会組織が参入し，国家，市場や家庭・コミュニティと影響しながら福祉を供給している。市民社会組織の法人格は，市民アソシエーションや協同組合などの形態をとっているが，外形的には互助，連帯や民主的運営など一般的に連帯経済の原則に則っている。その中には，連帯を掲げてニーズのある人々を支援し，それらの人々の労働市場参加を促す市民アソシエーション，移民集団の相互扶助を目的とし民主的な運営がなされているニッカイ共済会や，回復企業の労働協同組合のように労働者の自主的な運営がなされているものが存在する。他方，社会扶助プログラム「働こうアルゼンチン」プログラムにより設立された労働者協同組合は国家の統制が強く，公的経済と交差する領域に位置づけられる。また，アルゼンチン・イタリア病院の提供するプログラムは，営利民間医療保険会社のものと類似しており，資本制企業経済と交差する領域に位置づけられる。

　アルゼンチンの連帯経済の実態は，コラッジオの枠組みを適用するとミクロ・レベルかメゾ・レベルに留まっており，新自由主義に対抗しようとするマクロ・レベルのものは見られなかった。それどころか「働こうアルゼンチンプログラム」事例4のように，協同組合が完全に国家管理下にあり，公的経済の一部を構成するものも見られた。また，事例5のアルゼンチン・イタリア病院は，民間医療保険と競合し，外形的には連帯経済に分類可能であるものの，実質的には資本制的企業経済と同じ土俵で競争する

事例であった。現在のアルゼンチン経済は，まさしくコラッジオの言うところの混合経済であり，連帯経済はその一部を構成している。しかし，連帯経済のカテゴリーの内部は極めて多様であり，新自由主義の弊害を緩和する機能を所持するものの，新自由主義に対する代替案とはなり得ていない状況にある。もちろん本章では6つの組織の事例を取り上げたに過ぎず，アルゼンチンにおける連帯経済の総体を実証的に分析してはいない。とはいえ，コラッジオの連帯経済の3レベルとウエルフェアー・ミックスの枠組みを交差させて事例を配置すると，アルゼンチンにおける連帯経済の配置の一端を見ることができた。アルゼンチンにおける連帯経済の性格を明らかにすることは，さらなる実証研究の積み重ねが必要である。

【注】

[1] http://archivos.consejos.org.ar/congresos　2019年6月25日閲覧。

[2] https://www.hospitalitaliano.org.ar/hospital/index.php?contenido=ver_seccion.php&id_seccion=7443　2016年3月28日閲覧。

[3] 2015年末にそれまでのキルチネルとクリスティーナ・ペロン党政権を批判したマクリ・中道右派政権が成立した。経済・社会政策も転換が予想される。

[4] http://redsolidaria.org.ar/?page_id=126　2016年4月3日閲覧。

[5] http://redsolidaria.org.ar/wp-content/uploads//Programa-de-Orientadores-para-la-Comunidad-Manual-para-el-orientador.pdf　2017年12月31日閲覧。

[6] 2003年8月に筆者が行った現地調査による。

[7] https://www.facebook.com/pg/RedSolidariaMexico/about/?ref=page_internal　2018年8月15日閲覧。

[8] http://www.caritas.org/es/donde-estamos/america-latina-y-el-caribe/argentina/　2016年4月4日閲覧。

[9] http://caritasbsas.org.ar/web/　2016年4月4日閲覧。

[10] 2003年8月と2004年8月の筆者による現地調査に基づく。

[11] Caritas Argentina https://www.caritas.org.ar/como-participar/　2018年1月2日閲覧。

[12] http://www.lavaca.org/seccion/actualidad/1/1565.shtml　2016年4月5日閲覧。

第Ⅱ部 コモン・グッドを追求する連帯経済

13 http://www.lavaca.org/seccion/actualidad/1/1565.shtml 2018年8月15日閲覧。

14 http://www.desarrollosocial.gob.ar/ingresosocialcontrabajo 2016年4月8日閲覧。

15 http://www.hospitalitaliano.org.ar/index.php 2018年11月16日閲覧。

16 https://www.hospitalitaliano.org.ar/#!/home/hospital/seccion/20507 2018年11月16日閲覧。

17 https://www.hospitalitaliano.org.ar/#!/home/plan/planes/personal/detalles 2018年11月16日閲覧。

18 2018年8月27日ニッカイ共済会医療センター長Paulo Sakata氏へのインタビュー，並びにニッカイ共済会の資料による。

▨引用文献

宇佐見耕一(2011)『アルゼンチンにおける福祉国家の形成と変容：早熟な福祉国家とネオ・リベラル改革』旬報社，312頁。

宇佐見耕一(2015)「アルゼンチンの社会保障における協同組合・互助会」『ラテンアメリカ・レポート』Vol.32, No.1, 44-54頁。

エスピン＝アンデルセン，イエスタ(2001)『福祉資本主義 三つの世界』（岡沢憲芙・宮本太郎 監訳）ミネルヴァ書房。

(Esping-Andersen, Gøsta, *The Three Worlds of Welfare Capitalism*, Cambridge: Polity Press, 1990.)

杉村めぐる(2011)「アルゼンチンにおける回復企業運動の発展条件に関する考察」『ラテン・アメリカ論集』No.45, 47-67頁。

ラヴィル，ジャン＝ルイ(2012)「連帯と経済─問題の概略」ジャン＝ルイ・ラヴィル編『連帯経済─その国際的射程』（北島健一・鈴木 岳・中野佳裕 訳）生活書院，15-94頁。

(Laville, Jean-Louis, "Économie et solidarité: esquisse d' une problématique", dans Laville, Jean-Louis（éd.）, *L'Économie solidaire: Une perspective internationale*, Paris：Hachette Littératures, Pluriel, 2007, pp.11-76.)

ジョンソン，ノーマン（1993)『福祉国家のゆくえ：福祉多元主義の諸問題』（青木郁夫・山本隆 訳)法律文化社。

(Johnson, Norman, *Welfare State in Transition: The Theory and Practice of welfare Pluralism*, Brighton, Sussex : Harvester Wheatsheaf, 1987.)

ペストフ，ビクター・A(2000)『福祉社会と市民民主主義─協同組合と社会的企業の

役割』（藤田暁男他 訳）日本経済評論社。

（Victor A. Pestoff, *Beyond the Market and the State: Social Enterprises and Civil Democracy in a Welfare Society*, Aldershot: Ashgate, 1998.）

Belmartino, Susana（1996）"Las obras sociales : continuidad o ruputura", María Zaida Lobato ed., *Política, médico y enfermedades*, Buenos Aires: Universidad Nacional de la Plata.

CENOC（1998）Hacia la construcción del tercer sector en la Argentina, Buenos Aires: CENOC.

Coraggio, José Luis（2012）"Las tres corrientes vigentes de pensamiento y acción dentro del campo de la Economía Social y Solidaria（ESS）. Sus diferentes alcances, basado en la desgrabación de las clases impartidas por el autor durante el curso virtual: "Hacia Otra Economía. Teoría y práctica de la economía social y solidaria en América Latina", Instituto de Conurbano, mayo-agosto 2012.

Coraggio, José Luis（2013）"La economía social y solidaria y el papel de la economía popular en la estructura económica" el trabajo presentado en el seminario internacional "Rol de la economía popular y solidaria y su aporte en el sistema económico social y solidario" 24-26 de julio de 2013, Quito, Ecuador.

Hirtz, Natalia Vanesa and Marta Susana Giacone（2013）"The Recovered companies Worker's Struggle in Argentina: Between Autonomy and New forms of Control" *Latin American Perspective*, Vol.40 No.4, pp.88-100.

INAES（2008）*Las coopeativas y mutuales en la República Argentina. Reempadronamiento nacional y censo económico sectorial de cooperativas y mutuales*, Buenos Aires: INAES. 〈http://www.inaes.gov.ar/es/〉2015年2月19日閲覧。

INDEC（2001）"Encuesta permanente de hogares, Gran Buenos Aires, mayo de 2001", Buenos Aires: INDEC.

INDEC（2003）"Incidencia de la pobreza en Gran Buenos Aires, mayo-2003", Buenos Aires: INDEC.

Lo Vuolo, Rubén M.（2010）*El programa"Argentina Trabaja" y el modo estático de regulación de cuestión social en país*, Buenos Aires: CIEPP. 〈http://www.ciepp.org.ar/index.php?page=shop.product_details&flypage=flypage_new1.tpl&product_id=23&category_id=8&option=com_virtuemart&Itemid=2&lang=es〉 2015年2月19日閲覧。

Plotinsky, Daniel（2009）"Historia del cooperativismo 1" 〈http://www.centrocultural.coop/blogs/cooperativismo/2009/06/18/historia-del-cooperativismo-1/〉2015年2月4日閲覧。

World Bank（2000）, *World Bank-Civil Society Relations*, Washington D.C.: World Bank.

終　章

連帯経済が構築する
新しい社会に向けて

はじめに

　ラテンアメリカの連帯経済は，南欧など世界に広がる運動と共振しながら，コモン・グッド（共通善）を追求する運動として発展してきた。こうした運動は，はじめは失業や貧困に対する生存のための戦略であったが，失業などの問題の究極的な原因が市場経済の在り方にあることが認識されると，連帯経済は既存の市場経済に対するもうひとつの経済（オルタナティブ）と位置づけられ，その実践を通じてコモン・グッドの達成がめざされてきた。本書の最後に，これまでの議論を振り返り，多様な事例から抽出される特徴を考察した上で，ラテンアメリカの連帯経済がコモン・グッドを達成し得るのか，そしてその過程においてどのような課題が存在するのかについて述べたい。

　序章で述べたように，コモン・グッドとは，「家族，近隣，コミュニティの社会関係性と互助，倫理，さらに自然と人間との関係も含んだ価値観に基づき，社会を構成するすべてのものの尊厳ある労働と生命の再生産の条件を充たす」という意味である。したがって連帯経済に与えられた目的とは，すべての人々のニーズを充足し，尊厳ある生活を実現することにある。そのためにはまず失業，貧困などの困難の中にあり，社会的な排除を受けた人々の日常のニーズを充たすことが必要である。すなわち雇用や食の確保など生存に最低限必要とされる諸要件を充たすことである。

　ラテンアメリカにおける人々の生活改善を求める運動は，この地域で20世紀初頭に誕生した協同組合運動や，1930年代に始まる工業化に伴う労働運動によって影響を受けてきた。経済成長を実現しても，社会階層間格差は拡大し，多くが貧窮する中で，人々は生存戦略として多様な民衆経済を展開した。冷戦期を通じて労働運動が南米諸国の権威主義体制によって抑圧を受け，あるいはメキシコのように政党勢力によって取り込まれていく中で，営利の追求によって幸福を実現させようとする市場経済の原理に異議を唱えていくのは難しかった。人々が，もうひとつの経済の可能性

296

終章　連帯経済が構築する新しい社会に向けて

を謳いだすのは，1980年代以降の民主化の促進により民衆が政治勢力として登場し，他方で経済の自由化とグローバリゼーションが進行する中で，貧困や失業がさらに深刻化していったときである。こうした社会的排除が拡大する状況に対し，従来の協同組合や労働運動が有効な解決策を示すことができない中で，社会の底辺や辺境で生活する人々によって生存のためにこれまでも営まれてきた運動が連帯経済運動に結びつき，新しい国際情勢のもとで可視化されたことが，それを支援する制度化につながった。

貧困を削減し克服する手段としては，もとより国家による貧困政策があるが，ラテンアメリカでは徴税能力の不足や脱税の横行から国家は恒常的に財政不足の状況にあり，有効な貧困政策を実行できなかった。貧困が克服されない背景にはまた，ラテンアメリカの政府が税制や社会保障を通じた所得再分配に消極的であったことにも起因していた。連帯経済が国家による貧困政策や社会扶助政策と異なるのは，失業や貧困など社会的に排除された人々が連帯の理念に基づき相互扶助によって社会的なニーズを自ら充足しようとする点にある。そこで連帯経済では，コミュニティや地域社会における関係性が重要視され，個人が主体的かつ集合的に行動することで問題解決を図ることがめざされる。すなわち，個々人が利己よりも利他を重んずることが連帯経済の基盤となるのである。

1. 民衆社会運動に由来するラテンアメリカの連帯経済の特性

第2章で論じたように，ラテンアメリカの連帯経済の背景には，ラテンアメリカ地域特有の歴史と社会構造に根差した社会運動の過程があった。このことに着目し，各事例を振り返りつつラテンアメリカ地域の連帯経済の特徴についてまとめておきたい。

⑴ 連帯経済の起源としての特定地域に根づいた社会運動

ラテンアメリカの連帯経済の実践の多くは社会運動に由来している。山

本（第3章）は，メキシコの連帯経済の経験の大半が農村におけるもので
あり，国家に対する自立と自治を求める先住民および農民運動にその起源
があることを示した。事例としてメキシコ南部のチアパス州のフェアト
レードを取り上げているが，この地域はサパティスタ運動の影響下にあ
り，長年先住民・農民運動の歴史が顕著であった。メキシコ以外の国々で
も特定地域社会に根づき，地域経済振興と連携していく形の連帯経済の実
践も見られた。第4章（新木）のエクアドルのサリナスの事例や，第6章（幡
谷）のコロンビアのサンタンデール県南部の協同組合運動はその典型的な
例と考えられる。

　都市で組織された連帯経済も社会運動に由来している。重冨（第5章）
は，ペルーとボリビアにおいて都市に移住した貧困世帯が，生存戦略とし
て互助活動を展開してきたことに注目している。民衆経済が創生された背
景には，都市主流社会から排除された先住民共同体出身者たちの抵抗運動
があった。宇佐見（第8章）は，アルゼンチンにおける都市の中間層や宗
教組織を基盤とする慈善団体が中心となった社会保障部門における連帯経
済を取り上げたが，そのルーツに市民組織の貧者救済および社会扶助活動
という都市市民社会における社会運動の存在があったことが指摘されてい
る。小池（第7章）もまた，ブラジルの連帯経済がサンパウロなど都市に
おける労働運動を1つの起源として発展してきたことを示した。

⑵　カトリック教会の社会活動の影響

　ラテンアメリカ地域における連帯経済運動の展開において独自性を示す
のが，カトリック教会の社会活動との関係である。これは，ラテンアメリ
カ司教会議（CELAM）第二バチカン公会議の影響を強く受けたこと，ま
た国別に，その後の解放の神学の普及の濃淡はあるものの，社会的弱者を
救済するという教会の社会的行動のミッションが強く働いたことを示して
いる。そして，実践面においては，教区教会の社会的司牧活動が連帯経済
実践を推進したことが複数の事例において際立っている。本書では第4章

のエクアドル，第6章のコロンビアや第8章のアルゼンチンの連帯経済の実践例において，カトリック教会およびその関連社会組織との関係や支援がその発展の鍵となっていたことが示されている。第3章のメキシコのフェアトレードにおいても，イエズス会との関わりを持つ事例が紹介されている。

(3) 民衆の主体性の強調

　ラテンアメリカの連帯経済では，「民衆」の主体性が強調されてきた。これは，第1章で概説したコラッジオによる社会的連帯経済の理論的枠組みに関する議論の中で，まず「民衆経済」の再評価があったことにも表れている。実態的にも民衆経済はインフォーマル経済と重複するところが大きく，国家や市場からは可視化されにくい存在であった。これに対して国家や市場からの認知度を高め，民衆の主体的な経済活動としての価値を与えようとしたのが民衆経済概念であり，連帯経済は概念的にも運動論においてもそれを引き継いだものであった。そして，こうした過程を支えたのが，民衆教育を通じた指導者の育成であり，広範な民衆の参加であった。幡谷（第6章）の事例は，連帯経済の創始者や指導者が民衆教育によって養成され，その後の連帯経済の担い手となっていったことを証明するものである。新木によるエクアドルのサリナスの事例（第4章）や重冨のペルーとボリビアの事例（第5章）でも，民衆経済活動が連帯経済実践の基盤となったことが示されている。これらの国々の連帯経済は市郊外の民衆居住区における農村からの移住者の主体的な活動であった。農村部と都市部とを結ぶ民衆居住区に住む労働者が営む経済活動は，市場からも国家からも経済活動として認知されてこなかった家政経済を中心とするものであった。

2．連帯経済はどこまでコモン・グッドの実現に応えているか

　それでは，本書の中心命題である，「ラテンアメリカの連帯経済の実践

は，コモン・グッドの充足に資するのか」という問いに，個々の事例を振り返りつつ，答えよう。

(1) 労働と人間性の回復

　コラッジオの議論にあったように，連帯経済運動の基本的目標は，資本を持たない労働者が生活面においても精神面においても充足した生活の実現をめざすことにある。資本主義企業に対抗しあるいはそれに代わる経済活動としてはすでに述べたように，労働組合や協同組合の運動があったが，いずれもラテンアメリカが辿ってきたこれまでの文脈においては，労働者の労働条件を改善し，人間性の回復を実現するものにはなり得なかった。労働組合や協同組合は，コーポラティズム体制下での国家による編成や庇護による性格が強いものであった。コーポラティズムの制度外にある非正規労働者は国家による保護の対象外であり，正規労働者が組織する労働組合は専ら自らの労働条件の向上を目標とし，非正規労働者への関心や連帯意識は乏しいものであった。経済の自由化やグローバル化は正規労働者をも失業や非正規労働に追いやったが，失業者や非正規労働者が従来型の労働組合運動に訴えることはさらに難しくなった。複数の国で，失業者が主体となって労働者協同組合を組織する動きや，倒産企業を労働者が引き受け経営する回復企業運動が現れたが，それらの存在は限られたものであり，既存の労働組合は，自らの運動基盤を危うくするとして，労働者協同組合や回復企業の支援には消極的であった。他方で協同組合は，自主，民主，平等などの原則を軽視し，商業主義に走るものが少なくなかった。

　小池（第7章）は，連帯経済の重要な形態である労働者協同組合の可能性と制約をブラジルについて論じているが，その今後の進展の可否は，同じく資本主義企業に対抗する運動である労働組合運動との協働いかんに依存するとした。広範な労働者の労働や生活条件の改善は「コモン・グッドの充足」を促すものであるが，それが実現するかどうかは，旧来型の労働運動と連帯経済運動によって生まれた新しい形態の労働運動との関係性に

終章　連帯経済が構築する新しい社会に向けて

左右されることになる。

⑵　開放的な共同体主義

　ラセットがC要素論で述べたように，連帯経済の実践の単位はコミュニティや社会的組織といった集合体（collective）である。連帯経済が個の利益や富の追求を第一義とせず，互酬や利他の理念を重視するため，参加する個人が経済行為に対し多様な考えを持ち，連帯理念について異なる理解を持つことが軽視され，また共同体外のアクターとの関係において排外主義的な姿勢を持つ可能性を看過するとの批判がある。コミュニティ基盤を旨とする連帯経済の実践が，このように閉ざされた共同体主義（communitarianism, コミュニタリアニズム）に陥る可能性はあるが，新木（第4章）のサリナスの事例は，閉鎖的な共同体主義を時代とともに克服し，より開かれたコミュニティベースの連帯経済を実践し，地域経済を活性化したことを示している。連帯経済は，特に初期には生存戦略の性格を持ち，連帯がコミュニティ内部にとどまる傾向を持つという限界があったのに対して，この事例は外に開くコミュニティ経済としての成功例と言える。

　重冨（第5章）が取り上げた連帯経済の事例でも，それが農村から都市への新住民となる先住民への排除の構造に対する抵抗運動に始まり，相互扶助，協力と協働によって自然と連帯が行われる空間が形成されたが，基本的にはコミュニティ内部の生存や再生産を目的とした営みであった。これが，既存の市場に代わる流通の仕組み（「代替マーケット」）を作り出す広いネットワークと結びつくことで，より開かれた連帯経済運動が展開されたとする。開放的なコミュニティは山本（第3章）でも論じられている。すなわち，閉鎖的な共同体基盤の連帯ではなく，広く「世間」に開かれた公正な交易としてのフェアトレードを論じた。今後の展開について山本は，フェアトレードが異なる位相を持つ運動であると捉え，フェアトレードの実践の一部がビジネスとしての利潤拡大路線に向かうか，あるいはニッチの市場獲得をねらった企業戦略と化す可能性を認識しながらも，こ

301

うした方向もまた，連帯経済の開かれたオルタナティブとしてコモン・グッドを実現する戦略の1つであるとし，一定の評価を与えている。

(3) 人間と自然との関係性の回復

経済活動，特に採取活動は，人間が自然に働きかける関係性のもとに成り立つのであるが，第1章で述べたように，この人間と自然との関係においても，「連帯」が求められる。自然の立場に立ったコモン・グッドの追求は連帯経済の根幹に関わる。コモン・グッドのための人間と自然との関係性は，市場経済原理に基づくサステナビリティ（自然環境に配慮した経済開発）の議論とは異なる。アンデス先住民の世界観にも通底する，人間を自然の一部と捉える世界観に基づく人間と資源，自然との関係性に基づくものである。これを前提としないとブエン・ビビール（善き生）の概念は成立しない。倫理的な生産と消費という概念は，まさに連帯経済の実践が成り立つための要件である。連帯経済が追求するコモン・グッドをより深く意味づけるには，人間と自然との関係性も含むコモン・グッドとして理解されなければならない。環境破壊が進み自然災害が巨大化する中でなお開発を追求することへの警鐘と，オルタナティブの提案を，連帯経済の理念と実践は提唱していると考えられる。

ラテンアメリカでは農村社会での生産と都市の消費間の連帯に依拠した運動が見られる。有機農法の導入や，消費者と生産者との連携による，関係性に基づく消費と生産の質量が決まる産消ネットワークのシステムが支える連帯経済運動がそれである。これらの運動は人間と自然との関係性を含むブエン・ビビールの概念を実現しようとするものである。

重冨（第5章）が取り上げた前述の先住民の生存や再生産のための「代替マーケット」のための生産は有機農法を基盤としている。幡谷（第6章）のアグロソリダリアの事例では，アグロエコロジーの実践をめざし，有機農業やアグロフォレストリーの導入，在来の種子の保存，有機肥料技術を継承するなどの取り組みが見られた。地域によっては，民衆教育として子

どもたちの環境学習を通じて若手指導者を養成し，そうした啓蒙活動を基盤に連帯経済運動に導入している。これらの取り組みは，行政からも，またマス・メディアからも注目されず，SNSなどを通じてようやく可視化のプロセスに入ってきたところであるが，地域での小さな取り組みが，人間による生産活動と自然との関係性を育む土台づくりとなっている。こうした人間と自然の共生のための活動は，コモン・グッドの実現を可能とするものである。

⑷　市場との関係

　社会的に排除された人々のコモン・グッドの充足のために資する連帯の理念から始まった取り組みであっても，現実には既存の市場原理と関係を持ちながら経済活動が行われる。そのため，その事業展開の過程で，また運営の持続性を模索する過程で，従来の資本主義的な営利の追求や資本蓄積が不可避となる場合がある。これらを互助，利他の活動理念に優先させるとき，もはや当該活動は連帯経済のカテゴリーからはずれ，営利目的を優先する企業的経営組織となり得る。このように，互助，弱者救済の理念に根差した連帯経済の実践が，その発展の過程で連帯経済の理念から逸脱する可能性を指摘しているのが，山本（第3章）と宇佐見（第8章）である。フェアトレードは，作り手（生産者）と売り手（販売者）と買い手（消費者）とがその関係性を通じて，連帯経済からの逸脱を抑制し，それぞれ関わるアクターのコモン・グッドを充足する仕組みである。農村部における個々の生産者グループが織りなすアソシエーション内で小口金融システムを作る。これを活用して生産された食材が都市の消費者とつながり，ネットワークに発展する。生産者，加工するグループ，それを仲介者なしで都市の消費者に配達する役割を担うグループ，というように，農村と都市の生産者と消費者とが直接連携することで，地域経済を支える。もちろん，この活動の規模は大きくはないが，こうした水平的な関係がつながっていくことで，コミュニティや地域社会全体のコモン・グッドの充足をめざして

いるのである。山本は，フェアトレードの事例について社会性，事業性，政治性の比較を行った。そして，「三方（売り手，買い手，世間）善し」という日本の商人道にみる「市場の倫理」を主張し，この実現が，「すべての人びとのコモン・グッド」の充足につながると指摘する。

　一方，宇佐見は，医療保険，ケア，失業に関する社会保障制度がどのように連帯の社会扶助活動によって，市民組織を基盤として展開されてきたかを，社会保障部門に関わる連帯経済の実践と捉えて事例を比較分析した。社会保障の分野での連帯経済の実践は直接的にコモン・グッドを実現するものであるが，組織の形態としては，連帯経済で一般的にとられる「アソシエーション」や「非営利市民組織」の中にも，国家主導で市民組織の主体性が尊重されていない例のほかに，営利目的を優先する例もあり，本来の市民組織基盤の連帯を実践しているとは言い難いものがあることを示した。

　こうした市場との関係によるフェアトレードや社会保障サービスがコモン・グッドの実現においてどのような問題があるのか，またあるとしたらそれを軽減あるいは克服するためにどのような制度が必要かの追求は，今後の研究の課題として残されている。

3．オルタナティブとしての連帯経済が抱える問題

　これまで述べたように，ラテンアメリカで広がる失業，貧困などの社会排除の中で，連帯経済の意義や重要性は大きいが，現実の連帯経済は多くの問題点や課題を抱えている。以下主要なものを指摘したい。

(1)　個人の自覚性の確立

　すでに述べたように，連帯経済に関わる個々人の意識や自覚の問題がある。「関係性に基づく連帯経済」という規定に対して無自覚になると，「連帯経済」の範疇に（政府の制度化によって）入れられる個々の組織形態が

あっても，その実践の中身が，コミュニティの主体性や利他に重点を置く個人の関与の姿勢などとは乖離したものになる可能性が高くなる。換言すれば，「連帯経済を推進する」政府が「連帯経済活動」を政治的に利用し，関与する個々人，集合体の主体性がないがしろにされるリスクが生まれるのである。

開かれた共同体としての連帯経済運動組織が実現される場合であっても，それに関与する個々人の自覚が問われることを忘れてはならないのである。ここで問題となるのは，広義では「コモン・グッド」と呼んでしまいがちな「すべての人々の善の充足」について，連帯経済の実践に関わる一人ひとりが，どこまで自覚的に行っているか，という点である。ラセットが説いた10の道筋を総合的に意識した上で，連帯経済に関わる個人が実践しているかどうか，つまり「連帯経済」のコモン・グッドの追求は，行為者の自覚性にかかっていると考えられる。そして，その自覚性を問うメルクマールは，連帯経済を実践していると自負する行為者が，他者との関係性に着目してその経済活動を行っているかどうか，という点ではないだろうか。前項でも指摘したように，連帯経済の理念に関するラセットのC要素論で強調される共同体性（コミュニティ），集合性（コレクティブ）に関する個人の立ち位置や認識が極めて重要である。利他の実践や互酬という価値観を，連帯経済を協働で行う個々人が共有していなければ，C要素論も成り立ち得ないと考えられる。

この点については，各章で紹介された事例分析において，指導者やカリスマ性を帯びた推進者の描写において連帯経済に対する認識は確認できるものの，それ以外の参加者個々人の自覚性とその差異については別途精査が必要であろう。また，参加者個々人の自覚性の濃淡があるがゆえに，連帯経済運動の展開過程が一律ではないことも十分理解できる。コモン・グッドが継続的に実現するには，連帯経済の理念や実践が，指導者を越えてメンバー全体に，そして社会全体に広がり，また世代を越えて継承される必要がある。そのためには理念や実践のための知識やノウハウの学習が

必要となる。また，外部の支援も不可欠である。

(2)　制度化の持つ矛盾

　ラテンアメリカの連帯経済は民衆の自発的な活動から始まり，後に国家によって認知され制度化されてきた。「連帯経済」という名称は統一的に適用されず，国ごとにその名称は異なった。本書（94-103頁資料参照）で整理したように，国ごとにその制度化の歩みや浸透度は異なっている。しかしながら，公的経済部門や民間市場経済部門と比して，まだその影響力も，可視性も極めて限られている連帯経済にとって，国家による認知の高まりや支援は歓迎すべきことである。だがその一方，制度化によって国家権力による統制が拡大し，国家主導の経済政策理念に取り込まれてしまうというリスクが常にあるという点に留意しなければならない。

　連帯経済は，特に左派政権のもとで連帯経済法が制定されたり，支援組織が整備されたりなどして，制度化が進んだ。しかし，左派政権下で国家が反新自由主義，反資本主義を標榜し，経済の多様性と多元性を追求したとはいえ，必ずしもその政策方針のもとでの「連帯経済」の認識は一様ではなかった。エクアドルでは「民衆連帯部門」として連帯経済を認め，一連の支援枠組みを導入し，その過程で「ブエン・ビビール」の理念が政策方針として強調されたが，その一方で，本来の「ブエン・ビビール」の理念からは反するような大規模な資源開発から撤退することはなかった。「多元経済」モデルを導入したボリビアでは，国家経済部門が生み出す余剰が，民間，社会協同組合，共同体の各経済部門に分配され，これらが雇用と所得を創出する部門とされたが，国家が「認識」した共同体的経済部門は必ずしも連帯経済の実践組織の経済活動とは合致していない。すなわち，「連帯経済部門」として国家の経済システムに編入されることで国家による管理が強まり，連帯経済の理念や性格が変貌することになった。

　同様の懸念は現在のコロンビアの連帯経済運動に携わる人々からも批判的に議論されている。他方，メキシコの連帯経済に大きな影響を与えてき

たサパティスタ運動は一貫して国家の庇護を求めていないが，山本（第3章）が比較分析したように，メキシコのフェアトレードの中には，地方政府の支援を求めるものから自主独立的な運営を保つものまで多様であった。政府との関係は生存戦略として選択するものであり，これをもって運動の自主性が危ぶまれるとは断言できない。いずれにせよ，連帯経済の自主性は，ラテンアメリカに限らず，どの地域，国においても国家権力と市民社会・組織との関係において不可避の課題である。

(3) 政治に対する脆弱性

　制度化の矛盾と関連して，連帯経済は政治動向に影響を受けやすいという脆弱性を抱えている。多くのラテンアメリカ諸国では政治が不安定で，連帯経済は政権交代や体制変化，政権の思想的変化に翻弄される。国家による連帯経済の認識や評価は政治によって大きく変わり，時に存亡の危機に追いやられる。実際のところ，2000年代にラテンアメリカ諸国で連帯経済運動が高揚したのは，それを生むニーズがあったことも事実だが，それを後押しする政治運動や政権交代があったためでもある。特に南米諸国の左派政権の誕生は，連帯経済の法制度化や公共政策による推進につながった。

　ところが，2010年代末に入り，経済の失速や政治腐敗の中で左派政権が後退し，経済的には新自由主義を，政治的にはナショナリズムを唱える右派政権が次々に誕生した。世界と呼応するこうした政治変化は，連帯経済への逆風となった。2018年10月に選出されたブラジルのボルソナロ（Jair Bolsonaro）政権は連帯経済の解体を謀っている。ベネズエラの政治的混乱は連帯経済を事実上一掃しつつある。左派連合の崩壊は他国においても連帯経済への関心や支援を弱めている。

　こうした状況は，連帯経済運動が，そもそも反グローバル化運動とも親和性が高かったこと，その高揚を背景にもうひとつの経済をめざす運動として頭角を現したことと無関係ではない。連帯経済が対抗するのは多国籍

大企業が主導し，一部の大資本が覇権を握り，少数が富の集積を追求する新自由主義的な経済グローバル化である。その過程で民衆あるいは市民組織はグローバルな連携ネットワークを育んできた。右派政権は，国際的なネットワークを組織し，市場経済に対抗し新しい経済をめざす連帯経済運動を，経済的市場主義や政治的ナショナリズムの観点から批判し排除しようとするものである。こうした状況を克服するには，個々の連帯経済の実践が国際的に水平的ネットワークを拡大強化するとともに，政治的な民主化が不可欠である。

(4) 規模拡大に伴う連帯理念からの乖離

すでに指摘したように，個々の連帯経済の実践が「成功」し拡大するほど，営利目的が優先されるリスクが生ずる。ラテンアメリカにおいても，連帯の理念で始めた事業が軌道にのり利潤獲得機会が増大すると，連帯経済活動の成果をメンバーに過大に配分したり営利事業に投資したり，連帯経済の再生産に振り向けることができなくなる可能性がある。また，連帯経済事業に関わるアクター間の関係性に，階級制やハイアラーキカルな関係性が生じ得る。こうした連帯経済の理念からの乖離については，山本（第3章）のフェアトレードの事例でも示唆された。幡谷（第6章）はアグロソリダリアの事例を，連帯経済の典型的な事例として取り上げたが，個々のアソシエーションが各地域でネットワークを作り，それを束ねるさらに大きな地域連合が全国連合に統合されていく過程で，国家に対するアドボカシー活動は高まるが，地域レベルでの実践者と組織幹部との間に制度的な上下関係が形成される可能性を否定することはできない。非営利，利他，協働という本来の連帯経済の根本的理念が失われていくリスクをどのように回避できるかが，連帯経済がオルタナティブとして確立するための課題である。

終章　連帯経済が構築する新しい社会に向けて

4．連帯経済は市場経済のオルタナティブになり得るか

　生存戦略から始まった連帯経済は，次第に既存の市場中心主義的な経済に対するオルタナティブとして捉えられるようになったが，連帯経済はそうした役割を担うことは可能であろうか。上述の連帯経済が抱える問題点を踏まえた上で，連帯経済に与えられた最大の課題はこの点にある。実践事例が示す現状に即して「連帯経済は市場経済のオルタナティブになり得るか」という問いに対する解釈と展望を以下に述べたい。

　コラッジオは2000年代のラテンアメリカの現状における制度化の進展を捉えて，連帯経済がオルタナティブな経済となり得るまでのメゾ・レベル段階にあると捉えている。連帯経済運動は，静的な現象ではなく，常に変化をし続ける動態であり，多様である。宇佐見（第8章）は，コラッジオの分析枠組みに対してアルゼンチンの実践事例に即して考察している。医療とケアに関わる社会保障分野に，市民社会が参加する混合経済の形態を認め，社会保障のサービス活動には混合経済の中で，公営部門，企業経営部門のほかにNPO市民社会組織が関わる第三セクター部門があるとし，ウエルフェアー・ミックスとして同部門における混合経済の在り方を示した。その上で，コラッジオの連帯経済が既存の経済モデルの代替モデルに発展するだけの影響力を拡大する3段階すなわちミクロからメゾ，そしてマクロ・レベルへと発展する段階において，事例がいずれもまだマクロ・レベルにまでは発展していないことを指摘すると同時に，混合経済体制の中でも，市場や国家に近い形態もあることを示した。

　他の章は，明示的に同様の議論をしてはいないものの，市場，国家に加えて連帯経済あるいは市民組織や共同体，あるいはNGOや基金などを含む様々な社会組織から構成される混合経済が形成されてきていると捉えている。だが，国家全体の経済規模で測った場合，圧倒的に大きいのは民間市場経済部門であり，国家経済部門も経済自由化によって縮小しているとの認識で共通している。連帯経済部門はさらに小さい。コラッジオの議論

に従えば，ラテンアメリカの混合経済の段階あるいは状況はメゾの段階に位置づけられる。すなわち，実践レベルで連帯経済が叢生し，それらをつなぐネットワークが形成され，また国家が連帯経済を認識しそれらを支援する制度を整備する段階あるいは状況にある。また，連帯経済の実践組織が国家の統轄部門による定義に基づく把握からこぼれることが多く，正確な数量的把握はまだ確立されていない。この点を踏まえた上で，マッピングなど数量的な把握を試みているいくつかの国（例えばブラジル）においてでさえ，連帯経済実践の当該地域，当該国における経済活動全体へのインパクトはまだ微小なのが現状である。

　もっとも，これは数量的な把握に限定した際の考察である。重冨（第5章）が指摘したように，連帯経済はコミュニティ内部での取引であれ他のコミュニティとの取引であれ，非貨幣的価値や貨幣交換を介さない経済活動が中心である。この点をどのように評価し，社会へのインパクトをどのように測るか，本書はまだ明示的な答えを出していない。この点は南欧諸国についても同様で，連帯経済の規模や影響力を計量的に捉えられていない。

　いずれにせよ，個々の連帯経済の活動の核をどのように再生，拡散，展開していくかが今後，連帯経済運動がマクロ・レベルに展開できるかを展望する鍵になるだろう。これには時間がかかるし，すでに述べた様々な困難な課題がある中で，既存の経済モデルに文字通り取って代わるオルタナティブとして簡単に成立するものではない。連帯経済を含めた多元的な経済制度はラヴィルが「経済における民主化過程」（democratization process within economy）と呼んだものであり（Laville 2014: 4），そのために為政者の価値観や理念に影響を与えることが肝要である。なによりも，公共の場において多様な経済システムに関わる行為者が自由に議論できる公共の場が確保されなければならない。それは一国内ではなく国際的な市民運動の連携とネットワーキングを通じた国際世論への働きかけを通じて初めて可能となるだろう。それにはまずは当該地域において行政を巻き込むことが重要であり，すでに南欧では一部の地方行政体と市民組織による「協力」

（collaboration）を越え，「協働構築」（co-construction）の枠組みが形成され，連帯経済の実践を行政（公的部門）と市民社会との協働に基づいて再生産していく仕組みが確立しつつある。地方行政の認知度を高め，市民社会とパートナーシップを形成することで多元的経済が可能となり，そこに連帯経済の実践の再生産の可能性が生まれるのである。

5．日本社会における連帯経済の必要性

　最後に，本書で示したラテンアメリカの連帯経済の理論と実践が，今日の日本社会にどのような示唆を与え得るかについて述べておこう。

(1)　連帯経済の前史としての社会運動

　本書の冒頭で述べたように，日本ではいまだ「連帯経済」の認知度は低い。しかし，連帯経済と冠せずとも，実践面でその取り組みが皆無であったわけではないし，日本社会においても，ラテンアメリカと同様に，社会的弱者の存在もあるし，失業，非正規労働，貧困問題など，21世紀に入りこれらの社会的排除の現象はつとに深刻化してきたことは事実である。連帯経済運動が，貧困者，労働者の生活と労働の再生産を含むコモン・グッドの追求をめざしていることに照らしてみれば，近現代日本の労働者の貧困や失業に対する救済や，弱者の相互扶助，連帯の慣習に基づく営みや社会運動にも，同様の歴史があった。

　生産者や消費者の生活改善運動や生存戦略としての社会運動の歴史を辿ってみると，第二次世界大戦中の活動の停滞を除けば，ラテンアメリカの過程と比較可能な3つの潮流があった。すなわち，1930年代の生協の出現と発展，第二次世界大戦による中断を経て戦後の農協，漁協など複合的な協同組合運動の発展，そして1970年代の安全な食を求める消費者運動を発端とした生活協同組合の発展，最後に経済グローバル化時代に起こった大量解雇，派遣切りなどへの労働者の生活基盤を守るために生まれた

ワーカーズコープの運動である。

　連帯経済に通じる第一の潮流は生協運動の高まりと戦後の伝統的な協同組合の成立である。協同組合運動は日本においても消費生活協同組合（生協）から始まった。1920年代に関西では現在の「コープこうべ」の前身となる神戸購買組合と灘購買組合が，関東では大学生協の前身となる東京学生消費組合のほか，江東消費組合などが設立された。このときの生協運動の設立目的は，あくまでも困窮化した都市の労働者や農民の生活に対する救済運動としてのものであった。第二次世界大戦後には農業協同組合法，中小企業協同組合法，消費生活協同組合法などが制定され，これらに基づき協同組合が次々と設立された。これらの組合は，農民，中小生産者，消費者などの経済的弱者が，経済条件の維持・改善や社会的地位の強化を目的に，協同して経済活動や社会活動を行う組織であり，本来は，自由，平等，互恵などを原理とし，営利ではなく組合員の便益を図ることを目的とするが，組織の拡大とともに，ヒエラルキーが生まれ利益を追求する傾向を強め，協同組合の原則からの逸脱が生じた。

　第二の潮流は食の安全を求める消費者運動と有機農業運動との連携である。戦後の高度経済成長期を経て，1960年代後半から，日本社会の大量生産大量消費型の社会の在り方や政策に対する批判が，学生運動の高まりとともに生まれていった。具体的には公害や環境問題の悪化に伴い，食の安全を求める主婦層が主導した消費者運動が活発化し，1970年代には都市における消費者組合運動へと発展していった。最も広範囲に普及したのが，いわゆる「コープ，生協」と呼ばれる生活協同組合である。現在ではおおよそ総世帯数の40％近くが消費者組合（生協）に加入している。しかし，多くの参加者が協同組合運動の理念を自覚しているかどうかと問われると，それは疑わしく，ましてや当時「連帯経済」の理念を意識して行動しているわけではなかった。

　こうした中で生産する側の農村部において，農薬や化学肥料など工業的農法が引き起こす生態系の破壊や労働の安全性への危惧から，有機農業を

志す農家が出現した。他方で消費の場でも，食の安全性を維持するために，また誤った食による水や土壌の汚染を防止するために，生産者と共同して循環的な生産・消費関係を創造しようとする運動が生まれていった。エネルギー循環と地方経済再生をめざす有機農業運動（埼玉県小川町の霜里農場）や，生産者と消費者の提携を推進するアソシエーション運動（大阪府能勢町の能勢農場），なたね油の生産と廃油のリサイクルによってエネルギーの地域循環を図り，大気汚染防止や琵琶湖の水質保全とともに経済活動を促す「菜の花プロジェクト」（滋賀県近江八幡市）などは，「連帯経済」の理念に合致する実践である。

　最後の第三の潮流はワーカーズコープの運動である。ワーカーズコープは，一般的に従業員が所有し管理する協同組合と定義されるが，これはラテンアメリカの事例では労働者協同組合（cooperativa de los trabajadores）と同義である。日本における特徴は，ワーカーズコープの法人格を規定する法律が存在しないことであり，それゆえに多様な名称が用いられている。連帯経済と冠しないが，「従業員が所有し管理する組織で実態的に協同組合的な運営をしている組織」ということから，組織形態上は連帯経済の中心的組織であると理解され得る。ワーカーズコープは組織形態にその特徴があり，なんらかの事業をしたいと思う人々が集まり，共同で出資し，その事業体において働きつつ，共同で管理・運営する協同組合である。この定義に基づく団体は多数存在するが，富沢は多様な日本のワーカーズコープ的組織の中で，連帯の理念を自覚して活動しているものは，日本労働者協同組合連合会傘下の諸組織と，主婦層を基本的な担い手とし独自の性格を持つワーカーズ・コレクティブに限られると述べている（富沢 1999）。

(2)　日本社会の連帯経済へのニーズとラテンアメリカからの学び

　協同組合運動，あるいは広い意味での社会運動はこれまで述べたような軌跡を辿ったが，失業や貧困などを軽減・克服し，あるいは市場のオルタナティブな経済となるまでに至っていない。他方で，本書でラテンアメリ

カの事例に基づき考察した「連帯経済」に対するニーズは益々大きなものとなっている。すなわち日本経済はグローバル化の矢先にバブル経済が崩壊し，1990年代後半から2000年代まで，長期にわたって経済不況の時代に突入し，労働者の大量解雇や社会階層格差が広がり，欧州やラテンアメリカと同様に，失業や貧困の軽減・克服と，それらを可能とする市場中心の経済とは異なる新しい経済，市場経済のオルタナティブが模索される時代に突入した。オルタナティブの必要性は，とりわけ2008年にリーマンショックの影響を受けて，いわゆる「派遣切り」と呼ばれる非正規雇用の切り捨てが起こったにもかかわらず，新自由主義的な労働政策が実行される中で痛感された。企業は，グローバルな競争に対応するため，派遣や非正規雇用によって労働コスト削減を図った。また株主をつなぎ止めるため労働分配率の引き下げ利潤と配当を引き上げた。

　他方で，1995年の阪神・淡路大震災を契機にボランティア元年と呼ばれるような相互扶助の文化が再生され，1998年には特定非営利活動促進法（通称NPO法）が制定された。次いで2011年の東日本大震災発生時には，ボランティア活動だけでなく，地場産業の再生という点において，民・官・コミュニティ・NPOなどとの連携による新しいコミュニティビジネスや農業の6次産業化などが促進されるようになった。背景には被災地となった地域とりわけ農村漁村の過疎化があった。日本社会では少子高齢化が急速に進み，大都市に人口が集中する一方で，地方とりわけ農村部では人口減少に歯止めがきかない状況にある。成長産業が大都市に集中し，地方には農林漁業やアジア新興国との競争に晒されている工業や工程が残されているということにも起因している。したがって税収や公共投資が大都市圏に集中するのである。他方で大都市圏においても，大企業とその従業員と，周辺的な事業を営む中小零細企業とその従業員との間には大きな格差がある。

　こうした日本社会の現状を欧州やラテンアメリカでの連帯経済の運動史と重ねてみると，日本では中央や地方政府，そして一般社会（特に大都市圏）

における，地方のコミュニティ組織が自発的に起こした経済活動に対する関心は低い。地方の限界集落の拡大の歯止めになるための町おこし，まちづくり運動の認知度は高く，行政の取り組みもさかんである自治体もあるが，こうした小さな取り組みが，市場経済と並ぶ，あるいはオルタナティブな経済となり得るという認識はない。南欧では，地方共同体と市民社会の組織，地域産業を支える企業との共同参画，協働による社会的連帯経済の事例が発展し，倫理的銀行（エシカル・バンク）まで確立されている。ラテンアメリカの連帯経済は，コラッジオの描くマクロ・レベルの発展段階に至っていないが，少なくともミクロ・レベルでの多様な取り組みやそれを支援する制度化がなされ，メゾ・レベルへの移行段階にある。

　これに対し日本では，中央や地方政府にも，民間企業にも，そして社会にもこうした新しい取り組みの可能性と真摯に向き合う姿勢は乏しい。しかし，こうした中で連帯経済の核となる可能性を秘めた取り組みが少しずつ芽生えているのもまた事実であり，それに目を向けている識者たちもある（例えば内橋 1995; 内田 2006；大江 2015）。日本の社会運動が，ミクロ・レベルで確固とした連帯経済となり，次いでメゾ・レベルの連帯経済に移行する上で，ラテンアメリカの経験から学ぶべきことが多々あるだろう。

■引用文献

内田雄造（2006）『まちづくりとコミュニティワーク』解放出版社。

内橋克人（1995）『共生の大地　新しい経済がはじまる』岩波書店。

大江正章（2015）『地域に希望あり―まち・人・仕事を創る』岩波書店。

富沢賢治（1999）『社会的経済セクターの分析―民間非営利組織の理論と実践』岩波書店。

Laville, Jean-Louis（2014）"Solidarity Economy in the World: Its perspective in Latin America",『イベロアメリカ研究』第36巻（1），pp. 1-8.

あとがき

　本書は，2013年度から2016年度まで，さらに2017年度に1年延長して計5年間，科学研究費助成事業基盤（B）「コモン・グッドを追求する連帯経済—ラテンアメリカからの提言」の助成を受けて実施した共同研究を基礎としている。この間私たちは，定期的に研究会を開催し，連帯経済の中心概念とその定義について，ならびに各国の開発における国家と市場との関係とそうした関係性に位置づけられる市民社会組織の主体性や，その背景にあった民衆社会運動の歴史について分析を行った。また，連帯経済の究極の目的と，連帯経済がオルタナティブな経済になり得るかという中心命題について，既存の議論の考察と，各国における制度化の動きや個々の事例研究を通じて明らかになった事柄をもとに議論を重ねてきた。国内研究会のほかに，共同研究者はラテンアメリカにおける連帯経済の実態を知るべく，それぞれメキシコ，エクアドル，コロンビア，ペルー，ボリビア，ブラジル，アルゼンチンについて先行研究サーベイと，フィールド調査を実施した。

　本共同研究を進める過程で，私たちは日本，欧州，ラテンアメリカと，地域を超えた実践から多くを学び，かつ研究者や活動家との交流を広げることができた。それぞれの地域から，理論や実践研究に造詣の深い研究者を講師として招き，知見を得た。北島健一（立教大学）と中野佳裕（早稲田大学）両氏から，欧州の社会的経済論と連帯経済論の潮流について教えを受けた。南欧で連帯経済論と運動を牽引する代表的な研究者や機関とのつながりができたのは，ひとえにこのお二人のおかげである。欧州の社会的連帯的経済論の第一人者であるジャン＝ルイ・ラヴィル（Jean-Louis Laville）フランス国立工芸院（Conservatoire National des Arts et Métiers: CNAM）教授を招き，日本で研究会を開催し，ともに関西で日本の連帯経済の実践に触れることができたのは幸運であった。ラヴィル氏を通じて，

317

バルセロナやリスボン，コインブラの連帯経済運動の拠点と交流する機会を得て，南欧における連帯経済の実践と制度化の動きを把握したことは，ラテンアメリカ諸国における理論と実践，そして連帯経済の制度化の動きを考察するための比較の視点を養う絶好の機会となった。

　同様に，ラテンアメリカからはブラジルの連帯経済研究とネットワーキングを推進するルイス・イナシオ・ガイゲル（Luiz Inácio Gaiger）ヴァーレ・ド・リオ・ドス・シノス大学（Universidade do Vale do Rio dos Sinos: Unisinos）人文科学センター教授，メキシコの先住民運動と連帯経済運動を長年牽引するホルヘ・ホセ・サンティアゴ（Jorge José Santiago）メキシコ先住民経済社会開発市民協会理事長，コロンビアで長年協同組合運動と教育に従事してきたミゲル・ファハルド（Miguel Fajardo）サンヒル大学（Fundación Universidad de San Gil: Unisangil）連帯経済研究センター長を招聘し，研究会や公開講演会を行ったほか，彼らの経験をめぐり，日本国内の研究者や運動家とともに議論を行った。ポルトガルとブラジルとで連帯的消費や連帯経済とジェンダーについて研究するルシアネ・ルーカス・ドス・サントス（Luciane Lucas dos Santos）コインブラ大学（Universidade de Coimbra）社会研究センター（Centro de Estudos Sociais: CES）研究員や，フランスとブラジルで社会的企業やソーシャル・イノベーションを研究するフィリップ・エノー（Philippe Eynaud）パンテオン・ソルボンヌ大学（Université Paris 1, Panthéon Sorbonne）教授とも東京でセミナーを開催した。こうしたネットワークを通じて，ホセ・ルイス・コラッジオ（José Luis Coraggio）サルミエント国立大学（Universidad Nacional de General Sarmiento: UNGS）名誉教授とも交流が生まれた。

　他方で，日本の事例を学ぶことにより，ラテンアメリカの連帯経済の実践が，グローバル化時代の世界共通の社会的排除とそれに対するオルタナティブの模索という共通の課題への取り組みであることを，より明確に認識することができるようになった。私たちは，重要な連帯経済の実践の現場を，時には来日した海外の連帯経済研究者とともに訪れ，ヒヤリング調

査を行った。大江正章氏（ジャーナリスト，コモンズ編集長）は日本の農村での連帯経済と性格を同じくする運動を数多く紹介しており，大江氏を介して私たちは代表的な実践者と知り合うことができた。NPO法人「菜の花プロジェクトネットワーク」の経験からは資源循環型地域モデルを，埼玉県小川町の霜里農場の有機農業からは，エネルギーの自給による自立農法と，地域の関連産業との提携による地産地消の実践を学んだ。「自然順応型の文明・経済・身体づくり」の理論と実践を手掛けている藤岡 惇氏（立命館大学）を介して出会った「関西よつ葉連絡会」の地域・アソシエーション研究所，能勢農場などの実践からは，社会連帯の理念に基づく生産者・消費者連携を，学童保育「虹の子クラブ」の活動からは，市場原理とは異なるオルタナティブな学童ケアの試みをそれぞれ学んだ。いずれもラテンアメリカの連帯経済の理念に通ずるものであった。

　東日本大震災の被災地では，多くの地域において，コミュニティ再生のための新しい経済活動への取り組みを知ったが，これらの試みにも，社会連帯の精神や，福祉と自給農業との連携など，オルタナティブな経済形態に，連帯経済の理念と実践を見出すことができた。岩手県陸前高田市では，復興や産業支援をしている市役所，観光物産協会，民間団体の方々から，市民主体の様々な取り組みと行政との関係性構築における課題について示唆をいただいた。被災後の復興過程にも連帯経済の理念が重要であることを確信した。

　こうした日本の経験から学ぶのと並行して，連帯経済の実践に関連する社会組織の活動についても知識を積んだ。松尾 匡氏（立命館大学）からは協同組合などアソシエーション論について教示を得た。協同組合運動は，連帯経済の実践の要である。佐藤紘毅氏（市民セクター政策機構）からは，イタリアの社会的協同組合の歴史と実態についての知見を得た。連帯経済研究では生産活動にばかり目を向けがちであるが，社会関係資本と文化資本の融合にも連帯の理念の具体化が生まれる可能性がある。鈴木美和子氏（大阪市立大学）からデザイン活動を通じた連帯経済の実践について学んだ。

5年にわたる研究活動の過程で，このほかにも多くの方々から教えと示唆をいただいた。また，立命館大学経済学部，同志社大学グローバル地域文化学部には議論の場所を提供していただいた。上智大学研究推進センター事務局は，この間科研共同研究の運営を支えてくださった。この場を借りて御礼申し上げる。

　共同研究発足時に私たちが掲げた目標は，ラテンアメリカの事例分析を通して，連帯経済について理論的枠組みの構築を図るという挑戦的なものであった。だが，ラテンアメリカで歴史的に育まれてきた「連帯」の理念に立ち戻り，かつまた連帯経済の実践が国家と市場との関係性が示す恒常的な変容の中で展開されていくことを知るに至って，オルタナティブとしての連帯経済が位置づけられる位相が画一的で絶対的なものではないことも明らかになった。本書がどこまでラテンアメリカの連帯経済の理解に貢献できたかは，読者の皆さんの忌憚のないご批判を待つしかない。

　他方，同研究の構想が生まれた当初と比べ，今日のラテンアメリカ諸国の政治状況は左傾化の政治動向から再び右傾化ないし極右ナショナリズムの出現へという転換期を迎えている。21世紀に高揚した市民が主体となるオルタナティブを求める運動に支えられてきた連帯経済の実践が，今後どのような対国家，対市場との関係性の構築に立ち向かっていくのかについては，これからも私たちの考察課題である。同時に，日本社会，経済を根本から問い直す姿勢も変わらず持ち続けていきたいと考えている。

　最後に，本書の出版に理解を示し，刊行まで忍耐強く導いてくださった上智大学出版事務局と株式会社ぎょうせいの皆さんに深く感謝したい。

2019年8月　筆者一同

人 名 索 引

アギトン　Aguiton, Christophe　9, 19

アコスタ　Acosta, Alberto　51, 52, 54, 55

ヴァン・デル・ホフ　van der Hoff, Frans　114, 134

ウイッタケル　Whitaker, Chico　9, 19

エスコバル　Escobar, Arturo　56-58

エバ・ペロン　María Eva Duarte de Perón　278

カルデロン　Calderón, Felipe　111

コラッジオ　Coraggio, José Luis　19, 25, 26, 38-44, 46-48, 50, 61, 85, 87, 101, 162, 199, 268-270, 272-274, 281, 284, 285, 289-291, 299, 300, 309, 315, 318

シンジェル　Singer, Paul　78, 88, 237, 238, 242, 258

西川 潤　5, 20, 137

ハーシュマン　Hirschman, Albert　11, 14, 15, 20, 66, 90

ハーバーマス　Habermas, Jürgen　39, 131, 136, 137

ファハルド　Fajardo, Miguel　52, 53, 62, 213, 215, 216, 221, 222, 232, 233, 318

フレイレ　Freire, Paulo　72, 77, 78, 88, 91

ペストフ　Pestoff, Victor Alexis　18, 274, 289, 292

ペロン　Perón, Juan Domingo　81, 278-280, 291, 328

ボニージャ　Bonilla, Mario　222, 224, 226, 227, 232

ボフ　Boff, Leonardo　53

ポランニー　Polanyi, Karl　6, 39-42, 62

ポロ神父　Padre Antonio Polo　147, 148

ラヴィル　Laville, Jean-Louis　6, 19, 21, 39, 40, 85, 170, 171, 173, 198, 201, 202, 271, 272, 279, 292, 310, 317

ラセット　Razeto Migliaro, Luis　26-28, 31-34, 61, 68, 77, 87, 162, 301, 305

ラモン神父　"Padre Ramón": González Parra, Ramón　209, 210, 217, 218, 222, 231, 232

ルーラ　Lula da Silva, Luiz Inácio　13, 41, 81, 88, 238, 252

ロッハス・エレーラ　Rojas Herrera, Juan José　112

ロドリゲス　Rodríguez, Antonia　187, 200

ロペス・オブラドール　López Obrador, Andrés Manuel　96, 111

事 項 索 引

ア 行

ILO 第 169 号条約　79

アグロソリダリア　217, 222-227, 230, 302

アジア太平洋資料センター（PARC）　5

アソシエーション　8, 10, 13, 14, 18, 19, 27-
29, 35, 47, 49, 61, 84, 95, 98-103, 141, 152,
153, 188, 204, 206, 211, 213, 215, 216,
221-223, 227-230, 236, 240, 246-248, 252,
253, 258, 262, 263, 272-277, 287, 289,
290, 303, 304, 308, 319

アソシエーション運動　10-13, 18, 203, 205,
229, 230, 313

アソシエーション主義（1988 年憲法）〈ブ
ラジル〉　99, 245, 246

新しい社会運動（NSM）　13, 15, 73, 74

イエズス会　119, 120, 124, 128, 135, 299

イスモ地域先住民共同体連合（UCIRI）
114

インフォーマル部門　46, 76, 273

ウエルフェアー・ミックス　18, 268, 270,
273, 274, 277, 278, 280-282, 284-286, 289-
291, 309

エクアドル社会的連帯経済運動　102, 142,
178

エクアドル先住民連盟（CONAIE）　80

エコフィブラス（ECOFIBRAS）　219, 220

オルタナティブ　3-5, 7-11, 13, 14, 16-20, 26,
33, 36, 44, 54, 57-60, 62, 66, 68, 69, 71, 73,
76-79, 82-86, 88, 91, 101, 108, 109, 112,
128, 130, 137, 138, 140, 161, 177, 188,
199, 204, 205, 215, 218, 224, 228, 231,
233, 235, 236, 253, 255, 256, 261, 262,
264, 296, 302, 304, 308-310, 313-315, 317-
320

カ 行

回勅　30, 71, 87, 164, 208, 217, 228

回復企業（empresa recuperada）　12, 20, 47,
48, 103, 237, 248-252, 254-256, 261, 263,
270, 277, 281, 284, 285, 289, 290, 292,
300

回復工場（fábrica recuperada）　248

カトリック教会の「社会的行動」　71

カトリック司牧活動　205

カトリック社会行動　209, 218

（カトリック）教区教会司牧社会活動事務
局（SEPAS）　209

共通善（コモン・グッド）　1, 14, 19, 26, 30,
50, 60, 61, 66, 105, 107, 109, 124, 125,
132, 134, 137, 141, 212, 220, 226, 230,
296, 299, 300, 302-305, 311, 317

協同組合　7, 8, 10, 14, 17, 18, 27, 31, 35, 47,
49, 71, 78, 94-101, 103, 110-115, 118, 120,
122, 130, 132, 135-137, 141, 148-150, 152,
153, 158, 159, 178, 181, 207-209, 211-222,
229, 230, 232, 235-237, 240-248, 250-264,
270-272, 274-277, 281, 284-288, 290, 292,
297, 300, 306, 311-313, 319

協同組合運動　10, 12, 19, 72, 83, 84, 94, 95,
99, 101, 110, 112, 140, 203, 204, 207-211,
216-219, 222, 228, 230, 232, 236, 240,
244-246, 252, 256, 260, 296, 298, 311-313,
318, 319

協同組合主義　95, 178, 207, 216, 241, 244,
245, 247, 248

協同組合連合・連帯（UNISOL）〈ブラジ
ル〉　253

共同体主義（コミュニタリアニズム）
124, 140, 301

索　引

キリスト教基礎共同体（CEB）　70, 74, 112, 134

公的経済　43, 46, 48-50, 101, 269, 271, 274, 286, 290, 306

互助会　18, 95, 101, 206, 207, 211, 268, 270, 275-277, 281, 284, 287-289, 292

国家協同組合局（Dancoop）　94, 213

国家連帯経済局（SENAES）〈ブラジル〉　238

国家連帯経済審議会（CNES）〈ブラジル〉　97, 238

コモン・グッド→共通善（コモン・グッド）

コレア政権　12, 16, 51, 80, 89, 94, 140, 141, 143, 158, 165

コロンビア革命軍（FARC）　215

混合経済　8, 19, 46, 48-50, 101, 110, 269-271, 273, 274, 286, 291, 309, 310

サ 行

サパティスタ（国民解放軍）　16, 78, 79, 85, 89-91, 107, 110, 113, 119-122, 135, 298, 307

左翼運動　2, 228-230

サリナス教区　140, 143-151, 153, 154, 156-164

サリナス・グループ　139, 140, 145, 146, 150-155, 159, 160, 163

「サリネリト」ブランド　148, 153, 154

サルミエント国立大学　38, 269, 318

サンクリストバル　119, 121

産消連携　12

サンタンデール（県）　203, 205, 209, 210, 216-219, 221, 222, 226, 228, 230-232, 298

サンヒル大学　221, 222, 318

司牧会（Pastoral Social）　209

資本制的企業経済　269, 271, 274, 288, 290

JICA プロジェクト　121, 122, 129, 130, 135

社会運動　2-4, 8, 9, 11, 13, 15, 17-19, 23, 39, 41, 57, 65-67, 70, 72-75, 78-83, 86, 88-90,

108, 161, 175, 179, 190, 204, 210, 214, 227, 231, 239, 241, 280, 285, 297, 298, 311, 313, 315, 317

社会的経済　6-11, 19, 20, 21, 38, 39, 41, 43, 44, 49, 71, 83, 88, 95, 96, 98, 101, 103, 111, 130, 178, 269, 270, 275, 315, 317

（農民の）社会的指導者養成学校　218

社会的推進のための中央信用組合組織（CoopCentral）　219

社会的包摂政策　175, 180

社会的連帯経済ネットワーク（REDESS）　85, 222

社会的連帯経済法〈メキシコ〉　96, 100, 102, 110, 111

社会連帯　3-5, 319

若者・成人識字教育運動（MOVA）　77

従属論　66, 70, 74

ジュスタ・トゥラマ中央協同組合（CCJT）　257

新自由主義　2, 7, 9, 11-13, 17, 21, 40, 42, 44, 50, 61, 66, 76, 79, 80, 82, 84, 87, 98, 108-110, 130, 140, 159, 171, 179-181, 253, 260-262, 268-272, 279, 280, 290, 291, 306-308, 314

新自由主義的経済政策　9, 81, 180

信用貯蓄組合　209, 218

新労働組合主義（Novo Sindicalismo）　252

制度的革命党（PRI）　96, 111

世界社会フォーラム（WSF）/（FSM）　6, 9, 39, 83, 90, 91, 103, 238, 239

全国社会的経済機構（INAES）〈メキシコ〉　96, 111

全国土地利用農民協会（ANUC）　95, 208

全国フロレスタン・フェルナンデス学校（ENFF）　257

全国労働者自主管理企業・株式参加アソシエ（ANTEAG）　103, 250

先住民の宇宙観　51, 55, 58, 59, 162

相互扶助　2, 60, 75, 99, 109, 117, 134, 170, 173, 174, 198, 204-207, 214, 268, 276-278,

323

284-286, 289, 290, 297, 301, 311, 314

ソリシチュード・レイ・ソシアリス　30

タ行

代替マーケット　176, 177, 301, 302

第二バチカン公会議　71, 72, 217, 298

大陸間社会的連帯経済推進ネットワーク
（RIPESS）　10, 83, 178

多元経済　17, 87, 97, 99, 101, 103, 179, 181,
187, 306

チアパス　13, 16, 21, 109, 113, 115-120, 122,
125, 129, 130, 135, 137, 298

中央統一労組（CUT）　103, 251

チロン　119, 120

等身大の発展　54

都市農業センターパラカス　184

土地なし農民運動　78, 82, 103, 246

トリプル・ミッション　109, 124, 125

ナ行

農民組織の地域調整アソシエーション（エ
ル・コムン）　221, 222

ハ行

パルマス銀行　12, 20

反新自由主義　12, 17, 87, 181, 306

ピケテーロ（ピケテーロス）　12, 20, 82, 91,
280

ビビール・ビエン　46, 51, 87

ファヴェーラ　75, 88

フェアトレード　12, 14, 16, 17, 47, 84, 96,
97, 101-103, 107-110, 113-115, 117, 118,
123, 127, 130-134, 136-138, 154-156, 170,
176-179, 182, 187, 188, 190, 191, 193,
198, 224, 270, 298, 299, 301, 303, 304,
307, 308

ブエン・ビビール（善き生）　15, 17, 26, 46,

51-59, 68, 69, 87, 88, 98-100, 141, 142,
162, 302, 306

福祉国家　2, 271-273, 278, 279, 292

ブラジル連帯経済フォーラム（FBES）
103, 238

プレビッシュ（の）理論　70

ボリビア民芸品協会セニョール・デ・マー
ヨ　187

マ行

民衆教育　15, 70-72, 77, 78, 86, 88, 205, 209,
216, 217, 220, 221, 226, 227, 229, 230,
299, 302

民衆協同組合（cooperativo popular）　103,
241, 262

民衆居住区　75, 170, 173-175, 177, 182, 186,
187, 232, 299

民衆経済　17, 26, 34, 39, 43, 45, 46, 48, 49,
72, 73, 76, 77, 162, 170, 176-178, 190, 204,
209, 269-272, 274, 283, 296, 298, 299

民衆（的）連帯経済　43, 96, 98, 100, 140-
143, 161, 162

民衆連帯経済・金融部門組織法　96, 100,
141, 162

メキシコ・フェアトレード協会（CJM）
102, 114

メデジン　71, 89, 207, 217

もうひとつの経済　9, 15, 36, 38-41, 44-46,
48, 50, 58, 66, 77, 85, 100, 178, 179, 296,
307

ヤ行

ヤスニプロジェクト　17, 20

ラ行

ラセットのC要素（論）　27, 31, 32, 68, 77,
301, 305

ラテンアメリカ司教会議(CELAM) 71, 298
ラテンアメリカ社会科学院（FLACSO）
　　39
レールム・ノヴァールム　30, 208, 228
連帯経済監察局（SuperSolidaria）〈コロンビ
　　ア〉　97, 213, 214
連帯経済研究所　221
連帯経済情報システム（SIES）〈ブラジル〉
　　97, 238
連帯経済全国審議会（CONES）〈コロンビ
　　ア〉　97, 211, 213
連帯経済部門　18, 95, 97, 101, 142, 205, 212-
　　216, 228, 230, 232, 272, 306, 309
連帯経済法(Marco Conceptual de la Economía
　　Solidaria)　212, 214, 215
連帯組織特別行政ユニット（UAEOS）〈コ
　　ロンビア〉　97, 214
労働協同組合　263, 285, 286, 290
労働者協同組合（cooperativas de trabalho）
　　236
労働者協同組合法〈ブラジル〉　242, 262
6次産業化　16, 108, 120, 122-124, 130, 135,
　　314

執筆者プロフィール

（掲載順）

幡谷則子（はたや・のりこ）　序章，第 1 章，第 2 章，第 6 章，終章

上智大学外国語学部 教授【社会学・ラテンアメリカ地域研究】

［主要著作・業績］

『ラテンアメリカの都市化と住民組織』古今書院，1999 年。

『貧困・開発・紛争　グローバル／ローカルの相互作用』（共編著）上智大学出
　　版，2008 年，1-12 頁，50-88 頁。

*La ilusión de participación comunitaria: Lucha y negociación en los barrios irregulares
　　de Bogotá,1992-2003*, Bogotá: Universidad Externado de Colombia, 2010.

『小さな民のグローバル学：共生の思想と実践をもとめて』（共編著）上智大学
　　出版，2016 年，1-9 頁，255-276 頁。

"Des mouvements promoteurs d'économie solidaire en Colombie et au Japon", in
　　Elisabetta Bucolo, José Luis Coraggio, Jean-Louis Laville, Geoffrey Pleyers
　　(eds.), *Mouvements sociaux et économie solidaire*, Paris: Editions de la
　　Maison des sciences de l'homme, 2017, pp.163-180.

山本純一（やまもと・じゅんいち）　第 3 章

慶應義塾大学環境情報学部 名誉教授【政治経済学・メキシコ地域研究】

［主要著作・論文］

『インターネットを武器にした〈ゲリラ〉─反グローバリズムとしてのサパティ
　　スタ運動』慶應義塾大学出版会，2002 年。

『メキシコから世界が見える』集英社新書，2004 年。

「連帯経済の構築と共同体の構造転換─メキシコ最貧困州チアパスの経験から」
　　内橋克人・佐野　誠 編『ラテンアメリカは警告する』新評論，2005 年，
　　287-313 頁。

「フェアトレードの歴史と「公正」概念の変容─「報復的正義」から「互酬」，
　　そして「分配的正義」から「交換的正義」へ」『立命館経済学』第 62 巻

第 5・6 号, 2014 年, 385-398 頁。

「メキシコの連帯経済について―資本主義のオルタナティブとしての可能性」
『季刊　ピープルズ・プラン』77 号, 2017 年 8 月, 120-125 頁。

「メキシコのフェアトレードコーヒー生産者のバリューチェーン展開――JICA-
FTP プロジェクトの総括と提言」長坂寿久 編著『フェアトレードビジネ
スモデルの新たな展開――SDGs 時代に向けて』 明石書店, 2018 年,
203-219 頁。

新木秀和（あらき・ひでかず）　第 4 章
神奈川大学・外国語学部 教授【ラテンアメリカ近現代史・地域研究】
［主要著作・論文］

『先住民運動と多民族国家―エクアドルの事例研究を中心に』御茶の水書房,
2014 年。

「自然の権利とラテンアメリカの資源開発問題―エクアドルとボリビアの事例
を中心に」『人文研究』（神奈川大学人文学会）184 号, 2014 年, 41-72 頁。

「運動と統治のジレンマを乗り越える―エクアドルのパチャクティック運動と
祖国同盟の展開過程を手がかりに」村上勇介 編『21 世紀ラテンアメリカ
の挑戦―ネオリベラリズムによる亀裂を超えて』京都大学学術出版会,
2015 年, 23-41 頁。

「エクアドル：コレア政権と市民革命」村上勇介 編『「ポピュリズム」の政治
学―深まる政治社会の亀裂と権威主義化』国際書院, 2018 年, 73-101 頁。

「多様な農業―企業的農業から零細農まで」石井久夫・浦部浩之 編『世界地誌
シリーズ 10　中部アメリカ』朝倉書店, 2018 年, 45-59 頁。

重冨惠子（しげとみ・けいこ）　第 5 章
都留文科大学・文学部 非常勤講師【社会学・ラテンアメリカ地域研究】
［主要著作・論文］

「エルアルト市青少年の帰属意識と市民育成―ボリビア多文化共生社会構築の
視点から―」『都留文科大学研究紀要』第 79 号, 2014 年, 147-162 頁。

「中央アンデスにおける調和体系の変容―「自然との調和」と「村落間の協調」
の一体結合型体系から近代的連携へ―」『都留文科大学研究紀要』第 82 号,

2015 年, 67-84 頁。

「ペルーの有機農産物直売市に関する議論の見直し―リマ首都圏の大衆層の動きを加味して―」『都留文科大学研究紀要』第 87 集, 2018 年, 207-222 頁。

小池洋一 (こいけ・よういち)　第 7 章
立命館大学・経済学部元教授, 現同大学社会システム研究所客員研究員

【開発研究・ラテンアメリカ地域研究】

［主要著作・論文］

『社会自由主義国家―ブラジルの「第三の道」』新評論, 2014 年 3 月。

「ブラジルの労働者協同組合：連帯性と経済性」『立命館経済学』65(1), 2016 年 8 月, 69-92 頁。

「ブラジルの連帯経済と生産チェーン―ジュスタ・トゥルマの事例」『イベロアメリカ研究』38 (2), 2017 年 1 月, 39-54 頁。

「ブラジルの社会技術とオルタナティブな開発」『立命館経済学』65(6), 2016 年 3 月, 58-73 頁。

「ブラジルにおけるポスト労働者党政権の開発モデル」『ラテンアメリカ・レポート』第 34 第 1 号, 2017 年 7 月, 42-56 頁。

『抵抗と創造の森アマゾン―持続的な開発と民衆の運動』(共編著) 現代企画室, 2017 年, 12-35 頁, 71-100 頁, 315-317 頁。

宇佐見耕一 (うさみ・こういち)　第 8 章
同志社大学・グローバル地域文化学部 教授

【社会政策・ラテンアメリカ地域研究】

［主要著作・論文］

「アルゼンチンにおける福祉国家の形成：ペロン政権の社会保障政策」『アジア経済』Vol.42 (3), 2001 年, 2-29 頁。

『新興工業国における雇用と社会保障』(編著) アジア経済研究所, 2007 年, 3-24 頁, 25-60 頁。

「アルゼンチンにおける失業者の社会運動」『ラテンアメリカ・レポート』Vol.23 (2), 2005 年, 45-50 頁。

『アルゼンチンにおける福祉国家の形成と変容―早熟な福祉国家とネオ・リベ

ラル改革』旬報社，2011 年。

『ラテンアメリカの市民社会組織—継続と変容』（共編），JETRO アジア経済研
　　究所，2016 年，3-38 頁，255-262 頁。

「社会保障—人々の暮らしと保障」山岡加奈子編『ハイチとドミニカ共和国—
　　一つの島に共存するカリブ二国の発展と今—』アジア経済研究所，2018
　　年，99-137 頁。

（プロフィールは執筆時現在）

ラテンアメリカの連帯経済
──コモン・グッドの再生をめざして

2019年10月20日　第1版第1刷発行

編　者：幡　谷　則　子
発行者：佐　久　間　　　勤
発　行：Sophia University Press
　　　　上　智　大　学　出　版

〒102-8554　東京都千代田区紀尾井町7-1
URL：https://www.sophia.ac.jp/

制作・発売　㈱ぎょうせい

〒136-8575　東京都江東区新木場1-18-11
TEL 03-6892-6666　FAX 03-6892-6925
フリーコール　0120-953-431

〈検印省略〉　　　　URL：https://gyosei.jp

ⒸEd. Noriko Hataya, 2019
Printed in Japan

印刷・製本　ぎょうせいデジタル㈱
ISBN978-4-324-10623-5
(5300288-00-000)
[略号：(上智) ラテンアメリカ経済]

Sophia University Press

　上智大学は、その基本理念の一つとして、
「本学は、その特色を活かして、キリスト教とその文化を
研究する機会を提供する。これと同時に、思想の多様性を
認め、各種の思想の学問的研究を奨励する」と謳っている。
　大学は、この学問的成果を学術書として発表する「独自
の場」を保有することが望まれる。どのような学問的成果
を世に発信しうるかは、その大学の学問的水準・評価と深
く関わりを持つ。
　上智大学は、⑴　高度な水準にある学術書、⑵　キリス
ト教ヒューマニズムに関連する優れた作品、⑶　啓蒙的問
題提起の書、⑷　学問研究への導入となる特色ある教科書
等、個人の研究のみならず、共同の研究成果を刊行するこ
とによって、文化の創造に寄与し、大学の発展とその歴史
に貢献する。

Sophia University Press

One of the fundamental ideals of Sophia University is "to embody the university's special characteristics by offering opportunities to study Christianity and Christian culture. At the same time, recognizing the diversity of thought, the university encourages academic research on a wide variety of world views."

The Sophia University Press was established to provide an independent base for the publication of scholarly research. The publications of our press are a guide to the level of research at Sophia, and one of the factors in the public evaluation of our activities.

Sophia University Press publishes books that (1) meet high academic standards; (2) are related to our university's founding spirit of Christian humanism; (3) are on important issues of interest to a broad general public; and (4) textbooks and introductions to the various academic disciplines. We publish works by individual scholars as well as the results of collaborative research projects that contribute to general cultural development and the advancement of the university.

Solidarity Economy in Latin America:
Experiences in Search of the Common Good

©Ed.Noriko Hataya, 2019

published by
Sophia University Press

production&sales agency : GYOSEI Corporation, Tokyo
ISBN 978-4-324-10623-5
order : https://gyosei.jp